Sem medo de viver

© 1996, 2022 por Zibia Gasparetto

Coordenadora editorial: Tânia Lins
Coordenador de comunicação: Marcio Lipari
Capa e projeto gráfico: Equipe Vida & Consciência
Preparação: Janaina Calaça
Revisão: Equipe Vida & Consciência

1ª edição — 47 impressões
2ª edição — 1ª impressão
5.000 exemplares — maio 2022
Tiragem total: 527.500 exemplares

CIP-BRASIL — CATALOGAÇÃO NA PUBLICAÇÃO
(SINDICATO NACIONAL DOS EDITORES DE LIVROS, RJ)

L972a
2. ed.

Lucius (Espírito)
Sem medo de viver / Zibia Gasparetto ; pelo espírito Lucius. -
2. ed. - São Paulo : Vida & Consciência, 2022.
352 p. ; 23 cm.

ISBN 978-65-88599-42-6

1. Romance espírita. 2. Obras psicografadas. I. Gasparetto,
Zibia. II. Título.

22-76429   CDD: 133.93
                                  CDU: 82-97:133.9

Este livro adota as regras do novo acordo ortográfico (2009).

Vida & Consciência Editora e Distribuidora Ltda.
Rua das Oiticicas, 75 – Parque Jabaquara – São Paulo – SP – Brasil
CEP 04346-090
editora@vidaeconsciencia.com.br
www.vidaeconsciencia.com.br

Sem medo de viver

ZIBIA GASPARETTO

Romance ditado pelo espírito Lucius

NOVA EDIÇÃO

PRÓLOGO

Sérgio chegou em casa muito nervoso. Esperara tanto tempo por aquela promoção e agora, quando tudo indicava que ela aconteceria, outro lhe tomara o lugar.

Fechou a porta do pequeno apartamento onde morava e deixou-se cair desanimado em uma poltrona da modesta sala. De que lhe adiantara mourejar no trabalho com tanto empenho? De que lhe valera colocar os negócios da empresa em primeiro lugar, se na hora em que deveria colher a recompensa merecida passavam-no para trás?

Um sentimento de rancor acometeu-o. Tanta dedicação e tanto esforço haviam sido inúteis. Por que, para ele, as coisas saíam sempre erradas?

Passou a mão pelos cabelos num gesto impaciente. Tinha consciência de ter agido sempre com honestidade. Era uma pessoa decente e esforçada. Por que nada dava certo? Parecia que a vida se comprazia em destruir todos os seus sonhos desde a adolescência.

Havia desejado estudar, graduar-se em medicina, mas nunca conseguira condições financeiras para isso. Vinha de uma família muito pobre do interior de São Paulo. Seus pais nunca puderam financiar-lhe os estudos. Fez até o ginásio com muito esforço e, aos quinze anos, deixou a pequena cidade onde nascera e foi para a capital na esperança de conseguir o que pretendia.

Sérgio tinha uma boa aparência e muita vontade de trabalhar. Depois de alguns dias, conseguiu emprego em uma loja do centro da cidade como mensageiro. O salário era pequeno, mas para ele representava um bom começo. Arranjou vaga em uma pensão de um bairro afastado e, todos os dias, antes das sete, já se pendurava no estribo do bonde para entrar na loja pontualmente às oito.

Durante o dia inteiro, até as dezoito e trinta, envergando a fardinha com o emblema da loja, ele ia e vinha, fazendo entregas, comprando pequenas coisas, indo ao banco, ao correio, com diligência e boa vontade. No princípio, havia sido duro, porque ele não conhecia a cidade. Mas comprou um guia e, dentro de poucas semanas, já circulava por todos os lugares muito bem.

O rapaz logo descobriu que o salário — que lhe parecera uma fortuna — mal dava para cobrir-lhe as despesas indispensáveis. O sonho de poder estudar ficava mais distante a cada dia. Decidiu procurar outro emprego, mas era muito jovem e teve de sujeitar-se a trabalhar naquele serviço durante três anos até completar dezoito anos.

Conseguiu fazer um curso noturno de datilografia e passou a procurar outro emprego. Descobriu que, para passar nos testes a que era submetido, teria de praticar melhor a datilografia e estudar um pouco mais de matemática. Arranjou um estudante, colega de pensão, para dar-lhe algumas aulas; e conseguiu treinar a datilografia na casa da vizinha, que possuía uma máquina e o deixava usá-la à noite.

Sérgio suspirou recordando-se de sua alegria quando conseguiu trabalho no escritório de uma fábrica de biscoitos. Além de ganhar mais, seria um escriturário. Sentiu-se feliz. Ele estava ficando importante! Logo conseguiria recursos para continuar os estudos. Naqueles tempos, imaginava cursar a faculdade, graduar-se e ser um doutor! Seu objetivo era ter o nome escrito em uma placa do lado de fora do seu consultório e ganhar dinheiro para poder ajudar a família.

Vicente, o pai do rapaz, era lavrador; Rita, era a mãe, mulher simples e trabalhadeira, bem como Dirce e Diva, suas irmãs mais novas. Havia ainda o irmão mais velho, Rubens, que, ao contrário dele, aceitara a vida simples da sua cidade e trabalhava na lavoura com o pai.

Imaginava sua volta à terra natal já formado, rico, levando presentes para todos e podendo oferecer-lhes uma vida melhor.

Contudo, os anos passaram e, por mais que perseguisse esse sonho, nunca conseguiu realizá-lo. Esforçara-se muito, progredira, aprendera muitas coisas durante os quinze anos em que estava morando na cidade. E, nos últimos anos, trabalhando em uma grande empresa na qual tantos colegas haviam conseguido progredir, acreditou que finalmente conseguiria o que desejava.

Claro que não pensava mais em estudar medicina. Renunciara a esse sonho da juventude, mas ainda guardava a esperança de poder subir na vida, ajudar a família e, principalmente, mostrar aos parentes que ele não se enganara, que valera a pena ter saído de casa tão cedo, ter se esforçado. Sérgio queria ser um vencedor.

Quando tudo parecia favorecê-lo — e pela ordem das coisas o cargo já era seu —, a direção nomeou outra pessoa para ocupá-lo. A ele nenhuma palavra, nenhuma explicação, nada. Além da decepção, o descaso feriu-o fundo. Afinal, ele dedicava-se muito ao trabalho.

O telefone tocou, e ele fez um gesto de contrariedade. Não sentia vontade de falar com ninguém. Contudo, depois do terceiro toque, levantou-se da poltrona e atendeu a chamada.

— Pronto.

— Sérgio, o que aconteceu? Estou esperando-o há mais de meia hora. Esqueceu que combinamos de ir ao cinema? Já perdemos a sessão das oito.

— Desculpe-me, Flora, mas tive um contratempo e me atrasei. Hoje não estou me sentindo bem.

— Está doente?

— Não. Apenas indisposto. Sinto muito tê-la feito esperar.

— Está mesmo indisposto ou está me evitando?

— Por que faria isso?

— Não sei. Mas, se não lhe agrada sair comigo, posso compreender. Não precisa desculpar-se.

— Não é nada disso. Você está enganada.

— Não gosto de me sentir assim.

— Assim como?

— Você não apareceu nem telefonou para avisar. Acho até que se esqueceu do nosso encontro. Por isso, é melhor ficarmos por aqui. Não me procure mais. Não gosto de ser colocada em segundo plano e não telefonaria para procurá-lo se não fosse para dizer-lhe isso. Portanto, adeus.
— Ela desligou.

Desapontado, Sérgio colocou o telefone no gancho.

"E essa agora?", pensou. Além de perder o cargo, ele ainda perdera a namorada! Isso não ia ficar assim.

Ele reagiu. Apanhou o telefone e ligou para a moça. O telefone tocou, tocou, mas ninguém atendeu. Irritado, insistiu várias vezes até que uma voz masculina atendeu.

— Flora? Ela saiu. Quem está falando?

— Um amigo dela. Boa noite e obrigado.

Deixou-se cair novamente na poltrona. Além da decepção, agora estava com raiva. Gostava de Flora, mas não estava apaixonado. O namoro já se estendia por seis meses. Ela era bonita, inteligente, agradável, porém, demasiado exigente. Ambiciosa, inteirava-se de suas atividades profissionais, dizendo claramente que esperava vê-lo prosperar na empresa.

Ele achava bom o interesse dela. Contava-lhe todos os problemas relacionados ao seu trabalho e acatava suas opiniões. Sentia que ela o apoiava para subir na vida e fazer carreira. Ela cursava faculdade de Direito, e Sérgio a admirava por isso. Os pais de Flora estavam bem de vida, e ela nunca precisara trabalhar. A moça terminaria o curso universitário naquele ano, e o pai já estava providenciando um escritório para ela em sociedade com um famoso advogado.

Para ele, que sempre lutara com dificuldade, a situação de Flora já era ótima. Entretanto, ela desejava muito mais. Não queria ser apenas uma advogada com fama, mas uma milionária. Seu objetivo era enriquecer. Sonhava com muito luxo, em frequentar a alta sociedade. Amava as joias caras, os lugares da moda, estar em evidência.

Sérgio percebeu isso e até certo ponto achava positivo. Era um estímulo para que ele progredisse. Tinha certeza de que jamais seria milionário. Uma fortuna não se faz de um dia para o outro, ele nunca tivera sorte.

Flora teria percebido isso? Ela sempre acreditou que ele havia de ser muito rico um dia, que chegaria a ser não só diretor-presidente da empresa como seu maior acionista. Claro que ela delirava, mas ele se sentia envaidecido, mesmo sabendo que o sonho dela nunca aconteceria.

De repente, ele percebeu tudo. Flora descobrira que a esperada promoção não acontecera e por isso, dera-lhe o fora. Não quis esperar mais. Compreendeu a verdade. Um simples atraso de meia hora não era um motivo bastante forte. Já tinha acontecido antes, e ela reagira de outra forma.

Apesar de sua desilusão e seu desconforto, Sérgio começou a rir. A ambição de Flora tornou-a interesseira e vulgar. Pensando bem, ela era vulgar mesmo. Estava sempre representando, utilizando regras, fazendo jogos de interesse para se beneficiar, tornar-se admirada, aplaudida, valorizada.

Usou-o enquanto achava que ele poderia oferecer-lhe o que ela pretendia. Percebendo seu engano, não hesitou em colocá-lo de lado e certamente sairia à procura de outro que pudesse dar-lhe o que desejava.

Mesmo sem estar apaixonado por ela, essa conclusão irritou o rapaz mais ainda. Além disso, a lembrança de quem o substituíra na escolha para a diretoria só piorou seu estado de ânimo.

Sérgio levantou-se e começou a andar de um lado a outro da pequena sala pensando: "Eu sou capaz! Tenho certeza de que desempenharia aquelas funções melhor do que ele, que foi nomeado para o cargo apenas por ser sobrinho do dono".

Estudara, trabalhara, tinha competência. Estava cansado de ser preterido, de ficar em segundo plano, de esperar que os outros reconhecessem sua capacidade. Tinha de fazer alguma coisa. Não podia continuar mais assim. Estava com trinta e dois anos. O tempo passava rapidamente e nada acontecia.

— Nenhuma mulher pretensiosa e interesseira vai desligar o telefone na minha cara, nem nenhum patrão protecionista vai passar seus apadrinhados por cima dos meus direitos. Não vou aceitar isso. De hoje em diante, as coisas vão mudar. Eles vão ver do que sou capaz! Até agora, obedeci às regras do esforço, do jogo aberto, da honestidade. Não deu certo. Agora, cuidarei dos meus interesses. Eles ainda vão voltar atrás, e eu direi não! Isso vai acontecer, eu juro!

Foi até a cozinha, fez um sanduíche, abriu uma garrafa de vinho, encheu a taça e, levantando-a, disse:

— Ao meu sucesso!

Depois de comer, foi até o quarto, apanhou sua agenda e, sentado na cama, à luz fraca do abajur, começou a escrever. Acabava de ter algumas ideias e desejava pô-las em prática no dia seguinte. Haveria de conquistar seu lugar, aquilo a que tinha direito, e ninguém o impediria de chegar aonde queria.

Sérgio estava determinado. O mundo era um jogo de interesses. O mais astuto levava vantagem sempre. Se esse era o caminho para o sucesso, ele o percorreria. As pessoas, no mundo dos negócios, eram insensíveis a quaisquer sentimentos de solidariedade ou de fraternidade. O lucro era mais importante do que tudo. Tudo era competição, então, era preciso ganhar. Estava cansado de perder e, para ser vencedor, tinha que aprender as regras do jogo. Para entrar nessa disputa, tinha que usar as mesmas armas — endurecer os sentimentos e enxergar só o próprio objetivo: o sucesso, o dinheiro.

Tomou um banho e foi deitar-se. Pretendia levantar-se cedo no dia seguinte. Tudo iria mudar, e ele precisava estar bem-disposto para começar.

CAPÍTULO 1

Na manhã seguinte, ao chegar pontualmente, Sérgio sentiu logo o clima de expectativa entre os funcionários. Notou que o olhavam disfarçadamente, tentando descobrir como ele reagiria. Eles, tanto quanto Sérgio, tinham como certa a promoção dele.

O rapaz procurou aparentar indiferença e agir da maneira habitual. Se pensavam que ele estava arrasado, enganavam-se. Sentiu a raiva aumentar, mas controlou-se. Tinha vontade de pedir demissão, de dizer como sentia-se injustiçado, de quanto se esforçara para progredir na empresa e de sua certeza de estar mais bem preparado para exercer o novo cargo.

Não disse nada, porém. Para quê? Serviria apenas para revelar aos colegas o quadro da sua insatisfação e do seu fracasso.

Quando o chamaram para apresentar-lhe o novo chefe, ele precisou de todo o controle para dissimular sua contrariedade. Olhou para o moço bem-posto e sorridente, vestido na moda e muito seguro de si, e foi tomado por um sentimento desagradável de inveja.

Cumprimentou-o sério, porém com amabilidade, entreabrindo os lábios em um sorriso de boas-vindas que procurava encobrir o mal-estar.

— Este é o doutor Flávio, nosso novo diretor administrativo — disse o presidente da empresa. — É com ele que você deverá tratar daqui por diante.

— Sim, senhor — respondeu Sérgio.

Ele era doutor! Bonito, elegante, rico. Sobrinho do presidente da empresa. Certamente, um "filhinho de papai", que lhe daria muito trabalho para ser introduzido nos assuntos administrativos. Doutor! De quê?

Esse pensamento aumentou sua raiva. Era injusto que alguém que não merecia lhe roubasse o que lhe pertencia por direito. Ele trabalhara duro, dedicara-se tenazmente e era quem tinha o direito de crescer na empresa.

A vida era injusta e cega com as pessoas. A desigualdade e o protecionismo acentuavam sua revolta, todavia, nada deixou transparecer.

Flávio fixou-o com certa indiferença e disse:

— Meu tio falou muito bem de você. Hoje, desejo percorrer todos os departamentos, mas amanhã começaremos a trabalhar.

Sérgio curvou-se levemente.

— Estarei à disposição.

Saiu da sala tentando disfarçar, sentindo o olhar curioso dos colegas. Em sua sala, sentou-se atrás da mesa e fingiu que começava a trabalhar.

A disposição da véspera tinha esmaecido. Sentia-se muito desanimado, mas o orgulho falou mais alto. Ninguém haveria de perceber. Alguns colegas tentaram mostrar-lhe solidariedade, procurando tocar no assunto, mas Sérgio sorriu e respondeu:

— Não estou nem um pouco preocupado com o novo diretor! Tenho outros planos em vista!

Eles olharam-no com incredulidade. Sabiam como Sérgio gostava da firma e o quanto se dedicava. Com certeza, ele dissimulava. Fingia para não demonstrar toda a sua decepção.

Vendo-os sair calados e pensativos, Sérgio compreendeu que não conseguira enganá-los. Irritado, pegou sua agenda e procurou alguns telefones. Fechou a porta da sala e, sozinho, começou a ligar. Eram pessoas que tinham negócios com a empresa e que o cumulavam de gentilezas, algumas oferecendo vantagens e dinheiro a troco de favores.

Marcou vários almoços e fez apontamentos. Sabia que precisava ser cauteloso. Dali para frente, só seu sucesso, seu bem-estar, seus interesses importariam. Depois disso, sentiu-se mais calmo. Estava dando o troco.

Ele não desejava lesar a empresa, mas iria aproveitar as vantagens que seu cargo lhe oferecia e prestaria favores a outras firmas para obter lucro e fazer seu próprio capital. Pensava que ainda poderia ter o próprio negócio. Prática de mercado não lhe faltava. Só precisava de dinheiro para começar. Isso ele havia de conseguir em pouco tempo.

Satisfeito, Sérgio saiu para almoçar e, quando encontrou os colegas, principalmente seus amigos, sentia-se muito bem. Tão bem que eles começaram a pensar que haviam se enganado, que o amigo realmente não se incomodara com a preterição.

⊷⊶

Nos dias que se seguiram, Sérgio sentiu-se muito melhor. Na verdade, prestar esclarecimentos e assessoria ao novo diretor não lhe custavam nada, uma vez que, por outro lado, começara a realizar alguns negócios com os quais ganhara bom dinheiro ao dar preferência a algumas firmas para fornecimento de determinados materiais.

Um dos seus almoços fora com o dono de uma agência de publicidade que lhe pagou gorda comissão para conseguir a conta da empresa. Sérgio aceitou e, notando crescer sua conta bancária, sentiu-se satisfeito.

O novo diretor era muito diferente do que Sérgio imaginara. Nunca parecia estar trabalhando. Dava impressão de um visitante, sempre impecavelmente vestido e com a mesa sempre arrumada e limpa.

"Um almofadinha! Não quer nada com o trabalho", pensou Sérgio com certo prazer.

Claro que ele torcia para que Flávio fizesse muitas asneiras. Tinha certeza de que esse grã-fino nunca saberia levar o trabalho a sério. Fizera-lhe apenas algumas perguntas e nada mais.

As secretárias viviam suspirando por ele, pois certamente era um bom partido. Flávio tinha trinta anos, era solteiro e rico.

"As mulheres sempre são interesseiras", pensou ele.

Tudo isso aumentava sua raiva. Sabia que o estava invejando, e tal sentimento incomodava-o, mas não conseguia evitá-lo. Se ao menos ele se mostrasse mais humano, cometesse algum erro, falhasse de alguma forma, seria mais fácil suportá-lo. Contudo, Flávio guardava distância, era discreto, e não trocava qualquer tipo de comentário com ele. Falava pouco, e Sérgio nunca sabia se ele concordava ou não.

Se a presença de Flávio o incomodava, a personalidade do rapaz começou a intrigar Sérgio, que prestava atenção a tudo quanto o novo diretor dizia ou fazia. Sabia quantos ternos ele trocava por semana, como combinava as cores das camisas e das gravatas, quantos cafés tomava, a que horas chegava e saía.

Depois de um mês, começou a perguntar-se o que ele fazia fora da empresa. Como gastava seu tempo, os lugares que frequentava. Quando o

13

via sair em seu carro, sempre limpo e bem cuidado, imaginava aonde ele iria, o que faria, como era sua vida.

Quando ele fosse rico, saberia aproveitar bem o tempo. Todas as mulheres haveriam de querer sua companhia. Teria roupas e carro de luxo.

Sérgio sonhava com o futuro, imaginando-se a desfrutar de posição e vida social.

A campainha do interfone soou, e ele atendeu.

— Sim?

— Venha à minha sala. Precisamos conversar.

Sérgio levantou-se imediatamente e dirigiu-se à sala de Flávio. Bateu levemente na porta e entrou.

— Sente-se, por favor — pediu ele. Vendo-o acomodado, continuou: — Tenho algumas perguntas a fazer-lhe.

— Estou à sua disposição.

— Primeiro, nós mudamos de agência publicitária. Certamente, você teve uma boa razão.

Sérgio admirou-se. Não esperava que ele se ocupasse desses detalhes. Apressou-se a responder.

— É verdade. Durante muito tempo, permanecemos com a mesma empresa, porém, estudando bem, notei que os resultados eram insignificantes e resolvi mudar. A nova agência apresentou-me um programa melhor, e acredito que venhamos a obter melhores resultados.

— Desejo cumprimentá-lo por isso. Na verdade, nossa publicidade estava muito antiquada e nada agressiva. A nova campanha está muito melhor. Talvez possamos melhorar ainda mais. Confesso que você me surpreendeu.

Sérgio olhou-o curioso.

— Por quê?

Flávio sorriu levemente.

— Não pensei que tivesse essa atitude. Não é sua postura habitual. — O diretor olhou-o firme nos olhos e continuou: — Alguma coisa está mudando em você. Para melhor.

Sérgio sorriu enquanto dizia:

— Talvez. Sinto vontade de fazer coisas novas.

Flávio balançou a cabeça aprovando.

— Isso mesmo. Você me parecia muito conservador.

Sérgio surpreendeu-se. Não era essa a ideia que fazia de si mesmo.

— Eu? Conservador? Tem uma opinião errada a meu respeito. Toda minha vida sempre fui diferente dos meus. Deixei-os lá no interior e vim para a cidade. Na minha família, só eu tive essa coragem.

Flávio olhou-o sério, como se medisse bem o que ia dizer.

— É verdade. Saiu de lá, mas nunca os deixou realmente. Tudo quanto fez aqui tem sido para provar-lhes que você estava certo, que era melhor do que eles.

Sérgio não ocultou a surpresa. Flávio mal o olhava, como podia saber tanto a seu respeito?

Fez um gesto evasivo.

— Por que diz isso? Eu nunca pretendi ser melhor do que eles. Sempre fui um bom filho e amo minha família.

— Não duvido disso. Falo da sua postura interior. Do que está oculto em suas atitudes. Essa postura deve tê-lo limitado muito. Aposto que tudo para você tem sido muito difícil e com muita luta.

Sérgio não escondeu um travo de amargura.

— É verdade. Mas a vida não é nada fácil para um pobre menino como eu, que veio do interior, sem cultura, que nem sequer conseguiu ir para uma universidade.

— Se cultiva essa espécie de pensamento, posso compreender por que não conseguiu o que pretendia.

— Aprendi que a honestidade, a vontade de trabalhar e o esforço eram o caminho para o sucesso. Mas tudo o que conquistei tem sido com muito esforço e muita luta. Não acredito que na vida as coisas possam ser diferentes.

— Se isso fosse verdade, os desonestos e ociosos nunca teriam sucesso. Eu posso apontar-lhe alguns nomes de homens conhecidos e até famosos ocupando altos cargos na política que fraudaram todas as leis dos homens e até de Deus.

Sérgio não concordou.

— É verdade, mas não é justo. Onde ficam os valores sagrados da religião e da vida? Acreditar nisso é perder todos os referenciais do que é bom ou mau.

— Você fala das regras da sociedade. Hum... Elas nem sempre são verdadeiras. Todavia, pense nisso. O sucesso não depende dos valores morais de cada um. Ele pode ocorrer mesmo quando a pessoa é despudorada e desonesta.

Sérgio sacudiu a cabeça negativamente.

— Sei que é verdade, mas não me conformo. Está tudo errado. Como a vida pode premiar o mal? Nesse caso, onde está Deus?

Flávio sorriu e, pela primeira vez, Sérgio viu seus dentes alvos e bem distribuídos.

— Está enganado. A vida nunca erra. Tudo está certo como está. Pense nisso. Agora, fiquemos por aqui.

Sérgio saiu da sala intrigado. Flávio o elogiara logo quando ele não agira de acordo com seus manuais de honestidade! Ele estava enganado com certeza. Que ideias malucas lhe passariam pela cabeça?

Logo ele querendo ser melhor do que todos na família! Era verdade que sempre desejara progredir para ajudá-los. Trazê-los para a cidade, dar-lhes presentes e fazê-los subir na vida. Isso não poderia ser um mal. Ao contrário. Ele era um bom filho.

O resto do dia, Sérgio não conseguiu esquecer sua conversa com Flávio. Reconhecia que ele estava muito bem informado. Parecia seguro e nunca demonstrara qualquer dúvida. Chegara a examiná-lo, a observar suas atitudes.

Sérgio sentiu-se envaidecido. Flávio prestara atenção nele. Será que estaria se perguntando por que não o haviam promovido? Teria percebido que lhe roubara o lugar na hora em que ele, Sérgio, mais esperava por isso?

Se isso fosse verdade, haveria de mostrar-lhe que era mesmo melhor do que ele. As palavras de Flávio não lhe saíam da cabeça. "Saiu de lá, mas nunca os deixou realmente." Estaria a chamá-lo de provinciano? Foi até o banheiro e olhou-se no espelho. Talvez o corte de cabelo pudesse melhorar. O colarinho era um tanto acanhado. Também, ele nunca dispusera de dinheiro para comprar boas roupas.

Na manhã seguinte, um sábado, Sérgio decidiu fazer compras. Afinal, agora dispunha de mais dinheiro, e ninguém haveria de chamá-lo de provinciano. Morava na cidade havia bastante tempo e considerava-se um homem elegante. Lembrou-se dos ternos bem talhados de Flávio, suas camisas finas e gravatas sempre combinando e decidiu: estava disposto a gastar e vestir-se melhor.

Parado em frente à vitrine de uma loja luxuosa, ele olhava com atenção cada roupa exposta. O rapaz ficou encantado com um blazer azul-marinho que estava num elegante manequim, além da camisa de seda cor de palha e a gravata estampada, com delicado toque cor de vinho. Olhou, olhou e finalmente resolveu entrar.

Sentia-se envergonhado. Nunca conseguira entrar em uma loja luxuosa como aquela. Sempre pensara que essas coisas não eram para ele e que nunca poderia comprá-las. Timidamente, pediu para ver a roupa e, no provador, vendo-se vestido com ela, sentiu-se outra pessoa. Num assomo de entusiasmo, comprou tudo; não só o blazer, a camisa e a gravata, mas também a calça combinando com a camisa, os sapatos de cromo alemão e até as meias de seda.

Gastou quase todo o dinheiro que tinha, mas não se importou. Sentia-se eufórico, feliz. Nunca pensara em si mesmo; agora, estava na hora de pelo menos viver melhor.

À noite, tomou um banho caprichado, vestiu-se com a roupa nova e, diante do espelho, sentiu-se entusiasmado. Parecia outro homem, mais alto e muito elegante. Virando-se e olhando-se, pensou: "Hoje não vou pensar em tristeza, nem em minha vida pobre. Sou rico, estou preparado para o sucesso!".

Uma vez na rua, conjeturou: aonde iria? Não sentia vontade de ir a um simples cinema ou aos lugares costumeiros. Decidiu ir ao centro da cidade para dar uma olhada. Andando pela Avenida São João, sentia-se o dono do mundo. As mulheres olhavam-no interessadas, e ele pensava com satisfação: "Elas imaginam que tenho dinheiro!".

Procurava andar com naturalidade. Os ricos são descontraídos e naturais. Iria a um teatro. Talvez fosse melhor. Depois veria o que fazer. O que será que Flávio fazia nas noites de sábado? Ele tinha carro, e isso mudava muito as coisas.

Depois do teatro, sentiu fome e resolveu cear em um bom restaurante. Aquela noite teria que ser completa. Ele não estava à vontade em um lugar de luxo, porém, naquele momento, sentiu-se muito bem, observando a atenção do maître, a gentileza dos garçons, a beleza do lugar.

Pediu um aperitivo, encomendou o jantar, provou o vinho. Estava deliciando-se com a comida e com o piano que tocava suavemente, quando o garçom se aproximou respeitoso.

— Senhor, aquele cavalheiro convida-o a jantar com eles.

Admirado, Sérgio voltou-se e não conteve um gesto de surpresa. Sentado alguns metros atrás, estava Flávio em companhia de duas moças. Uma delas era Flora. O que significaria aquilo? Pensou em recusar, mas sentiu-se envaidecido. Era uma oportunidade para mostrar a Flora e a Flávio, ao mesmo tempo, que ele não era o provinciano fracassado que eles julgavam.

Sorriu cortesmente. O garçom continuou:

— Ele disse que lhe daria muito prazer.

— Foi ele quem convidou?

— Sim, senhor.

— Muito bem. Aceito.

Sérgio levantou-se e dirigiu-se à mesa deles, cumprimentando-os.

— Que prazer vê-lo aqui! Venha fazer-nos companhia! — disse Flávio com um sorriso. — Esta é Flora, e esta é Arlete, minha prima.

Sérgio curvou-se, estendendo a mão para Flora.

— Como vai, Flora?

— Bem... — respondeu ela.

Sérgio percebeu que ela estava contrariada e sentiu-se alegre com isso. Estendeu a mão para Arlete, dizendo com um sorriso:

— É um prazer conhecê-la.

O garçom já mudara o jantar de Sérgio, que se sentou calmamente entre as duas moças. Olhando Flora com naturalidade, disse:

— Está tudo bem com você?

— Tudo ótimo.

— Vocês já se conheciam? — indagou Flávio, admirado.

— Já.

— Velhos amigos... — disse Flávio.

— É, eu diria velhos conhecidos — respondeu ela, tentando dissimular o desagrado.

— Não sabia que você conhecia o doutor Flávio. Ele é o novo diretor da empresa em que trabalho — comentou Sérgio.

— Nada de doutor, por favor — disse Flávio. — Não há necessidade de formalidades. Na verdade, nos conhecemos hoje. Ela é colega de faculdade de Arlete.

— Ah! Você estuda Direito também?

— Não. Eu estudo Letras. Estou no último ano.

Arlete sorriu. Era muito diferente de Flora. Seu rosto era moreno e delicado, levemente corado, tinha a pele muito bonita, olhos grandes e castanhos, e seus cabelos escuros e levemente ondulados davam-lhe um ar de menina.

— Não é muito cedo para estar no fim do curso? Com que idade começou a estudar? — indagou Sérgio.

Ela meneou a cabeça e sorriu. Tinha delicadas covinhas quando sorria e um brilho malicioso nos olhos ao responder:

— Quantos anos pensa que eu tenho?

— Não sei... talvez uns dezessete.

— Tenho vinte e três.

— Arlete não aparenta a idade que tem. Aliás, é uma característica da nossa família. O pai dela parece mais irmão, que pai dos filhos — esclareceu Flávio.

A conversa prosseguiu agradavelmente. Flávio era delicado e falava pouco, Flora estudava um jeito de agradá-lo, e Sérgio pensou: "Ela preparou tudo, pretende dar o golpe do baú. Está furiosa porque eu apareci. Vai dar com os burros n'água. Flávio não vai interessar-se por ela".

Ele estava adorando o jantar. Arlete era bonita e graciosa. Amável e delicada, a moça não parecia ser de família tão importante. Para provocar Flora, Sérgio resolveu redobrar as amabilidades com Arlete. O que Flora estaria pensando, vendo-o tão bem-vestido e frequentando restaurante de luxo? Estaria arrependida de haver terminado o namoro? A interesseira haveria de arrepender-se muito mais.

Terminado o jantar, Flávio não permitiu de forma alguma que ele pagasse.

— Absolutamente. Está tudo pago. Eu tenho conta neste restaurante.

Sérgio agradeceu. Aquele era seu dia de sorte. Uma noite mágica, que ele não queria ver terminar. Por isso, quando Flávio sugeriu irem a outro lugar, ele concordou deliciado.

— Está uma noite muito agradável — disse ele. — Poderíamos ir a uma boate.

— Está bem — disse Sérgio.

— Eu adoraria! — disse Arlete.

— Eu sei. Por isso estou convidando — explicou Flávio.

— Com você, papai deixa — continuou ela, sorrindo.

Uma vez na boate, Sérgio sentia-se deslumbrado. Tantas coisas bonitas, muitas flores, gente bem-vestida, música agradável, e ele, pela primeira vez em sua vida, sentia-se à vontade num lugar fino como aquele. Havia bebido um pouco de vinho, sentia-se bem-disposto e alegre. Naquela noite, tudo lhe parecia natural, e ele tinha vontade de cantar.

Convidou Arlete para dançar, e logo estavam circulando pelo salão. Arlete era leve e dançava deliciosamente bem. Abraçando seu corpo delicado e bem torneado, Sérgio sentia-se como se fosse o astro de um filme americano, quem sabe um musical, em que ele era o primeiro dançarino. Não é que ele gostava de dançar? Nunca imaginara isso antes.

Os dois continuaram dançando animadamente. Não paravam. Era rumba, bolero, samba, foxtrote, tudo. Até tango Sérgio animou-se a dançar. Flávio era mais comedido. Dançara algumas vezes com Flora, e Sérgio de vez em quando notava o olhar furioso dela sobre ele. Quanto mais percebia que ela estava com raiva, mais feliz ele ficava. Estava saboreando a vingança.

Quando Arlete e Sérgio se sentaram à mesa, corados e alegres, Flávio considerou:

— Parece que Arlete encontrou um parceiro ideal. Não consigo acompanhá-la. Ela nunca se cansa.

— É tão raro eu poder vir a uma boate e, principalmente, encontrar alguém capaz de dançar divinamente como Sérgio, que quero aproveitar. Para dizer a verdade, estou muito feliz e gostaria que esta noite nunca acabasse.

Sérgio fixou nela seus olhos brilhantes e respondeu:

— Pois eu também. Esta noite quero esquecer que sou um simples mortal e que vai amanhecer.

— Nunca pensei que você apreciasse a dança — disse Flora admirada. — Nunca o vi dançar. Pensei que não soubesse dar um passo.

Havia ressentimento na voz dela, e Sérgio respondeu:

— Depende da companhia e do lugar. Esta noite, encontrei uma parceira ideal. Ela dança divinamente. Parece uma pluma.

— Isso é verdade. Arlete, desde pequenina, sempre dançou muito bem e tem muito senso musical. Toca piano maravilhosamente, canta bem e, se tio Antônio houvesse permitido, ela teria se dedicado à vida artística.

Flora lutava para encobrir o desapontamento. Ela é quem queria brilhar, ser a primeira em tudo, ter as atenções. Aquela menininha rica e sem graça, filhinha de papai, estava roubando-lhe o lugar. Os dois pareciam derreter-se diante dela.

— Está ficando tarde — disse. — Está na hora de irmos embora.

Arlete olhou para Flávio com ar suplicante.

— Não ainda, por favor. Está tão bom aqui!

— De fato, já é tarde — considerou ele, consultando ligeiramente o relógio. — Fiquemos mais meia hora.

— Venha, Sérgio — disse Arlete, levantando-se e puxando-o pela mão. — Não podemos perder tempo.

Logo, os dois estavam circulando animadamente pela pista de danças.

— Não pensei que Arlete fosse tão animada! — tornou Flora. — Na faculdade, ela é sempre discreta.

— Ela é sempre discreta em tudo. Mas, quando se trata de música, dança, ela muda. Parece que com o Sérgio acontece o mesmo. Nunca pensei que ele fosse tão extrovertido. No escritório, é sempre muito discreto. Você o conhece há muito tempo?

— Quase um ano. Para dizer a verdade, se quer saber, ele foi apaixonado por mim. Chegamos a ter um namorinho sem importância. Eu não quis continuar.

Flávio olhava-a imperturbável. Ela continuou:

— Na verdade, ele sempre me pareceu, como direi, um tanto antiquado. É de família pobre, veio do interior, seus pais são lavradores. Pretendia fazer carreira, estudar, mas nunca conseguiu. Não sei se por falta de sorte ou de capacidade.

— Ele é um dos melhores funcionários da nossa empresa — disse Flávio com naturalidade.

Flora mordeu os lábios. Não esperava essa resposta.

— Claro. Trabalha lá há vários anos. Certamente.

— E você, o que espera fazer quando se formar?

Os olhos dela brilharam de satisfação.

— Terminarei este ano e estou montando meu próprio escritório. Naturalmente, junto com um advogado famoso para que eu possa começar uma carreira bem assessorada. Sabe como é... tenho certeza de que serei uma excelente profissional; contudo, uma mulher, e ainda mais recém-formada, não vai inspirar confiança aos clientes. Eles preferem entregar suas causas aos advogados experientes.

Eles continuaram conversando. Flora contando seus projetos, e ele ouvindo calmamente.

Quando finalmente saíram da boate, Flávio levaria as moças para casa, mas Sérgio não permitiu que ele o levasse. Não gostaria que eles vissem o lugar modesto onde residia.

— Absolutamente. Vou tomar um táxi. Você já fez demais por mim esta noite, além de não me deixar pagar a conta.

Despediram-se, e, quando chegou em casa, Sérgio olhou em volta e o contraste de seu apartamento pobre e modesto o incomodou. Mas ele fechou os olhos. Não queria pensar. Não queria que aquela noite maravilhosa acabasse, pois sentia-se feliz e realizado.

Estava amanhecendo quando ele se deitou e finalmente adormeceu.

CAPÍTULO 2

Na segunda-feira, Sérgio levantou-se alegre e bem-disposto, porém, olhando-se no espelho, não gostou do que viu. Sua camisa era malfeita e seu terno sem elegância.

Suspirou preocupado. Aquelas roupas não lhe caíam bem. Abriu o armário e procurou algo melhor. Não encontrou. Que falta de gosto! Suas roupas eram horríveis. Como não percebera isso antes? Sentiu vontade de desfazer-se de todas elas.

Talvez por isso ele não tivesse conseguido a promoção. Um diretor de empresa precisava estar impecavelmente vestido. Como não tinha pensado nisso? Flávio andava sempre muito bem-arrumado.

Diante do espelho, olhou-se procurando analisar sua aparência. Embora houvesse mudado o penteado, os cabelos ainda continuavam mal cortados. Pensando bem, ele não era feio. Ao contrário. Alto, moreno, cabelos castanho-escuros, dentes alvos e bem distribuídos, sabia ser agradável quando queria. Faltava-lhe apenas verniz para tornar-se tão elegante quanto qualquer homem da alta sociedade.

Ele estava disposto a ter sucesso. Para isso, pretendia investir o que pudesse. Nesse jogo, pensava ele, a aparência era fundamental. Como não havia remédio, vestiu-se e foi para o escritório.

Uma vez lá, fez um inventário de suas despesas e de sua conta bancária e chegou à conclusão de que o salário que ganhava não era suficiente para conseguir viver como desejava. Na verdade, ele nunca reivindicara nada. Pensava que, fazendo tudo quanto podia e dedicando-se ao trabalho, seus superiores lhe dariam a justa compensação financeira. Pensava até que, economizando e não se mostrando ambicioso, seria mais apreciado.

Isso não acontecera. Ele mudara de cargo, assumira mais responsabilidade, mas o dinheiro aumentara pouco. Insatisfeito, Sérgio começou a achar, pela primeira vez, que estava sendo usado. Sua dedicação fora aproveitada sem que fizessem por ele o que esperava. A injustiça de que fora vítima deixava isso muito claro, pensava ele.

A experiência que tivera no fim de semana fazia-o desejar ardentemente ingressar nesse mundo bonito e alegre que conhecera. Era isso que ele buscava quando saíra de sua pequena cidade. Não queria mais viver naquele pequeno apartamento pobre e feio, vestir-se mal, contar os trocados, nunca comprar aquilo de que gostava e sim o mais barato.

Esses pensamentos agitavam-no, mas ele não conseguia esquecer o assunto. Sentia-se triste e desanimado.

Alguns dias depois, Flávio chamou-o à sua sala. Vendo-o sentado à sua frente, fez-lhe algumas perguntas sobre o andamento de vários assuntos e depois, olhando-o com firmeza, disse:

— Noto que você não tem estado bem. Algum assunto da empresa o está preocupando?

Sérgio tentou dissimular.

— Não. Está tudo bem.

— Percebo que você anda desligado do trabalho, sem entusiasmo. Está acontecendo alguma coisa?

— Não. Nada.

— Gostaria que soubesse que a falta de interesse de alguém na equipe pode prejudicar todos os nossos negócios. Você sempre foi considerado um ótimo funcionário. Ontem, devido à sua falta de atenção, quase perdemos um cliente importante.

Sérgio enrubesceu. Orgulhava-se de nunca haver sido advertido. Trincou os dentes de raiva e fechou a boca com força.

Flávio, imperturbável, continuou:

— Espero que esteja consciente disso. Mas, como tem sido um dos nossos melhores funcionários, pensei que poderia estar com algum problema.

Sérgio sentiu uma onda de indignação. Ele estava sendo usado, explorado, e Flávio ainda se achava no direito de chamar-lhe a atenção. Não se conteve.

— Realmente, Flávio, sinto-me insatisfeito. Tenho me dedicado à empresa, trabalhado com dedicação e seriedade, julgando que saberiam reconhecer meu valor, mas isso não aconteceu.

— Você tem progredido. Passou por diversos cargos e agora dirige uma boa parte da empresa. Tem o respeito e a admiração de todos.

Sérgio respirou fundo e tomou coragem para dizer:

— Você pode pensar que sim. Gosto da empresa, do trabalho, do ambiente, de tudo, mas tenho um problema financeiro. Meu salário não é suficiente para minhas despesas, por isso, andei até pensando em procurar outro emprego. Isso, para mim, seria doloroso, porque aprendi a amar esta casa, contudo não posso continuar mais a viver dessa forma. Eu mereço uma vida melhor. Sei que sou competente, realizo um bom trabalho e sinto que não venho sendo valorizado como mereço.

No início, a voz de Sérgio estava um pouco trêmula, mas depois foi se firmando. No final, falou de maneira decidida, segura. Sentia-se muito bem falando assim. Um brando calor aqueceu-lhe o peito, e seus olhos brilharam expressivos.

Flávio olhou-o admirado e disse:

— Você sempre me surpreende. Realmente está amadurecendo. Posicionar-se como fez revela dignidade e valor. Pelo que sei a seu respeito, foi a primeira vez em todos esses anos.

— Obrigado. Você perguntou a causa dos meus problemas, e eu lhe disse.

— Muito bem. Espero que continue assim. Gostaria que fosse sempre objetivo como hoje. Fica muito mais fácil resolver os problemas quando as pessoas se posicionam corretamente. Quanto você acha que seria justo receber pelo trabalho que faz?

— O mesmo que outras empresas do porte da nossa pagam aos que ocupam meu cargo.

Flávio fixou-o pensativo por alguns minutos, disse:

— É justo. Vou estudar a questão, e voltaremos a falar assim que eu tiver as informações. Mudando de assunto, gostaria que fosse jantar em minha casa neste sábado. Estarão lá alguns amigos.

Sérgio sorriu com satisfação.

— Obrigado pelo convite. Eu irei.

— Arlete vai gostar.

— Eu também. Ela é encantadora.

— Muito bem, às nove.

— Está bem.

Sérgio saiu da sala com vontade de cantar de alegria. Aquela sensação de tristeza e de desvalorização desaparecera. Sentia-se leve e feliz. Conseguira dizer o que sentia e fora compreendido. Sentia-se respeitado e bem-disposto.

Animado, começou a pensar no jantar de sábado. Claro que ele precisaria de roupas novas. Não podia ir com a mesma roupa que usara na outra noite. Consultou seu saldo no banco e viu que não era muito, mas talvez pudesse comprar algo a prestação. Não podia perder aquele jantar, de forma alguma. Ir à casa de Flávio, ver como ele vivia, vinha ao encontro de seus desejos.

Pensou em comprar outro blazer e uma camisa, que ele usaria com o restante das roupas que já havia adquirido. Não seria tão caro assim. Estava disposto a não olhar o preço. Ele merecia e haveria de ter boas roupas.

Na sexta-feira, Flávio chamou-o novamente dizendo-lhe haver estudado seu caso e que ele tinha razão. Seu salário não estava à altura do cargo que Sérgio ocupava. Ofereceu-lhe não só o dobro do que ganhava como também uma pequena participação nos lucros da empresa.

Sérgio ficou radiante. Finalmente, estava sendo valorizado. Mas e as roupas? Precisava comprá-las. Seu novo salário só viria no fim do mês.

No sábado, saiu logo cedo, percorrendo as lojas de luxo em busca do que precisava. Seu dinheiro não dava para comprá-las. Vendo sua preocupação, um vendedor perguntou:

— Não gostou dessa?

— Gostei, mas no momento estou desprevenido. Gastei demais e só vou receber no fim do mês. Poderia dividir o pagamento?

— Infelizmente, nossa loja não vende a prestação.

— É que eu tenho um jantar importante hoje à noite e queria uma roupa nova. Sabe como é... será na casa do meu chefe.

O vendedor sorriu e disse:

— Olha, se você não se incomodar, eu tenho aqui um terno muito elegante, camisa e gravata, um traje completo, por um preço melhor. É de excelente qualidade. Corte impecável. Mas não é novo. Um cliente comprou e não pagou. A loja o obrigou a devolver tudo, mas ele já havia usado. Quando é assim, nosso gerente vende as peças aos empregados, porém, não serviram em ninguém. Acho que a roupa cairá como uma luva em você.

Sérgio aceitou a oferta e experimentou a roupa. Realmente, o traje era muito elegante e assentava-lhe muito bem. O preço foi exatamente o que ele tinha no banco. Ia ficar sem nada, mas pretendia pedir um vale e remediar.

Comprou tudo com satisfação.

"Hoje é meu dia de sorte", pensou feliz.

Faltava ainda dar um jeito nos cabelos, mas o dinheiro não era suficiente. Chegando em casa, dirigiu-se à dona do apartamento dizendo bem-humorado:

— Dona Antônia, hoje é meu dia de sorte! Recebi um bom aumento!

Ela sorriu satisfeita. Para ela, todos os seus inquilinos eram como filhos. Viúva e sem filhos, ela interessava-se pela vida de todos eles, consolando-os quando tinham problemas e comemorando quando estavam alegres.

— Precisamos comemorar, Sérgio!

— É, mas eu tenho um problema. O dinheiro só vem no fim do mês, e meu chefe me convidou para um jantar hoje à noite na casa dele. Tive que comprar uma roupa nova e fiquei sem dinheiro. Preciso cortar os cabelos e pagar o táxi.

— Isso é mau. O que pensa em fazer?

— A senhora não poderia emprestar-me algum até o fim do mês? Pagarei com juros.

— Logo vi que você queria alguma coisa. Quando me olha desse jeito!

Ela emprestou-lhe o dinheiro, e Sérgio imediatamente foi a um salão famoso cortar os cabelos, fazer manicure.

À noite, quando se olhou no espelho, sorriu com satisfação. Estava perfeito. Faltava o perfume. Com prazer, lembrou-se do perfume francês que ganhara no aniversário. Com algumas gotas, completou a tarefa.

Às nove horas em ponto, Sérgio foi introduzido pelo mordomo no *hall* do belíssimo palacete do Jardim América, onde Flávio residia. Com os olhos brilhantes, ele observava tudo em detalhes, desde o lindo jardim iluminado que rodeava a casa até os lustres de cristal, as cortinas e as obras de arte que já conseguia vislumbrar.

Conduzido a uma sala de estar, onde já se encontravam algumas pessoas, Flávio levantou-se para cumprimentá-lo.

— Você é pontual — disse após os primeiros cumprimentos. — É uma qualidade rara no Brasil. Venha, quero apresentá-lo a alguns amigos. Arlete você já conhece.

— Como vai? — disse ela olhando-o com olhos brilhantes. Estava ainda mais bonita num vestido justo de seda vermelha, que a fazia parecer mais alta, e com os cabelos presos em um coque na nuca por um belíssimo arranjo de pérolas.

— Bem. É um prazer reencontrá-la.

Flávio apresentou-o aos outros amigos, dois casais de meia-idade, três rapazes, que haviam sido colegas de universidade, e duas moças. Todos eram muito agradáveis e elegantes. Sérgio sentiu-se logo à vontade. Aceitou um aperitivo que a criada lhe ofereceu, e a conversa fluiu fácil e agradável.

Foi quando Flora chegou. Arlete apressou-se a abraçá-la e apresentá-la aos outros convidados. Ela não os conhecia. Ao cumprimentar Sérgio, lançou-lhe um olhar em que havia certa irritação e surpresa.

"Ela não gosta de me ver por perto", pensou ele. Ela sabe que eu a conheço bem.

Vendo-a, ele não ficou contrariado, pelo contrário. Percebendo o quanto ele progredira, Flora por certo estaria arrependida de tê-lo desprezado. Ele sentia-se vingado.

Aproximou-se de Arlete e sentou-se ao seu lado no sofá.

— Que bom vê-la de novo.

Ela sorriu, e seus olhos brilharam.

— Eu digo o mesmo.

— Nunca me diverti tanto quanto naquela noite. Foi maravilhoso!

— É verdade. Você dança muito bem.

— Você também. Aliás, fazia anos que eu não dançava.

— Não acredito. Você estava em ótima forma. Parece que nunca fez outra coisa na vida.

— Vindo de você, é um grande elogio. Mas é verdade. Havia anos que eu não dançava. Quando eu era menino, dizia que queria ser dançarino, aprender a sapatear, como Fred Astaire. Quando vim para São Paulo, mergulhei no trabalho e esqueci tudo o mais. A vida na cidade grande nos sulga. A luta do dia a dia não nos deixa tempo para o lazer.

Ela abanou a cabeça negativamente.

— Não é verdade. Quando você se organiza, há tempo para tudo. Esse é o encanto de viver. Cada coisa em sua hora e em seu momento.

— Você diz isso porque nasceu em uma família abastada. Nunca precisou preocupar-se com o pão de cada dia.

— Algum dia a preocupação lhe rendeu algum dinheiro?

— O que disse? — Estranhou ele.

— Ganhou dinheiro com suas preocupações?

Sérgio sorriu.

— Você está brincando comigo. Eu estava falando sério.

— Eu também. Até hoje, eu nunca vi ninguém ter lucro ou ganhar alguma coisa com preocupação. Para mim, ela só faz mal à saúde e diminui nossa capacidade de perceber as coisas.

— Quer dizer que nunca se preocupa com nada?

— Pelo menos, eu tento fazer isso.

— Nesse caso, a vida seria um caos. Uma desorganização. É preciso tomar conta das coisas, fazer tudo direito.

Arlete sorriu suavemente e em seus olhos havia um brilho malicioso quando considerou:

— Fazer as coisas com capricho e atenção não tem nada a ver com preocupação. Ocupar-se com as coisas antes da hora, temer que elas saiam erradas, pensar em coisas ruins que ainda não aconteceram desviam nossa atenção do que precisamos fazer no momento e diminui nossa capacidade de ação. Quando estou confiante, serena e calma, consigo fazer tudo muito melhor.

Sérgio olhava-a com admiração. Arlete era diferente das outras moças que conhecera.

Flávio aproximou-se dizendo:

— Pela sua cara, Arlete já deu voltas à sua cabeça. Ela adora fazer isso!

Ela levantou-se enfiando o braço no do primo e disse alegremente:

— Olha quem fala! Isso é mal de família. Não ligue para ele. A maior parte das minhas ideias vem dele. Sabia que o Flávio é o maior pensador que eu conheço?

— Ele é muito observador — disse Sérgio.

— Não é só isso. Ele é um estudioso da vida, do homem, do comportamento. É um sábio.

Arlete falou suavemente e havia muita ternura em seus olhos. Sérgio sentiu uma ponta de ciúme. Arlete estaria apaixonada pelo primo? Flávio era muito requisitado pelas mulheres. Seria a moça mais uma das suas admiradoras?

Flávio sorriu suavemente quando respondeu:

— Nem tanto. É que nós nos compreendemos, temos as mesmas ideias. Logo, quando ela me admira, é porque está se vendo e se admirando através de mim. Sou apenas seu espelho. Essa é a forma como me vê.

— Viu? Eu não disse? Ele conseguiu esconder-se e colocar-me em evidência. Ele sempre faz isso. Coloca-se como observador.

— É só o que eu sou. Um observador.

— Você nunca participa? — indagou Sérgio admirado.

— Alguma vez você me achou ausente?

— Não. Ao contrário. Parece sempre muito bem-informado. Mas ao mesmo tempo... — Parou indeciso. Flávio era seu chefe e, apesar de estar em sua casa como um convidado, não sabia até onde poderia ir.

— Continue — pediu ele.

— Ao mesmo tempo, me parece sempre que está olhando de fora, sem tomar parte. Fala pouco e não se entusiasma muito com as coisas.

— O que não quer dizer que não as sinta. Flávio é muito sensível — explicou Arlete.

Sérgio não concordava com isso, mas não se atreveu a contestar a jovem. Disse apenas:

— Se sente, controla-se muito bem. Está sempre calmo, aconteça o que acontecer.

— Alegra-me saber que pensa assim. Há longo tempo, venho me esforçando para ser apenas um bom observador e só intervir se eu puder, na hora certa, do modo mais adequado.

— O que não quer dizer que ele seja indiferente. Controlar-se é sinal de força, de domínio interior — defendeu a moça novamente.

— Controlar as emoções não é tão simples assim. Eu mesmo tenho tentado fazer isso e nem sempre consigo — disse Flávio.

— Uma das técnicas que nós usamos com muito bom resultado é a de observar do lado de fora, como se o problema não fosse nosso — disse Arlete.

— Eu não saberia fazer isso — tornou Sérgio. — As emoções brotam e ficam de tal forma que, quando aparecem, tomam conta de mim. Como poderia manter-me de fora? Se eu pudesse fazer isso, por certo não teria mais problemas com elas.

— É só fechar os olhos e imaginar que você dá um passo para trás, para observar sua figura à frente. É como se você fosse outra pessoa. Experimente. Nessa hora, você está neutro. Não tem que decidir nada, nem enfrentar nada. É mero observador.

— Se eu fizer isso, o que vai acontecer?

— No mínimo, descobrirá que tem um refúgio para ir quando as coisas ficarem muito perturbadoras. Nesse estado, sentirá serenidade e paz.

Quase sempre, novas ideias, novos ângulos em que você não havia ainda pensado aparecerão. O silêncio e a meditação são sempre um grande remédio para os problemas da alma.

— Interessante! — disse Sérgio. — Nunca fiz nada disso.

— Vale a pena tentar. Arlete sabe o que diz — tornou Flávio.

O jantar foi servido, e a conversa fluiu alegre e agradável. As pessoas que estavam ali eram todas muito educadas e simpáticas. Uma coisa era certa: Flávio sabia viver e reunir em torno de si pessoas interessantes.

Sérgio sentou-se ao lado de Arlete e do outro lado estava uma senhora muito alegre e bem-humorada que o fez sentir-se à vontade. Todo o tempo, Sérgio observou Flora disfarçadamente. O rapaz notou que ela estava tentando introduzir-se naquele meio, aproveitando-se do seu conhecimento com Arlete.

A moça esforçava-se para ser encantadora, agradável, delicada. Sérgio, no entanto, sabia que ela não era nada disso. Sua personalidade era áspera e dura, chegando às vezes à arrogância. Contudo, ali, ela mostrava-se dócil e bem-humorada. Com certo prazer e alguma ironia, ele observava suas investidas em Flávio, que, imperturbável, demonstrava nada notar.

Prazer porque sabia que, com Flávio, ela não iria conseguir nada. Ele era muito inteligente para se deixar envolver por uma interesseira como Flora.

Havia momentos em que Sérgio também surpreendia o olhar dela sobre ele, estudando-o. Por certo, estaria arrependida de haver acabado o namoro. Com certeza, estaria tentando descobrir o que acontecera, uma vez que sabia que ele não fora promovido. Ele divertia-se com a curiosidade dela. O que estaria pensando? Que ele estava tendo mais dinheiro? Se ela soubesse que ele continuava como sempre...

Não. Ele não continuava como sempre. Ele mudara. Agora provava o prazer das coisas boas. Ele queria mais e, com essa nova atitude, conseguiu maior salário. Era justo. Ele merecia. Sempre trabalhou muito, esforçara-se, dedicara-se. Agora, não estava mais disposto a continuar naquela vidinha pobre e sem perspectivas. Dali para frente, sua vida iria mudar. Nunca mais sentiria o gosto do fracasso!

Lembrou-se da família, do seu projeto de trazê-los para a cidade grande e sentiu certo remorso. Estaria sendo egoísta pensando só em si mesmo, em sua satisfação e em seu prazer, deixando a família continuar naquela vida pobre e sem futuro em que viviam?

Ele não queria pensar. Quando ganhasse bem, por certo realizaria seus projetos com relação a eles. De que lhe adiantaria ir buscá-los agora para fazê-los morar num pequeno apartamento sem conforto?

Após o jantar, Sérgio sentou-se em um sofá, enquanto Flávio colocava alguns discos na vitrola. Os outros convidados espalharam-se prazerosamente pela imensa sala, e Sérgio viu, surpreendido, Flora sentar-se ao seu lado.

— Como vai? — indagou.

— Muito bem. E você?

— Bem. Pelo que estou vendo, você agora resolveu mudar de vida. O que aconteceu? Ganhou na loteria?

Ela falou em tom de brincadeira, mas Sérgio percebeu que ela não conseguia mais controlar a curiosidade.

— Por que diz isso? — replicou ele, não desejando dizer a verdade.

— Porque você está diferente. Nós nos encontramos naquele restaurante de luxo outra noite e agora, aqui, na casa de pessoas da mais alta sociedade.

— Uma das quais, por acaso, é meu chefe. Para falar a verdade, estar aqui para mim é natural. Eu é que nunca pensei encontrá-la nesta casa. Nunca me disse que os conhecia.

Ela meneou a cabeça.

— Há muita coisa que você não sabe sobre mim. Eu sempre frequentei a mais fina sociedade. Arlete é minha colega de faculdade, e lá eu sempre tive muitas amizades. Costumo receber em casa também.

— Não sabia. Também, você nunca me convidou!

— Pensei que não gostasse de lugares mais requintados. Quando nós saíamos, sempre íamos a lugares modestos. Você estava sempre sem dinheiro.

Ele sorriu.

— As coisas mudam — disse.

Os olhos dela brilharam quando retrucou:

— O que mudou com você? Conseguiu aquela promoção?

— Que promoção?

— Aquela pela qual suspirava há tanto tempo.

— Não, não consegui. Continuo no mesmo posto.

Pelos olhos dela passou um lampejo de reflexão. Depois de alguns segundos, ela disse:

— Então não entendo. Como conseguiu dinheiro para comprar roupas caras e frequentar lugares de luxo? Vai ver que guardava o dinheiro e não queria gastar quando saía comigo.

Pelos olhos de Sérgio passou um brilho de malícia.

— Pode ser — disse.

Ela irritou-se um pouco, mas estava disposta a controlar-se, por isso sorriu e respondeu fitando-o provocadoramente:

— Acha que eu não mereço?

— Você é quem está dizendo. Pense o que quiser.

Ela empalideceu e levantou-se imediatamente. Se Sérgio pensava que iria esnobá-la, estava enganado. Ela era e sempre fora melhor do que ele em tudo. Não seria um pobre-diabo metido a elegante, sem ter onde cair morto, que iria divertir-se à sua custa.

Ele por certo estava escondendo alguma coisa. Talvez algo ilícito que ela ainda descobriria e, quando soubesse o que era, acabaria com o sucesso dele. Haveria de vingar-se. Achegara-se a ele, tentando reatar a amizade, talvez até o namoro. Por quê não? Agora ele já oferecia uma boa perspectiva de futuro. Com a orientação dela, poderia ir longe.

Sérgio, contudo, tripudiara de sua boa vontade. Por certo ainda estava ofendido pelo fora que lhe dera. Pior para ele.

Sorriu pensando que ele não perdia por esperar. Quando se casasse com Flávio, haveria de calcá-lo sob os pés.

Afinal, o empresário era muito melhor partido do que Sérgio. Bonito, jovem, rico, inteligente, de boa família. Era nele que colocaria seu objetivo dali para frente. Ele mostrara-se educado, porém indiferente. Mas ela sabia como agir e haveria de conquistá-lo. Precisava de um plano.

Algumas pessoas se retiravam da reunião, e Sérgio fez menção de despedir-se também. Não queria abusar. Arlete impediu-o.

— Que nada. Ainda é cedo. Vamos para outra sala. Lá poderemos dançar um pouco.

Sérgio atendeu com prazer. Flávio conversava com um amigo, e Flora com outro, que, lisonjeado pela atenção dela, lhe dizia galanteios.

— A noite está tão agradável — disse Flora. — O jardim é tão lindo e tão cheio de flores! Gostaria de dar uma volta.

Mário concordou prontamente:

— Vamos — disse, oferecendo o braço com galanteria. — Desejo mostrar-lhe um lugar maravilhoso.

Saíram para o jardim, passeando pelas alamedas. A certa altura, Flora foi andando na frente para ver uma linda roseira quando tropeçou e só não foi ao chão porque Mário correu e a segurou a tempo.

— Meu Deus — gemeu ela —, torci o tornozelo! Ai, que dor! Quase não estou suportando. Acho que vou desmaiar!

O rapaz, assustado, pediu:

— Por favor, não faça isso agora. Calma. Deixe-me ver. — Abaixou-se ao lado de Flora, que se sustentava sobre uma perna só enquanto gemia.

— Está um pouco inchado. Acho que está deslocado.

— Pela dor que estou sentindo, acho que quebrou. Não estou aguentando mais.

— Vou carregá-la para dentro.

Tomou-a nos braços e levou-a para a sala, deitando-a num sofá. Imediatamente, Flávio e os demais convidados aproximaram-se. Um dos presentes era médico e logo tomou a dianteira.

— Deixe-me ver. O que foi?

— Ela tropeçou e torceu o tornozelo.

O médico examinou-a cuidadosamente.

— Não foi nada. Apenas uma torção.

— Está doendo muito — reclamou ela.

— Isso dói mesmo. Você não vai poder pôr o pé no chão por um ou dois dias. Vou dar-lhe um comprimido para a dor. Mas, depois de tomá-lo, você precisa dormir. É calmante.

— Meu Deus! E agora? Como vou voltar para casa?

— Acho melhor ficar aqui esta noite — disse o médico.

Flávio, que ouvia atentamente, disse:

— Certamente. Ela ficará no quarto de hóspedes até se recuperar.

Flora esforçou-se para ocultar a satisfação. Era isso mesmo que ela queria, por isso provocara o acidente. Procurou dissimular.

— Preciso ir para casa — disse. — Minha família ficará muito preocupada se eu não voltar. Não estou habituada a dormir fora. Meu pai é muito rigoroso.

Arlete aproximou-se dizendo:

— Não se preocupe. Eu vou ligar para sua casa, falarei com sua mãe e explicarei tudo.

— Ela vai ficar muito assustada.

— Você conversará com ela e contará que está muito bem, já foi atendida pelo médico e é só questão de tempo.

Flora sorriu com doçura.

— Obrigada, Arlete. Não sei como agradecer. Sinto-me constrangida. Não quero dar trabalho nem abusar da hospitalidade. Logo na minha primeira visita a esta casa!

— Fique à vontade — disse Flávio com naturalidade. — Já mandei preparar o quarto, e vamos levá-la para lá.

— Ela não pode forçar o tornozelo — disse o médico.

— Eu a levo — decidiu Flávio.

Tomou-a nos braços e carregou-a para o andar superior, colocando-a delicadamente sobre a cama. O médico que os acompanhou disse, dirigindo-se a Arlete:

— Fique comigo. Vamos ajudá-la a ficar mais confortável.

Flávio saiu, e os dois ajudaram-na a tirar o vestido, as meias e a vestir uma camisola que pertencia a Arlete, pois era muito comum a moça dormir na casa do primo quando havia festa e ficava lá até muito tarde.

Assim que saíram, Flora sentiu-se profundamente feliz e satisfeita. A dor passara, e ela, deitada na belíssima cama de casal, macia e confortável, olhando o luxo e o bom gosto do quarto, as obras de arte, as flores, pensava que essa vida era tudo quanto sonhara para si.

Depois, quando Flávio a tomou nos braços, ela desfrutou de uma deliciosa sensação de prazer. Tendo seu rosto próximo ao dele, sentindo sua respiração, seu perfume, pensou como seria bom se ele a beijasse. Seria maravilhoso poder juntar o útil ao agradável. Casar-se com um homem rico e tão atraente, cuja proximidade fazia seu coração bater mais forte e seu corpo estremecer de prazer.

Satisfeita, embalada pelos seus sonhos de felicidade, Flora entregou-se prazerosamente ao torpor que sentia e adormeceu.

Sérgio tinha observado tudo e desconfiara do acidente de Flora. Estava sendo muito conveniente para ela dormir ali, na casa de Flávio, e poder, assim, estreitar uma amizade que ela desejava transformar em amor.

A princípio, Sérgio duvidou que Flora conseguiria impressionar Flávio, porém, vendo-o carregá-la nos braços até o quarto, começou a sentir um pouco de receio. Ela era ousada e muito esperta. Até que ponto o chefe resistiria? Ela era uma mulher bonita e atraente. Sabia provocar um homem.

Não chegara a amá-la e pouco o importava se ela se casasse com este ou aquele, mas não gostaria que ela envolvesse Flávio nessa aventura. Afinal, ele merecia coisa melhor.

Quando Sérgio se despediu, Arlete prometeu telefonar-lhe para irem ao *vernissage* de um famoso pintor seu amigo, e ele ficou radiante. Ela pretendia passar a noite ali, na casa do primo, e fazer companhia a Flora.

Sérgio gostou da ideia. Certamente, Flora teria preferido ficar só, e a presença de Arlete a atrapalharia. Ele gostava de tudo que pudesse dificultar os planos da ex-namorada. Tinha certeza de que ela tramara aquela situação. Flora era uma mulher sempre às voltas com planos disso e daquilo, não se detendo diante de nada para conseguir seus objetivos.

Já Arlete era tão diferente! Tão simples e agradável! Ela, uma moça rica, de família importante, era natural e espontânea. Embora não pertencesse à alta sociedade, Flora era toda cheia de regras e preconceitos.

Junto com Arlete, ele sentia-se à vontade e bem-disposto. Com ela, tudo acontecia normalmente, sem problemas ou dificuldades. Parecia-lhe que a vida, para ela, deslizava suavemente, sem os tropeços de todo mundo. Como ela conseguia isso? A seu lado, ele se esquecia de suas dúvidas, seus problemas, suas dificuldades e seus projetos.

"Engraçado, enquanto Flora é estressante, Arlete é repousante, deliciosamente fresca e relaxante. Nunca me senti assim perto de uma mulher", pensou ele.

Em casa, estendido no leito, Sérgio começou a contar os dias que faltavam para receber seu salário e pensou nas coisas que compraria para ir ao *vernissage* com Arlete.

— Preciso comprar um carro. Juntar dinheiro. Mas como? Ainda não dá para isso.

Um dia, ele ainda teria um carro. Agora já não duvidava mais de que havia de conseguir. Era só questão de tempo.

Embalado em seus projetos para o futuro, Sérgio finalmente adormeceu.

CAPÍTULO 3

No dia seguinte, Flora acordou bem-disposta e alegre. O sol brilhava lá fora e, apesar de as cortinas estarem fechadas, a claridade se espalhava pelo quarto em caprichosos desenhos de luz e sombra.

"Deve ser tarde", pensou ela.

Dormira profundamente a noite inteira. Afastou as cobertas e examinou o tornozelo luxado. Ainda estava um pouco inchado. Tentou levantar-se, buscando apoio no outro pé. Foi ao banheiro, lavou-se e vestiu o robe que Arlete delicadamente colocara sobre uma cadeira. Alguém bateu na porta.

— Entre — disse Flora.

A empregada entrou com uma bandeja de prata em que estavam dispostas várias iguarias.

— Trouxe seu café. A senhora deseja comer na cama ou na mesa?

— Na cama. Infelizmente, meu pé está doendo muito e não posso apoiá-lo no chão.

Flora ajeitou-se, e a moça colocou a bandeja sobre o leito.

— Está satisfatório ou a senhora deseja mais alguma coisa?

Flora passou uma vista de olhos pela rica bandeja, pelo delicado vaso onde havia uma rosa, pelos bules, pela louça, pelas iguarias e sorriu:

— Está tudo muito bem, obrigada.

A empregada saiu, e ela, deliciada, serviu-se de café e leite. Apanhando um pãozinho delicado, passou manteiga e suspirou satisfeita.

Essa era a vida que ela queria para si. Beleza, luxo, conforto e ser servida. Além do mais, havia Flávio. Ele começava a aparecer em seu pensamento como o prêmio maior. Quanto mais pensava nessa possibilidade, mais se animava.

Flora estava terminando o café quando Arlete apareceu.

— Bom dia — foi dizendo logo. — Está melhor?

Flora sorriu.

— Um pouco. Que vexame! Logo na primeira vez em que venho aqui! Estraguei o jantar de seu primo. Espero que ele não tenha se aborrecido comigo.

— Ele não se aborreceu. Foi um acidente.

— Preciso ir embora. Não desejo abusar. Tentei levantar, mas ainda dói terrivelmente.

— Não se preocupe. Fique o tempo que precisar. Descanse.

— Não quero incomodar Flávio.

Arlete deu de ombros.

— Ele não se incomoda. Sei o que estou dizendo. Ele saiu um pouco e encarregou-me de dizer-lhe que se cuide e descanse bastante. Aliás, Walter ficou de voltar após o almoço para examinar seu tornozelo e ver se você já pode levantar-se.

— O doutor Walter foi muito gentil ontem à noite.

— Ele é muito nosso amigo e excelente profissional. Pode ficar tranquila. Ele fará o melhor.

— Ele inspira muita confiança. Você também não foi para casa. Teria sido por minha causa?

— Eu costumo dormir aqui quando fico até tarde.

— Sua mãe não fica preocupada?

— Por quê?

— Flávio mora só, é tão moço, bonito.

Arlete riu com gosto.

— É verdade. Ele é encantador, mas nosso caso é só de amizade. Somos como irmãos.

Flora suspirou, e Arlete sorriu bem-humorada.

— Você não está nem um pouco preocupada com o que minha mãe pensa. Está interessada em Flávio. Esse suspiro...

Flora fingiu estar envergonhada.

— De fato, ele é um homem muito interessante, capaz de despertar interesse em qualquer mulher de bom gosto. Muito diferente do Sérgio.

— Você conhece Sérgio há muito tempo?

— Conheço. Para dizer a verdade, ele estava apaixonado por mim. Saímos algumas vezes, mas eu não quis mais. Terminei o namoro. Ele é muito provinciano. Sabe como é... eu não me afino com certas coisas.

— Você não o amou.

— Claro que não.

— Você já amou alguma vez?

— Eu? Nunca. Aliás, tenho a cabeça no lugar. Não me permito amar qualquer pessoa. Não quero sofrer. Só amarei alguém que preencha todas as qualidades que eu aprecio num homem.

Arlete ficou silenciosa por alguns instantes e disse:

— Juntar amor com regras e programas parece-me impossível.

— Não para mim.

Havia uma expressão indefinível nos olhos de Arlete quando ela disse:

— Quero ver isso. Pelo jeito, Flávio preenche todas as suas condições.

— Até certo ponto, sim. Conheço-o tão pouco! — respondeu Flora, tentando não demonstrar muito interesse. — Ele já se apaixonou alguma vez?

— As mulheres o disputam o tempo todo, mas amar mesmo eu acho que nunca aconteceu. Às vezes, ele me parece interessado em alguém, no entanto, logo passa e nada acontece.

— Isso torna ainda mais interessante a conquista.

— Pelo jeito você vai tentar.

Flora sorriu.

— Ainda não sei. Pode ser. Esse jogo pode tornar-se muito agradável.

— Cuidado. Não brinque com fogo. Flávio tem um encanto especial. Você pode apaixonar-se.

— Estou precavida. Só me apaixono se eu quiser.

— Quero ver o dia em que sua barreira cair.

— Esse dia nunca chegará.

Arlete sorriu divertida.

— O amor costuma pregar peças. Aparece quando menos se espera.

Flora sacudiu a cabeça negativamente.

— Não comigo. Sou uma pessoa equilibrada. Posso me controlar muito bem. Você não?

— Normalmente, sim. Contudo, em se tratando dos sentimentos, ainda não sei.

— Convivendo com seu primo, nunca se apaixonou por ele?

— Não. Já disse que somos como irmãos.

— É, você disse. Está interessada em Sérgio?

Os olhos de Arlete brilharam de forma singular ao responder:

— É muito cedo para dizer. Damo-nos bem. Aprecio sua companhia. Ele gosta de dançar tanto quanto eu, e nos divertimos muito juntos. Não há nada além disso.

Flora fez um gesto de enfado.

— Nunca soube que ele gostasse de dançar. Estou estranhando esse prazer repentino. Talvez ele pretenda conquistá-la. Afinal, você é um bom partido para ele, que sempre foi pobre e lutou muito para subir na vida.

Arlete levantou-se dizendo:

— Ele não me parece interesseiro. Você está indo depressa demais. Só nos vimos duas vezes, e você já fala como se estivéssemos namorando. Não lhe parece muita imaginação?

— Bem... eu pensei... Afinal, sempre que ele está por perto, vocês ficam juntos.

— Ele é um excelente funcionário na empresa de meu pai. Em minha família, só tenho ouvido elogios sobre ele. Flávio o aprecia, e eu confesso que gosto da sua companhia. Está com ciúme?

— Eu? Que ideia! Se eu gostasse dele, teria continuado a namorá-lo. Fui eu quem lhe deu o fora.

— Quer dizer que, se um dia eu me apaixonasse por ele, você não se aborreceria?

Flora sacudiu a cabeça energicamente.

— Claro que não! Só que...

— Sim?

— Ele me parece tão insignificante e, sinceramente, penso que você merece coisa melhor. Um homem da sua classe, rico e culto.

Arlete sorriu alegre.

— Não sabia que você era casamenteira.

— Sou sua amiga. Não gostaria de vê-la envolvida com pessoas sem expressão.

— Não se preocupe comigo. Sei cuidar de mim.

Havia qualquer coisa no tom de Arlete que levou Flora a enrubescer.

— Desculpe — disse ela. — Não tenho nada com sua vida, mas você tem sido tão amiga convidando-me para sair que eu me excedi. Sinto-me feliz em ter sua amizade. Ainda agora, depois do que me aconteceu. Vocês foram tão gentis que nem sei como agradecer.

— Não precisa. Agora vou deixá-la descansar.

— Dormi bastante. Gostaria de me levantar um pouco.

— Em seu caso, o repouso é o melhor remédio. Descanse.

— Não gosto muito de ficar só.

— Logo mais voltarei para fazer-lhe companhia. Vou buscar um livro. Flávio adora ler e tem uma boa biblioteca. Que gênero de leitura prefere?

— Ótimo. Talvez um romance...

Ela não apreciava a leitura, mas, se Flávio gostava, ela precisava fingir.

— Ele tem vários. Eu li um maravilhoso, vou buscá-lo.

Arlete saiu e voltou em seguida, colocando o livro na mesa de cabeceira de Flora.

— Esse é ótimo. Você vai adorar. Eu e Flávio gostamos muito.

— Obrigada. Vou começar agora mesmo.

Arlete saiu, e Flora, tomando o livro entre as mãos e avaliando que ele era volumoso, suspirou resignada. Abrindo-o decidida, começou a ler.

Só no final da tarde foi que Flávio apareceu.

— Como vai, Flora?

Ela largou o livro e sorriu com prazer.

— Melhor, felizmente. Penso até que poderei levantar-me. Já dei trabalho demais a vocês.

Ele meneou a cabeça.

— Isso não é verdade. Lamento não ter podido estar aqui, mas tenho certeza de que Arlete a tratou muito bem.

Flora corou levemente.

— Certamente. Cuidou de mim com carinho.

— Walter disse que passará aqui para vê-la logo mais. Antes disso, é melhor não se levantar. Esses casos podem tornar-se crônicos. É bom não facilitar. Falando no diabo, eis que ele aparece... — Brincou, levantando-se para abraçar o amigo.

Depois dos cumprimentos, Flávio saiu discretamente, e Arlete entrou. Após examiná-la, Walter fez Flora levantar-se e caminhar um pouco pelo quarto.

— Já está bom, mas é melhor não forçar muito por hoje. Ainda está ligeiramente inflamado. Se quiser, pode ir para casa, porém, continue repousando lá. Amanhã estará tudo bem. Se doer um pouco, friccione com esta pomada.

— Obrigada, doutor Walter. Não sei como agradecer.

41

— Então, não diga nada — Brincou ele. E, voltando-se para Arlete, disse: — Espere que ela se vista e ajude-a a descer a escada com cuidado.

Arlete concordou. Flora vestiu-se, e Arlete julgou prudente que ela não calçasse os sapatos por causa dos saltos muito altos.

— Fique com meus chinelos.

— Está bem. Eu os devolvo na faculdade semana que vem.

Amparada por Arlete, Flora desceu lentamente as escadas e sentou-se em um sofá da sala. Walter colocou uma banqueta para que ela descansasse a perna.

— Vou telefonar para chamar um táxi — disse ela.

— Fique e jante conosco — sugeriu Arlete.

Flora olhou para Flávio, que se apressou a dizer:

— Certamente. Você nos dará muito prazer.

— Nesse caso, eu aceito. Vocês são muito amáveis. Adoro estar em sua companhia. Em casa vivo muito só. Sou filha única.

Arlete sorriu bem-humorada. Ela percebia que Flora corava perto de Flávio e seus olhos brilhavam mais quando o fitava.

Na verdade, ela não tinha muita amizade com Flora, mas esta, de repente, se achegara, procurando companhia. Arlete não tinha irmãs, apenas dois irmãos que, sempre às voltas com os próprios interesses, nunca estavam com ela.

Apesar disso, a moça não se sentia só. Tinha muitos amigos, inclusive o primo, a quem admirava e com quem realmente tinha afinidade. Mas podia compreender que alguém como Flora se sentisse só. Ela mostrava-se agradável e atenciosa, e Arlete aceitara sua companhia com naturalidade, convidando-a a participar da sua roda de amigos na intenção de que ela não se sentisse tão só quanto dizia estar.

Arlete, contudo, não lhe franqueara sua intimidade. Ela não se transformara em amiga. Havia qualquer coisa em Flora que deixava Arlete em guarda e não lhe permitia ir além dos limites da boa educação.

Walter também ficou para o jantar, e a conversa fluiu agradável e fácil. Flora sentia-se maravilhada. Esse ambiente a fascinava. O relógio do *hall* deu as dez badaladas, e Flora levantou-se assustada.

— Meu Deus! Já? Preciso ir embora.

— Meu motorista a levará para casa — disse Flávio. — Tem certeza de que deseja mesmo ir?

— Por mim, eu ficaria aqui pelo resto da vida. A conversa está tão agradável, mas preciso ir. Obrigada por tudo.

Eles instalaram-na confortavelmente no automóvel e despediram-se atenciosamente. No caminho de casa, Flora, recostada nas macias almofadas do carro, sentia-se muito bem. Passou uma vista de olhos pelo interior do automóvel e decidiu-se.

— É isso mesmo. Um dia tudo isso será meu, e eu viajarei aqui todos os dias. Irei para os lugares de luxo e viverei como uma rainha. Flávio vai ser meu. Eu juro.

Enquanto Flora dava asas à sua fantasia, Sérgio perguntava-se o que estaria acontecendo na casa de Flávio. Sabia que Flora estava tentando seduzir seu chefe e não sabia até que ponto ela o conseguiria.

Tinha certeza de que Flora se aproximara de Arlete apenas interessada em usá-la para subir na vida. Arlete era rica e frequentava a melhor sociedade, e Flora não tinha amigas. Sempre dizia que mulher nunca é amiga, mas, sim, rival.

Ele poderia prevenir Arlete, mas não era do seu feitio. Não gostava de maledicência. Entretanto, ficaria vigilante, pois apreciava a moça. Era uma jovem boa e confiável, e ele não gostaria que Flora a envolvesse em seus projetos escusos.

Na segunda-feira, assim que Flávio chegou ao escritório, Sérgio procurou-o para informar-se.

— Está tudo bem com ela. Walter deu-lhe alta, e ela foi para casa ontem à noite.

— Ótimo.

— Ela é sua amiga?

— Não. Nós tivemos um namoro sem importância, só isso.

— Ela é interessante, eu diria bonita. Você não se apaixonou?

— Não. Ela é mesmo bonita, mas, para mim, é só. Não chegou a mexer com meus sentimentos.

Flávio sorriu.

— Quando mexe com os sentimentos é o diabo.

— E você? Ela está mexendo com seus sentimentos?

Ele riu com gosto.

— O que o fez pensar isso? Estaria com ciúme?

— Não. É que sei que ela deseja mesmo um bom partido. Eu não corro perigo algum, quanto a você...

— Também não. Até agora tenho escapado incólume.

— Cuidado com ela. Você pode estar sendo um alvo sem perceber.

— Elas estão por toda parte. Pode imaginar quantas mulheres sonham com o casamento?

— Principalmente com o cifrão.

— Você é amargo com as mulheres. Quero crer que nem todas sejam tão interesseiras.

— Pois eu sei que é assim. Se você não estiver bem-vestido, se não tiver um belo carro nem posição social, tudo fica mais difícil.

— Não é o que eu tenho percebido.

— Pudera, você tem tudo que elas querem e ainda uma boa aparência! Elas enxameiam ao seu redor como moscas. Eu já percebi.

— Será apenas pelo meu dinheiro? Não sou tão rico assim.

— Não diria só pelo seu dinheiro. Mas que isso conta, principalmente para as que não têm nada, isso conta.

— Eis aí um bom tema para estudo. Vou pensar sobre isso. Em todo caso, quer dizer que você, mesmo tendo boa aparência, não tem sucesso com as mulheres? Não foi isso o que me pareceu...

— É?

— É. Elas bem que se movimentam quando você aparece.

Sérgio sorriu satisfeito. Ele também observara esse fato, que tinha ficado mais evidente depois de vestir-se melhor e mudar o corte de cabelo.

— Mas foi depois que melhorei minhas roupas e meu corte de cabelo que isso se acentuou. — Reconheceu ele. — Elas pensam que tenho dinheiro.

— Não. Elas têm bom gosto e preferem um homem elegante. Além do que, quando você se sente mais elegante, torna-se menos tímido e comporta-se de maneira diferente. Já notou isso? Quer coisa pior do que se sentir inadequado em algum lugar? Quem se veste mal ou sem capricho está sempre destoando, e quem se sente assim procura passar despercebido, esconder-se, não mostra seu brilho. Não será essa a verdadeira causa do interesse? Sei de casos de mulheres muito finas, ricas, da mais alta sociedade, que se apaixonaram por homens pobres e até feios, dentro do conceito de beleza social. Largaram tudo por eles. Sabe por quê? Porque essas pessoas possuíam um brilho especial, alguma coisa além da roupa, do dinheiro ou até da beleza física. Um brilho interior, um carisma, que as atraiu. Não acredita nisso?

Sérgio sacudiu a cabeça.

— Não sei. Para ser franco, nunca amei ninguém de verdade.

— Pense nisso. Observe. Verá que nem todas as mulheres são interesseiras. Eu conheço várias que provam o contrário.

— É. Talvez eu esteja generalizando. Deve haver alguma exceção em algum lugar. Tenho certeza de que Arlete é uma delas.

— Isso mesmo.

— Em todo caso, se eu fosse você, tomaria muito cuidado para não cair em nenhuma armadilha.

Ele riu com gosto.

— Pode deixar. Sei o que faço.

— Nem sei por que estou lhe dizendo isso. Talvez porque eu tenha tido uma experiência um pouco desagradável. Mas, como você disse, nem todas as mulheres são iguais.

Sérgio sentiu-se mais tranquilo. Flávio não era ingênuo nem precisava que ele lhe desse conselhos. Flora não iria conseguir nada com o rapaz. Sentia prazer em vê-la fracassar. Seus planos não iriam dar certo.

De volta à sua sala, Sérgio encontrou uma correspondência do seu irmão Rubens. Ao abri-la, sentiu-se um pouco culpado. Fazia mais de um mês que não escrevia para casa. Era um convite de casamento. Emocionou-se. Rubens iria casar-se! O nome da moça era-lhe desconhecido.

Segurando o convite entre os dedos, sentou-se pensativo. Gente pobre como seu irmão não deveria pensar em ter família. Viver ali, naquela vida simples e sem conforto, longe das conquistas, do progresso e da cidade, não era agradável.

Junto havia uma carta. Abriu-a e leu.

Querido Sérgio.

Como você sabe, há algum tempo comecei uma criação de galinhas e juntei algum dinheiro. Não muito, mas o bastante para manter uma família. Vou me casar. Conheci Antônia e gosto muito dela. Ela mudou-se para cá há pouco tempo, mas nós nos gostamos desde o primeiro dia. Contamos com sua presença no grande dia.

Abraços do Rubens.

Sérgio sacudiu a cabeça inconformado. Uma criação de galinhas! Quanta ingenuidade. Sentiu aumentar sua sensação de culpa. Se ao menos ele tivesse conseguido trazer a família para a cidade!

Suspirou desanimado. Para casar-se, Rubens precisaria de uma porção de coisas. Um lugar para morar, móveis etc. Embora eles não fossem nada exigentes, onde teriam dinheiro para tanto? Se ao menos ele tivesse algumas economias... Havia gasto todo o seu dinheiro em roupas! Não teria sido leviandade? Sentiu uma ponta de remorso. Não estaria sendo egoísta?

Decidiu, então. Iria receber seu salário dentro de alguns dias e o guardaria para as despesas do casamento. Chegaria lá e teria dinheiro para ajudar o irmão. Roupa para a cerimônia ele já tinha. Compraria-lhe um belo presente. Escreveria para que Rubens lhe dissesse do que precisava. O dormitório, um fogão, uma geladeira, compraria o que ele pedisse.

Depois disso, sentiu-se menos culpado.

— O que aconteceu? Alguma má notícia?

Flávio estava parado diante dele. Sérgio levantou-se imediatamente.

— Não. Isto é...

— Estava tão preocupado que nem me ouviu entrar.

— Desculpe. Recebi uma carta de meu irmão. Ele vai casar-se dentro de vinte dias.

— É contra o casamento?

— Não é que eu seja contra, mas não sei se ele tem condições financeiras para manter uma família.

— Se ele decidiu, com certeza já pensou nisso.

Sérgio deu de ombros.

— É, ele disse que tem.

— Por que não acredita? Não confia nele?

— Ele tem próprias ideias, e nem sempre combinam com as minhas.

— Isso é normal acontecer. Cada um é um. Eu vim buscá-lo para irmos conversar com um diretor de empresa. Ele quer negociar conosco, e preciso de alguns detalhes técnicos. Gostaria que fosse comigo. Vamos almoçar juntos.

— Certamente.

Sérgio apanhou o paletó e saíram. Uma vez no carro, Flávio voltou ao assunto:

— Você nunca falou sobre sua família.

— É verdade. São pessoas simples que moram no interior. São lavradores. Meu pai ganhou do patrão um pedacinho de terra, fez uma casa modesta onde vive com minha mãe, minhas duas irmãs e meu irmão Rubens, que é o mais velho.

— Será ele quem se casará agora?

— É. Quando eu vim para cá, ele não quis vir comigo. Disse que ama a terra e não gosta da cidade. Se ele tivesse vindo, nós dois juntos talvez pudéssemos ter trazido a família. Esse foi sempre meu maior sonho, mas eu nunca consegui. Por isso fiquei triste com a notícia. É mais uma família que viverá na pobreza e na falta de conforto.

— A vida rural pode ser muito boa, principalmente se as pessoas gostam da terra e sabem trabalhar com ela.

Sérgio não concordou.

— Qual nada. É uma vida em que tudo falta. Eu não aguento ficar lá mais do que uma semana, talvez duas.

— Isso é porque você prefere a cidade. É uma questão de gosto.

— Pois eu não me conformo. Gostaria que eles estivessem aqui, estudando, aprendendo coisas novas, vivendo melhor. Infelizmente, não consegui ganhar o suficiente para isso.

— Ultimamente, você tem melhorado de vida. Mudou suas ideias. E quando as ideias mudam, tudo muda.

— Tenho pensado mais em mim, parecia-me justo. Mas, agora, estou me questionando: não terá sido egoísmo? Em vez de guardar o dinheiro para a família, gastei tudo em roupas, lugares elegantes. Pensei só em mim.

— Cuidado. Você deu um passo que não tem volta. Começou a acreditar em seu valor, e as coisas melhoraram para você. Seu salário aumentou, e você sentiu que merecia uma vida melhor. Se alimentar ideias de pobreza novamente, se valorizar a carência, sentir que deve pensar nos outros antes de pensar em si mesmo, se pretender economizar com medo do amanhã, provavelmente as portas do sucesso financeiro e da prosperidade se fecharão novamente e seu dinheiro começará a minguar.

Sérgio admirou-se.

— Por que diz isso? Deixar de lado minha família, cuidar só do meu progresso, não é ser egoísta?

— É preciso ver a realidade. Durante todos esses anos, desde que você veio para a cidade, teve sucesso financeiro? Ganhou muito dinheiro?

— Claro que não. Tudo para mim tem sido extremamente difícil. Tenho trabalhado durante anos com dedicação e honestidade, mas o que ganhei deu apenas para me manter modestamente. Nunca pude realizar esse sonho.

— Durante esses anos todos, você ficou do lado da sua família. Tentou economizar dinheiro para melhorar a vida deles.

— É verdade.

— Mas nunca conseguiu. Você pensou neles e esqueceu-se de si mesmo. Não acreditou em sua capacidade, não se julgou capaz do sucesso, não pensou que merecia viver bem, no luxo, no conforto. Na verdade, você deu as costas à prosperidade. O sucesso tem suas leis, e, para obtê-lo, é preciso aprendê-las. A primeira delas é valorizar o que tem. Você é jovem, inteligente, honesto, trabalhador, dedicado. Tornou-se um bom profissional. Não acha que merece viver bem?

Sérgio aprumou-se com dignidade.

— Eu acho. Contudo, os meus estão lá, na pobreza.

— Você não tem condições de tirá-los de lá agora, tem?

— Não.

— Então é preciso investir em você. Reconhecer seu potencial. A valorização das nossas qualidades é um bom começo. Você sabe o que pode fazer bem feito. Isso é valorização. Mas ainda há mais.

— O quê?

— Suas crenças a respeito da vida. Suas atitudes. Que mensagem você está lhe passando? Quando pretende privar-se de coisas que merece ter para economizar, está mostrando que não confia no futuro. Que a vida é falha e não provê suas necessidades.

Sérgio abriu a boca e tornou a fechá-la. Nunca ouvira semelhante frase. O assunto era novo e muito interessante. Flávio continuou:

— Criticando a vida, julgando-a falha, você está criticando o Criador. Acredita que Deus não vai cuidar das suas necessidades e que você é quem precisa fazer isso. Está, portanto, duvidando de Deus e da sua proteção.

— Eu sou pessoa de fé! Eu acredito em Deus. Sempre que posso, vou à igreja.

— Não falo de religião. Você pensa que tem fé, mas sua atitude demonstra o contrário. A vida não é intelectual; ela é energia, ação. Ela recebe sua mensagem energética, não o que você pensa que é. Mas o que você faz. E, como vê, você pensa uma coisa e faz outra.

— Isso é incrível!

— Mas é a verdade. Pensar em si mesmo, cuidar dos próprios valores e viver melhor são contribuições para a melhoria da sociedade e do mundo. O egoísmo é muito diferente disso. O egoísmo é justamente o contrário. É usar os outros para cuidar de si. Claro, se você não cuidar de si mesmo é porque espera que os outros o façam. É anular-se, não cumprindo seu papel como ser humano; é pendurar-se nos outros. Isso realmente é ser egoísta. Não fazer nada por si mesmo. Claro que se você progredir e cuidar do seu sucesso, vai ter o que dar às pessoas de sua família. É melhor fazer o que se pode do que ficar iludindo-se a vida inteira sem conseguir nada.

— Quando estou em um lugar de luxo, sinto remorso por causa deles. Parece-me que os estou traindo.

— Não acha que está sendo pretensioso e prepotente?

— Eu?!

— É preciso conhecer os próprios limites. Você não tem condições de modificar a vida de ninguém. Só a sua. A situação deles é a que eles escolheram, na qual eles se colocaram, e a vida, só a vida pode decidir a hora da mudança. Você não pode fazer nada quanto a isso. Por que se rebela?

— Eu?!

— Sim. Parece uma criança mimada dizendo que, se não for da forma que você quer, não aceita mais nada. "Se eles estão lá na pobreza, eu preciso ficar como eles." Pensando desse jeito, dá para entender por que você não conseguiu nada.

Sérgio passou a mão pelos cabelos, pensativo. O rapaz ficou silencioso por alguns momentos, e depois disse:

— Eu nunca olhei a vida desse modo. Onde aprendeu essas ideias?

— Estudando a vida, a maneira de pensar de pessoas de sucesso.

— E isso dá certo mesmo?

— Claro. As pessoas que conseguiram realizar grandes coisas, que construíram grandes fortunas e que tiveram uma vida cheia de boas realizações certamente descobriram a forma de conquistar tudo isso. A vida é composta de leis que sustentam a harmonia do universo. Tudo tem sua razão e seu caminho. Você pode conseguir o que quiser, desde que descubra a fórmula adequada. É como um quebra-cabeça.

Sérgio meneou a cabeça, admirado.

— Que ideia! Acredita mesmo nisso?

— Certamente.

— Nesse caso, qualquer pessoa poderia ser milionária, ter tudo o que quisesse neste mundo.

— Isso mesmo. Se encontrasse o caminho adequado, por quê não?

— Isso é contra o senso moral. Nesse caso, os valores, a honestidade, o esforço de cada um, o trabalho perderiam a razão de ser.

— Esses valores são importantes, mas sozinhos não vão trazer o resultado que você pretende. Não é isso o que você tem feito toda sua vida?

— É.

— E não conseguiu nada.

— Não mesmo.

— Para ganhar dinheiro, eles são até desnecessários. Há muita gente inescrupulosa que consegue enriquecer. Amontoam dinheiro, mas carregam problemas graves na alma, doenças no corpo, infelicidade. Para mim, isso não é sucesso. Claro que o dinheiro é um bem, mas é preciso muito mais do que isso para fazer nossa felicidade. É preciso saúde, gosto pela vida, prazer, entusiasmo, bem-estar, alegria e paz.

— Ah! Mas isso é impossível! Você conhece alguém assim?

— Conheço. É a esses que me refiro. Sucesso abrange tudo isso. Riqueza interior, felicidade.

— Não acredito que isso seja possível neste mundo. É só olhar em volta para perceber a dor e a infelicidade.

— É verdade. Mas eu sou dos que acreditam que podemos ser felizes e que isso só depende de nós. Se alguns conseguiram, por que nós não? Eu poderia citar vários nomes. Homens que conseguiram levar uma vida harmoniosa e proveitosa. Colocaram o dinheiro a serviço da humanidade. Aliás, a circulação do dinheiro é uma condição importante para que a prosperidade apareça. Quem economiza como você fez, guardando para o amanhã, está alimentando a ideia da falta que ele fará. Quem usa o dinheiro fazendo-o circular sabe que a vida vai trazer-lhe mais.

— Não posso acreditar. Aprendi durante toda a vida que a economia é a base do futuro. É preciso poupar para ter. Se o que diz fosse verdade, o perdulário, o preguiçoso, o que desperdiça o dinheiro e não trabalha seria valorizado. Ficaria de braços cruzados e esperaria a vida trazer-lhe tudo.

— Não é assim que funciona. É o prazer da realização interior que atrai o sucesso. Tanto quem não trabalha quanto quem trabalha só pelo dinheiro e não sente esse prazer vão empobrecer cada vez mais. A vida é movimento, ação, participação. Fazer o dinheiro circular é produzir, é movimentar recursos, é participar. As pessoas confundem muito o que é riqueza. Ela não é só o dinheiro. Seria bom que você tentasse descobrir quais são seus verdadeiros sentimentos em relação a esse assunto. Os preconceitos contra o dinheiro estão fundo em nossa cultura. Há até quem pense que ter dinheiro seja um pecado. Esse não sairá da pobreza tão cedo.

Eles haviam chegado ao destino, e Flávio direcionou o assunto para o negócio que iriam tratar. Mas não só durante o almoço como depois, quando voltaram ao escritório, Sérgio não pôde esquecer o que haviam conversado.

Seria por essa razão que Flávio lhe parecia tão bem? Sempre imaginou que ele fosse feliz por ter nascido em berço de ouro, sem necessidade de lutar para abrir caminho na vida. Claro. Para ele, que sempre contara com recursos, falar desse modo podia ser fácil. Se ele tivesse nascido no mato, como ele próprio, no meio daquela gente ignorante e analfabeta, sem ambições nem conforto, talvez pensasse de outra forma.

Apesar disso, Sérgio não conseguia esquecer o que Flávio lhe dissera. No fim da tarde, quando Arlete telefonou, ele imediatamente esqueceu as preocupações. Ela avisou-o de que seu amigo pintor inauguraria a exposição na noite seguinte. O rapaz aceitou prazerosamente o convite para acompanhá-la.

Nunca frequentara esses lugares, mas estava disposto a aprender. Arlete era tão natural que ele não se sentia acanhado. Com Flora era diferente. Ele não gostava de ir a lugares desconhecidos, porque ela fazia tantas recomendações, estabelecia tantas regras que ele se sentia tolhido e desajeitado. Que diferença!

Esquecido dos propósitos de horas antes, ele planejou:

— Amanhã preciso pelo menos comprar uma camisa!

Naquele instante, os problemas de sua família estavam muito distantes e o rosto expressivo de Arlete tomou-lhes o lugar.

CAPÍTULO 4

Sentado no trem que o levaria a Barretos, Sérgio pensava na família. O rosto queimado de sol do pai, o jeito doce de sua mãe, o carinho das irmãs, a simplicidade de Rubens. Apesar de a distância não ser tão grande, ele ficara dois anos sem visitar os seus. O tempo havia passado tão depressa que ele nem se deu conta. Levava presentes para todos e pretendia comprar um para o irmão quando chegasse lá. Queria saber do que ele precisava mais.

Conseguiu quinze dias de férias, e faltavam três dias para o casamento. Teria tempo de ajudar Rubens. Estava disposto a fazer o que pudesse. Além do salário, ele recebeu uma participação no negócio que Flávio realizou com aquele almoço. Ao entregar-lhe o cheque, ele lhe disse:

— Este é seu. Nada mais justo. A empresa fez excelente negócio. Você realmente foi convincente e ajudou bastante. Estamos gratos.

Sérgio sentia-se feliz. O dinheiro chegara em boa hora. Olhando a paisagem que ia ficando para trás, ele pensava: "Agora, tudo vai mudar. Logo estarei em condições de levar a família para São Paulo".

Ele não sabia se Rubens aceitaria ir. Casado, tudo ficava mais complicado. Depois, ele fez só os quatro anos do primário e certamente teria dificuldade para encontrar um emprego. Sabia disso por experiência própria. Havia muita concorrência, e os que haviam sido criados na cidade certamente levavam vantagem. Eram mais desembaraçados, mais eficientes.

Quanto a Rubens, ele não iria insistir. Primeiro, queria aconselhá-lo a fazer alguns cursos em Barretos. Havia lá boas escolas. Datilografia, a rotina de um escritório, um pouco de contabilidade. Quando ele estivesse mais preparado, haveria de levá-lo também.

Já com as irmãs, tudo seria diferente. Elas eram jovens e aprenderiam com mais facilidade. Dirce estava com vinte e dois anos, e Diva, com vinte e quatro. Ainda bem que não estavam pensando em se casar. Ali, no sítio, que futuro poderiam ter? Formariam uma família pobre e viveriam em uma casa sem conforto. As mulheres adaptam-se com mais facilidade. Uma vez na cidade, elas logo aprenderiam a comportar-se como as moças que ele conhecia. Acabariam por perder aquele sotaque do interior. Se fosse preciso, ele contrataria um professor para ensiná-las a falar corretamente.

Enquanto o trem vencia a distância, Sérgio, envolvido com seus pensamentos, nem sequer prestava atenção às paisagens que se sucediam. Havia mandado um telegrama avisando a família da sua chegada. Teriam recebido? Eles moravam distante da cidade. As cartas que escrevia de vez em quando eram remetidas para a fazenda do coronel Manuel Carlos, que era o patrão de seu pai. Na fazenda havia telefone. Com certeza, o moço do telégrafo teria avisado.

Rubens costumava ir esperá-lo com a velha charrete, e Sérgio já pensava na poeira que teria de engolir pelo caminho. Mas, mesmo assim, sentia-se emocionado e feliz. Abraçar os seus, comer o arroz com feijão de sua mãe, tomar leite fresquinho, matar a saudade eram coisas muitas boas.

Passava um pouco das dezessete horas, quando Sérgio desembarcou. Colocando a mala no chão, logo viu Rubens, que se aproximou para abraçá-lo efusivamente.

— Que bom que você veio! A mãe estava com medo de que desistisse na última hora.

— Eu disse que viria! Sempre cumpro o que prometo. Como estão todos em casa?

— Estão bem. Todo mundo alvoroçado com o casamento. Até parece que nunca viram alguém se casar!

— É natural. Você é o primeiro da família que se casa.

— E você? Não pensou ainda nisso?

Sérgio sorriu ao responder:

— Essa é a mania de todos os que se casam. Logo querem arrastar os outros. Primeiro, vou esperar para ver o resultado do seu.

Rubens suspirou.

— O meu vai ser muito feliz! A Antônia é a luz que apareceu em meu caminho. Por onde ela passa tudo fica lindo.

— Hum! Pelo jeito você está apaixonado mesmo. Vamos ver daqui a alguns anos o que você vai dizer.

— A mesma coisa! Tenho certeza disso.

— Você está diferente. Está muito melhor.

— Estou feliz. O coração alegre faz milagres.

— É. Começo a pensar que essa Antônia é mesmo milagrosa.

— Espere até conhecê-la. Vamos indo. O pessoal está ansioso esperando. Se eu demorar, eles me matam.

Rubens não quis carregador. Ele mesmo fez questão de levar a mala do irmão. Uma vez na rua, Sérgio não viu a charrete costumeira.

— E a charrete?

— Vendi.

— Vendeu? E agora? Como vocês vão se locomover?

— Com meu carro.

— Carro?!

— É. Eu comprei um carro. Uma perua rural. Sabe como é... é só o que aguenta nessas estradas.

Sérgio emudeceu de surpresa. A perua de Rubens estava parada em frente à estação. Não era nova, mas estava conservada. Uma vez instalados, puseram-se a caminho de casa.

— Veja só, você tem um carro!

— É. Eu precisei comprar para transportar as galinhas. Eu tiro o banco traseiro e coloco os engradados. Duas ou três vezes por semana, venho a Barretos entregar as encomendas e comprar algumas coisas.

— E o pai? Ele usava muito a charrete. Como está se arranjando?

— Eu dei uma nova pra ele. Aquela não aguentava mais conserto. Vendi e comprei outra.

Sérgio continuava surpreso.

— Eu pensei que tivesse vendido a charrete para arranjar dinheiro e comprar o carro.

— Não. Eu vendi a charrete porque estava muito ruim. Tive medo de que ela despencasse e alguém se machucasse. O pai teimava, mas eu o convenci. Eu vivia preocupado, agora estou mais sossegado.

— E você? Vai morar em casa depois do casamento?

— Não. Quem casa quer casa. Eu tenho a minha. É modesta, mas é minha.

— Quero lhe dar um presente de casamento. O que você ainda não tem?

— A arrumação é coisa da Antônia. Você vai ver a casa. Fale com ela e resolva depois. Ela é muito caprichosa. Tem muito gosto. Eu acho bonito tudo quanto ela faz.

— Você gosta muito dela!

— Muito. Quero que ela se sinta feliz. Faço tudo do jeito dela. Quero ter o prazer de chegar no fim do dia e ver o brilho em seus olhos, o sorriso em sua boca e a alegria no coração.

— O que faz o amor! Você virou até poeta! Quem diria!

Rubens sorriu.

— Poeta eu não sou, mas cantador... isso eu faço muito bem.

— É mesmo. Você sempre gostou de cantar.

— Cantar faz bem. Quem canta não pensa em prejudicar os outros.

A conversa seguiu animada, e, quando os irmãos chegaram ao destino, Rubens buzinou ruidosamente. Os cachorros aproximaram-se latindo alegremente, e toda a família correu a abraçar Sérgio, que, emocionado, não conseguia articular palavra.

Passada a euforia inicial, Rita contemplou o filho com enlevo.

— Você está bonito! Até parece um doutor! Mas está muito magro. Acho que não anda comendo direito.

— Estou muito bem. Engordar não é saúde.

— Hum! Vamos ver. Vou fazer aquele bolo de fubá de que você gosta. O milho faz muito bem à saúde.

— Estou com saudades do seu feijão com arroz!

Ela sorriu orgulhosa.

— Lá na cidade, garanto que você não come um igual ao meu.

— Não mesmo. O seu é o melhor do mundo!

Abraçados e contentes, mãe e filho entraram em casa.

— Vejo que tudo está mais bonito — disse Sérgio com satisfação. — Pintaram a casa, tem toalha nova na mesa.

— Fizemos roupa nova para o casamento! — declarou Dirce contente.

— Grandes preparativos para o grande dia! E a festa? Haverá festa?

— Sim. O pai da noiva já contratou dois cantadores, e fazeremos um almoço para os convidados — esclareceu Diva.

— A dona Jandira fará os doces. Começou há mais de uma semana — tornou Dirce com entusiasmo.

— Pelo jeito será uma grande festa! — disse Sérgio.

— Vai mesmo. O pai da Antônia está muito feliz com o casamento. Até terá baile! — comentou Diva.

— Agora chega — disse Rita. — Sérgio precisa se acomodar.

— Deixe, mãe. Não estou cansado. Quero mais é saber de tudo. Antes, eu quero distribuir os presentes que trouxe. Tem para todo mundo!

O rapaz abriu a mala e foi tirando os pacotes, distribuindo-os com alegria diante das exclamações entusiastas dos familiares. O jantar decorreu festivamente. Como já havia escurecido, combinaram que, no dia seguinte, Sérgio iria conhecer Antônia e ver a casa que haviam preparado para o jovem casal.

Terminado o jantar, Sérgio sentou-se na velha cadeira de balanço de sua mãe, e as três mulheres sentaram-se ao redor querendo saber tudo a respeito da sua vida, da cidade, dos seus namoros. Vicente foi dormir, Rubens apanhou o violão e foi cantarolar do lado de fora.

Sérgio foi respondendo, contando que recebera um aumento de salário e ainda sonhava levá-los para morar na cidade. Rita balançou a cabeça dizendo:

— Qual o quê, meu filho?! Nós não vamos nos acostumar à confusão da cidade. Fomos criados aqui no mato. Não saberemos andar por aquelas bandas.

Ele riu bem-humorado.

— A senhora pensa assim porque nunca foi lá. O conforto é bom, e logo nos acostumamos a ele.

— Eu gostaria de ir — disse Diva com os olhos brilhantes.

— Pois eu não sei, não — tornou Dirce pensativa.

— Não sabe porque anda de namoro com o João das Conchas — respondeu Diva.

Dirce corou.

— Isso não é verdade. E o nome dele é João das Neves.

— Ela fica brava quando eu o chamo de João das Conchas, mas esse é o apelido dele. Todo mundo o chama assim — justificou-se Diva.

— Por quê? — indagou Sérgio curioso.

— Não sei, não — esclareceu Diva. — Parece que ele veio do Rio de Janeiro e tem um cavalo cheio de conchinhas na montaria.

— O povo tem inveja dele — disse Dirce —, porque é moço bonito, se veste bem. O cavalo dele é o mais bonito, e ninguém por aqui tem uma montaria tão vistosa quanto aquela.

Sérgio olhou a irmã um pouco preocupado. Não gostaria que ela se casasse com um roceiro qualquer. Tinha outros planos para ela. Perguntou à mãe:

— Quem é esse João?

— É o capataz da fazenda do doutor Bastos.

— Aquele advogado que mora no Rio de Janeiro?

— Esse mesmo. Quando ele veio e trouxe o João, pensei que ele não fosse ficar muito tempo. Mas parece que já está lá há seis meses — concluiu Rita.

— Por que pensou isso? Ele não é bom?

— Não é isso. Ele é moço da cidade. Pensei que ele não fosse se acostumar com o serviço da fazenda.

Sérgio franziu o cenho.

— Ele é da cidade... por que será que veio para cá?

— Não sei, não. Ninguém sabe. O doutor Bastos o trouxe, apresentou aos empregados da fazenda, mas não contou nada. E parece que ele é muito quieto e não fala nada — esclareceu Rita.

— Aí tem coisa. Ninguém da cidade viria enterrar-se aqui nessa fazenda sem motivo sério — deduziu Sérgio.

— Não é nada disso — protestou Dirce. — Se ele não fosse bom, o doutor Bastos não o deixaria tomar conta de tudo. Ele quase nem vem mais à fazenda!

— Isso é verdade — concordou Rita. — O Neco da Mariinha trabalha lá e disse que a fazenda tá uma beleza! O doutor Bastos, depois da morte de dona Aninha, quase não tem vindo para a fazenda. Pudera! Era ela quem gostava de tudo lá.

— Não sabia que o doutor Bastos estava viúvo. Ela era nova ainda — comentou Sérgio.

— Tinha quase cinquenta anos. Dizem que ele ficou desesperado, mas com a morte ninguém pode. Quando chega a hora, a pessoa pode ter o dinheiro que tiver, que não valerá de nada — disse Rita.

— Você está namorando esse moço? — perguntou Sérgio a Dirce.

A moça corou e respondeu:

— Não estou namorando ninguém.

— Mas gosta dele! — disse Diva.

— Eu não gosto de ninguém, e você não tem nada com isso — retrucou Dirce, irritada.

— Não vão brigar agora por causa disso — interveio Rita com calma.

— Isso mesmo — aduziu Sérgio. — Se ela gosta, ninguém tem nada com isso. Ele está interessado em você? — perguntou ele, dirigindo-se a Dirce.

— Não sei. Se está, ele nunca demonstrou — respondeu ela.

— Mas quando nós vamos à cidade aos domingos, e ele passa, ela fica corada e começa a tremer — disse Diva.

Vendo que Dirce iria retrucar, indignada, Sérgio interveio:

— Vamos deixar isso de lado. A Dirce tem todo o direito de gostar ou não de quem quiser. Acho que você está se metendo muito na vida dela.

— Porque ela é mais velha do que eu e acha que pode mandar em mim. Vive me vigiando — reclamou Dirce.

— Não é isso, não. É que ela é muito boba. Ele é moço estudado, da cidade. Tenho medo de que não dê certo — explicou Diva.

— Ele tem dado em cima dela? — perguntou Sérgio preocupado.

— Não. Isso não. Mas, se ele souber que ela gosta dele, pode se aproveitar — concluiu Diva.

— Vocês estão todos enganados. Eu não sou boba nem nada. Sei cuidar de mim muito bem. E ele nem olha pra mim — disse Dirce.

— Nesse caso, vocês estão fazendo tempestade em um copo d'água. Mudemos de assunto que é melhor — sugeriu Sérgio.

— É que ela não quer mais ir para a cidade com você, quando chegar a hora. Pretende ficar aqui por causa dele — esclareceu Diva.

— Não é por isso, não — disse Dirce. — Não sei se quero ir. A mãe e o pai não vão, e eu não sei se me acostumo lá sem eles, no meio daquela gente estranha.

Sérgio pegou a mão da irmã e disse com carinho:

— Não diga isso. Quando chegar a hora — e agora eu penso que não vai demorar —, vocês irão comigo. A mãe e o pai também irão. Quero toda a família reunida. Lá seremos muito felizes.

Sérgio foi falando sobre a vida na cidade, contando coisas que elas ouviam fascinadas. Passava das dez, quando finalmente se recolheram para dormir. Rubens já havia se recolhido, e Sérgio procurou acomodar-se sem fazer barulho para não acordá-lo. Deitado na velha cama de sua infância, Sérgio recordava-se de seus sonhos. Ainda não pudera realizá-los, mas, agora, sentia que tudo estava diferente. Ele mudara e sua vida também. Revendo aquele ambiente pobre e simples, mais se animava a melhorar de vida e poder oferecer à sua família o merecido conforto. Embalado por novos sonhos, finalmente adormeceu.

Quando acordou no dia seguinte, o sol já ia alto e o dia estava quente. Levantou-se, lavou-se e, aspirando gostosamente o cheiro que vinha da cozinha, procurou a mãe, abraçando-a com carinho.

— Que cheiro gostoso! O que está cozinhando?

— Um franguinho especial. Sente-se pra tomar seu café. Rubens virá almoçar às onze horas, depois o levará pra conhecer a Antônia e ver a casa deles.

— Já são quase nove horas. Se eu comer agora, não almoçarei às onze.

— Coma só umas broas e beba um pouco de café com leite. O Rubens tirou leite fresquinho pra você.

— Está bem. Eu não resisto mesmo às suas broas.

Ela serviu-o de café com leite, e o filho comeu gostosamente algumas broinhas de milho que a mãe fazia tão bem. Depois de tanto tempo sozinho, esse carinho da família, essas atenções faziam-lhe muito bem.

Quando terminou, foi à janela e, olhando o jardim que circundava a casa, disse satisfeito:

— Tudo agora está mais bem-cuidado! E a charrete do pai?

Rita sorriu satisfeita.

— É linda! Ninguém aqui tem uma igual!

Sérgio não conteve a curiosidade.

— Deve ter custado caro! Como foi que o pai comprou? Está devendo muito dinheiro?

— Custou mesmo, mas nós pagamos tudinho. Rubens foi quem deu o dinheiro.

Sérgio não conseguia acreditar.

— Mãe, como ele conseguiu tanto dinheiro? Ele não tinha nada quando vim aqui da outra vez.

— Com a criação de galinhas, ora essa! Tá uma beleza! Você precisa ver. Ele pediu pro pai deixar ele ocupar um pedaço de terra, aquele pedaço que não dava nada nem capim. O pai deixou, então, ele começou a trabalhar com os comerciantes na cidade, nos fins de semana. Aí, com o dinheiro, ele fez um cercado à moda das granjas, foi o que ele me disse. E começou a criação.

— Uma criação dessas precisa de conhecimento. Alguém o ajudou nisso?

— Não. Foi ele mesmo. Comprou um livro que ensinava tudo. Mandou vir mais da cidade e estudou como deveria fazer. Os ovos vingavam todos e não morreu nenhum pintinho. Sabe que ele vacina todos eles? A Antônia o ajuda quando ele precisa fazer isso. Eles vivem lendo como melhorar a criação. Os bichinhos crescem bonitos, e Rubens os vende na cidade. Agora, quase não dá conta dos pedidos. Ele tá ganhando muito dinheiro! Fez uma casa e mobiliou tudinho. Comprou o carro, a charrete do pai e ainda muitas coisas pra nós todos. Tá vendo essa louça? Foi ele quem me deu.

Sérgio estava admirado.

— Uma criação de galinhas dá para tudo isso?

— Pois deu. Ele ainda tem dinheiro guardado no banco. Tem até cheque!

Sérgio riu com gosto. Rubens com talão de cheques, ele não podia imaginar. Não que o irmão fosse ignorante, ao contrário. Estudara até o quarto ano com facilidade, sem repetir. Mas, para ele, Rubens não passava de um roceiro, sem nenhum conhecimento das coisas da cidade. Ele sempre havia morado na roça!

— Ele tem muitas galinhas? — perguntou curioso.

— Bastante. Acho que mais de duas mil. Não sei bem, mas é uma galinhada que faz gosto. Logo cedo fazem um barulhão! Ele gasta muito milho, mas nós plantamos lá nas bandas do córrego. Mesmo assim, não vence a fome delas. Ele precisa comprar mais. O tal do farelo e não sei mais o quê. Ele tem até dois empregados.

— É? Agora virou patrão?

— Virou. Não dava conta do serviço sozinho. Sabe como é, ele precisa vender, entregar a mercadoria, comprar coisas, e aqui precisava de gente. Tem de limpar o lugar muito bem pra não dar doenças. É tudo muito bem cuidado.

Sérgio meneou a cabeça com satisfação.

— Quem diria! O Rubens tornou-se um homem de negócios! Por essa eu não esperava.

— Ele merece. É muito trabalhador. Gosta de ter tudo bonito e arrumado. Depois que conheceu a Antônia, então, ficou muito mais exigente. Tudo tem que ficar brilhando.

— Eu notei que aqui em casa tudo está mais bonito agora.

— Está mesmo. Nós estamos muito felizes. Agradeço a Deus todos os dias. Pena que você não esteja morando aqui com a gente. Fica lá na cidade, comendo aquelas bobagens. A comida lá é toda falsificada.

— Eu estou muito bem, mamãe, e a comida lá não é ruim. Claro que a sua é muito melhor, mas sei cuidar de mim e estou muito bem alimentado.

— Antes você era mais corado e gordinho.

— Eu era criança nesse tempo, e gordura não é saúde.

Rubens chegou, e Sérgio aproveitou para perguntar-lhe sobre sua criação de galinhas. Os olhos de Rubens brilharam de prazer.

— Depois do almoço, levo você lá — respondeu animado.

Quando terminaram de almoçar, foram ver a criação, e Sérgio admirou-se uma vez mais. Tudo estava muito bem organizado, e, enquanto eles percorriam o local pelo lado de fora, Rubens ia explicando o sistema que usava, o acasalamento, a chocadeira, tudo. Mas as surpresas de Sérgio não pararam aí. Foram visitar a casa em que ele iria morar com a esposa depois do casamento. Era uma modesta construção, com dois quartos, uma sala, cozinha e banheiro, mas mesmo sendo simples, estava muito graciosa e arrumada, com cortinas nas janelas e flores nas jardineiras.

— Que alegre sua casa! — exclamou ele. — Muito bom gosto.

— A Antônia que fez tudo — declarou ele com orgulho.

— Você é um homem de sorte! Ela tem muito capricho e bom gosto!

— Tem mesmo. Não existe mulher igual a ela!

— Bem se vê que está apaixonado! Fala nela com tanta devoção!

— Estou mesmo. Se não fosse assim, não me casaria.

Foi nessa hora que Antônia entrou na casa, e Rubens abraçou-a com alegria. Depois a apresentou ao irmão. Ela não era muito alta, corpo delicado e bem-feito, cabelos e olhos castanhos. Bonito era seu sorriso. Quando sorria, seu rosto iluminava-se em vivacidade e alegria. Sérgio logo gostou dela. Abraçou-a com carinho.

Conversaram alegremente sobre o casamento próximo, e Sérgio admirou-se ao notar que ela se expressava muito bem e corretamente. Não se conteve e perguntou:

— Você sempre morou na roça?

— Não. Eu morava em Barretos. Lá estudei. Meu pai era comerciante, mas depois adoeceu. Vivia atribulado com os problemas do armazém, e decidimos vender tudo e vir para cá. Ele comprou um sítio e nos mudamos. Foi a melhor coisa que fez. Recuperou a saúde.

— Você não estranhou vir para cá?

— A princípio, fiquei com medo de não me acostumar. Mas depois, a vida aqui é melhor do que na cidade. Agora, eu não voltaria para lá por nada deste mundo!

Rubens abraçou-a com carinho.

— Agora, vai ter que ficar aqui pra sempre!

— É isso o que eu mais quero!

Sérgio não se conformou:

— Vocês dizem isso agora, porque estão noivos e vão se casar. Mas, com o tempo, isso aqui fica monótono. Os dias são sempre iguais, e as noites, então... O que vão fazer?

Antônia meneou a cabeça.

— Você está enganado. Aqui é muito mais divertido do que na cidade. Lá eu quase não saía. Aqui há muitas coisas para fazer durante o dia, e à noite é sempre uma festa. Conhecemos os vizinhos, nos reunimos, os violeiros tocam e cantam, às vezes até dançamos. Sem falar dos casos. Aqui há grandes contadores de casos. Seu Vicente tem sempre uma história nova de assombração. Meu pai já gosta de contar das pescarias, e, quando vem Seu Altino, então, só conta casos de caçadas e do saci-pererê.

Sérgio riu gostosamente.

— O pai ainda conta casos de assombração?

— Conta — respondeu Rubens.

— O que me admira é que ele saiba inventar tão bem! Nunca repete um.

— Você gosta realmente de viver aqui.

— Gosto — disse Antônia, convicta.

— Eu disse pra ela quando ficamos noivos: gosto daqui e não pretendo mudar de forma alguma. Pra se casar comigo, era preciso que ela pensasse assim também, senão não iria dar certo — explicou Rubens. — Eu até disse pra ela que pensasse muito bem nesse caso, porque ela é professora, poderia ir pra cidade, casar-se com um moço instruído. Eu, se quisesse, até poderia ir morar na cidade, comprar casa lá, mas prefiro viver aqui. É mais gostoso. Isso, contudo, é gosto meu. Ela poderia pensar diferente.

— Mas não penso. Adoro viver aqui. Quero que nossos filhos sejam bem-criados, respirem esse ar puro, convivam com pessoas de bem.

— É — disse Sérgio satisfeito —, vocês foram feitos um para o outro. Quer dizer que, se eu os convidasse para morar em São Paulo, não iriam?

— Não — disse Rubens. — Eu não saberia viver lá. Tem muito barulho, gente nervosa, sem tempo pra viver.

Sérgio não soube o que responder. Se eles pensavam assim, eram felizes, então, ele não poderia fazer nada.

— Eu queria lhes dar um presente de casamento, alguma coisa que vocês ainda não compraram. O que está faltando?

Eles entreolharam-se, mas não disseram nada. Sérgio continuou:

— Pelo que estou vendo, a casa já está bem montada, mas deve haver alguma coisa que vocês ainda não tenham.

— Uma vitrola! — disse Antônia decidida.

— Muito bem. Eu irei a Barretos e comprarei. E os discos? Precisamos comprar alguns.

— Eu já tenho alguns em casa — disse Antônia.

— Façam uma lista dos que gostariam de ter e os comprarei. Pronto. Esse será meu presente.

Ela abraçou-o com olhos brilhantes e beijou-o delicadamente no rosto.

— Obrigada — disse. — Sempre que tocarmos nossos discos, nos lembraremos de você.

Sérgio comoveu-se e esforçou-se para disfarçar. Quando voltou para casa, no fim da tarde, estava feliz e bem-disposto. Seu irmão soubera escolher e seria muito feliz. À noite, deitado no escuro do quarto, ele pensou em Flora. Que diferença! Ela nunca aceitaria morar ali, naquela modesta casa. Tinha sonhos de grandeza, pretendia conquistar palácios. E, nessa hora, um pensamento ocorreu-lhe: teria ela num palácio a mesma felicidade que vira nos olhos de Rubens e Antônia? Ele duvidava. Um casamento de interesse, sem amor, jamais poderia oferecer a mesma alegria. Lembrou-se de Arlete. Esta não era tão ambiciosa quanto Flora. Se amasse um homem como Rubens, será que se casaria com ele e ia morar ali?

Essa pergunta ficou sem resposta, mas ele adoraria descobrir quando voltasse.

CAPÍTULO 5

Sentado à sua mesa, Sérgio segurava uma carta entre os dedos sem entender. Fizera tudo certo, e, quando o negócio parecia fechado, o cliente desistiu. O que teria acontecido?

Ficou contrariado. Desde seu primeiro trabalho com Flávio, ele o chamara para ajudá-lo nessa área. Sérgio sempre trabalhava internamente e agora, pela primeira vez, começava a participar diretamente dos negócios da empresa. Essa mudança trazia-lhe mais responsabilidade. Porém, a cada negócio realizado, recebia uma participação que aumentava muito seus proventos.

Fazia seis meses que voltara de Barretos e, durante esse tempo, conseguira juntar bom dinheiro. Desejava ardentemente comprar um carro. Sua amizade com Flávio e Arlete estreitara-se. Costumavam sair juntos nos fins de semana, e Sérgio constantemente era convidado a frequentar a casa do chefe.

Ele mudara-se para um apartamento melhor, em um bairro de classe média, e agora sentia falta de um carro. Apesar de sua posição subalterna, Sérgio não se sentia diminuído com essa amizade. Eles eram tão finos e agradáveis, tratavam-no com tanta delicadeza, que a diferença de classes desaparecia. Ele sentia-se valorizado e a cada dia desejava mais e mais progredir na vida.

Fechar aquele negócio era realizar seu desejo, ou seja, completar o montante para a compra do carro. Tentara de todas as formas falar com o cliente, mas, inexplicavelmente, este, que antes se mostrara muito amável, agora se recusava a recebê-lo.

Apanhou o telefone e ligou para a secretária dele. Notara o interesse da moça todas as vezes em que estivera lá. Resolveu aproveitar.

— Como vai, Susana? — disse logo que ela atendeu.

— Oi, Sérgio! — respondeu ela com prazer. — Quer falar com o doutor Resende? Ele não está.

— Quero falar com você. Ontem, quando estive aí, você parecia tão atarefada que não quis incomodá-la

— Poderia ter falado. Sempre terei tempo para você.

— Que ótimo! Penso que teremos muito o que conversar. Gostaria de jantar comigo uma noite dessas?

— Claro! Quando?

— Quanto antes, melhor. Seu rosto não sai do meu pensamento. Que tal hoje à noite?

— Está bem. Pode me apanhar às oito.

Depois de anotar o endereço, Sérgio desligou satisfeito. Queria descobrir o que havia acontecido. O negócio era de vulto, e Flávio estava aborrecido com o cancelamento. Se conseguisse resolver esse caso, não só agradaria a seu chefe como receberia o dinheiro que esperava.

O encontro com Susana fora produtivo, mas também o deixara muito surpreendido. Ela contou-lhe que o doutor Resende recebera a visita de uma mulher, e, que, depois de conversarem, desistira do negócio. O doutor Resende parecia muito zangado e deu ordens terminantes para que Sérgio não fosse mais recebido na empresa. Era evidente a intervenção da mulher. Por quê?

Intrigado, ele pediu a Susana para descobrir quem era essa mulher. O que ela teria dito para ocasionar a desistência? Que interesse ela teria em prejudicá-lo?

— Ela não seria de uma empresa concorrente? — indagou ele.

— Não. Ela não trabalha, segundo me parece. Vou informar-me. Tem a Glorinha, minha colega, que a conhece bem. Ligue amanhã.

❧

Na manhã seguinte, meia hora depois de haver chegado ao escritório, Sérgio telefonou para Susana.

— O nome dela é Flora de Alvarenga.

— Flora?!

— É. Conhece?

— Conheço. É uma moça alta, morena, bonita?

— Essa mesmo. Bonita, mas antipática.

— É ela.

— Acho que ela fez de propósito. Chegou, pediu para falar com o doutor Resende, e, quando saiu, ele cancelou tudo. Aí tem coisa! Eu pensei logo isso. Ela tem alguma coisa contra você?

— Nada. Nós nos conhecemos, tivemos um pequeno namoro, nada importante. Só isso.

— Hum! Vai ver que anda despeitada. Foi você quem lhe deu o fora?

— Isso não vem ao caso. Tente descobrir mais alguma coisa com a Glorinha, já que são tão amigas. Estou surpreso. Garanto que o negócio é excelente para sua firma. Nossa empresa é muito conceituada e séria. Nada justificaria esse cancelamento, principalmente por causa de uma interferência dessas! Não é justo. Posso contar com sua ajuda?

— Claro. Verei o que posso conseguir. Adoraria atrapalhar aquela antipática!

— Estarei aguardando. Telefone assim que tiver alguma coisa.

Depois de desligar, Sérgio ficou pensativo. Ele não podia acreditar que Flora houvesse feito uma coisa dessas. Não que ela não fosse capaz disso ou até de coisa pior, mas logo agora, quando ela estava tão interessada em Flávio!

Flora continuava frequentando a casa do empresário e tentando envolvê-lo em sua teia. Várias vezes, Sérgio acreditou que ele estivesse entrando. Os dois haviam saído juntos algumas vezes, e o relacionamento parecia muito bom. Ela mostrava-se amável e solícita; ele, atencioso e gentil.

Seria mesmo verdade que ela tentara prejudicá-los? Por quê? Não conseguia entender. Queria investigar melhor e só depois contaria a Flávio. Não confiava nela. Sentia que Flora desejava que ele se afastasse de Arlete e de Flávio, embora ela fingisse muito bem e o tratasse com gentileza. Entretanto, nunca pensou que ela pudesse tentar algo assim contra ele.

Sérgio, contudo, nada mais conseguiu saber. Glorinha disse apenas que conhecia Flora e que ela lhe dissera ter ido lá para uma pesquisa de um trabalho de sua faculdade. Susana chegou a dizer que certamente fora apenas coincidência. Ela associou a decisão do chefe com a presença de Flora, mas, pensando melhor, ela poderia não ter nada com isso.

Sérgio, entretanto, ficou desconfiado. Era coincidência demais. Flora era capaz de tudo, mas ele não possuía nenhuma prova de que ela tivesse provocado a desistência daquele cliente.

Ele decidiu que ficaria atento a tudo quanto ela fizesse. Tomaria cuidado e não falaria mais sobre qualquer negócio diante dela. Não era costume seu nem de Flávio falarem dos assuntos da empresa fora do expediente. Não se lembrava de haver mencionado nada diante dela, mas não estava certo. Dali em diante, mediria todas as palavras em sua presença.

Sentiu raiva. Bem que Arlete poderia cortar aquela amizade. Gostaria de ver Flora longe do seu grupo de amigos, mas não podia forçar a situação. E se Flávio estivesse interessado nela? Só de pensar nisso, irritou-se. Se ela conseguisse o que pretendia, com certeza faria tudo para vê-lo fora da empresa. Ela não aceitara sua recusa em reatar o namoro. Era vingativa e nunca esquecia uma ofensa. O que teria inventado para que o doutor Resende não só cancelasse o negócio como até o proibisse de entrar em sua empresa? Sempre teve uma vida honesta e não havia nada que o desmerecesse. Foi procurá-lo diversas vezes, tentou falar com ele, mas não conseguiu.

Resolveu falar com Flávio. Foi procurá-lo.

— Achei muito estranho o doutor Resende cancelar o pedido. Ele parecia tão satisfeito! Tenho certeza de que lhe oferecemos um excelente negócio!

— A mim também pareceu. Mas essas coisas podem acontecer de vez em quando.

— Tentei conversar com ele, saber a razão, mas soube que ele proibiu minha presença na empresa.

— Verdade? Como descobriu?

— Susana, a secretária. Convidei-a ontem à noite para jantar na tentativa de descobrir algo mais.

— E conseguiu?

— O que consegui descobrir intrigou-me ainda mais. Ele recebeu a visita de uma mulher, e o doutor Rezende depois que ela saiu cancelou o pedido. Pedi a Susana que procurasse descobrir o nome dessa mulher. Ela disse que era Flora de Alvarenga.

— Flora?! O sobrenome dela é esse, não é?

— É. Ela tem uma amiga que trabalha lá, e Susana descobriu que ela foi ver o doutor Resende por causa de um trabalho da faculdade.

— Pode ter sido só uma coincidência. Que interesse ela teria em nos prejudicar? Temos sido amigos.

— A vocês, não, mas, quanto a mim, tenho minhas dúvidas. Ela não gosta de mim.

— Não acha que está sendo muito severo com ela?

— Pode ser, mas conheço-a bem. Sei que quando quer uma coisa, é capaz de tudo.

— Suponhamos que esteja certo, que ela tenha querido prejudicá-lo. Para isso precisaria ter um bom motivo. O doutor Resende não iria tomar uma atitude dessas sem mais nem menos.

— Isso é o que mais me intriga. O que ela teria feito? O negócio era bom, nossa empresa é conceituada. O que teria acontecido?

— Talvez você esteja exagerando e tudo não passe de uma coincidência mesmo. Em todo caso, reconheço que a mudança de atitude dele foi radical. Deve ter tido um motivo.

— Sim. Mas qual?

— Pode ter sido particular. Algo que não tenha nada a ver conosco, mas com ele mesmo. Essa é a explicação mais lógica, uma vez que, de nossa parte, fizemos o nosso melhor.

— Espero que esteja certo. Você lembra se fizemos algum comentário sobre esse negócio diante de Flora?

— Conversamos sobre isso em minha casa, mas Flora não estava na sala; havia saído.

— Bem poderia ter ficado ouvindo atrás da porta!

Flávio riu gostosamente.

— Pelo jeito, você cismou com ela mesmo.

— Tomara que eu esteja errado, mas ainda vou descobrir.

— Se encontrar alguma coisa, avise-me.

Sérgio saiu pensativo. Não gostava de falar de Flora com Flávio. Era desagradável, poderia parecer despeito, intriga, uma vez que eles haviam sido namorados. Não tocaria mais no assunto, a não ser que aparecesse algo muito concludente.

De repente, sentiu-se aborrecido, oprimido, como se algo ruim estivesse por acontecer. Tentou espantar esses pensamentos. "Estou deprimido pelo que aconteceu", pensou.

Tratou de reagir. Se aquele negócio falhara, outros apareceriam com certeza. Não ia mais preocupar-se com isso. Lembrou-se de Arlete. Ela tinha o dom de colocá-lo de bem com a vida. Apanhou o telefone e discou.

— Que prazer ouvi-lo! Como vai? — disse ela com alegria.

— Estou me sentindo muito sozinho. Tive vontade de falar com você.

— Aconteceu alguma coisa?

— Pequenas coisas, nada de mais. Estava um pouco aborrecido, e você tem o dom de devolver-me a alegria.

Ela riu com prazer.

— Ainda bem!

— Não teve aula hoje?

— Já estou de férias. Sou uma formanda, sabia?

— É mesmo! Parabéns!

— Só isso? Você será meu par no baile de formatura no começo do ano. Esqueceu que prometeu?

— Não. Faço questão. Você tem compromisso para hoje à noite? Gostaria de passar em sua casa para conversarmos.

— Venha logo que sair do escritório, assim teremos mais tempo. Jantará conosco.

— Não. Seria abusar. Irei depois do jantar.

— Faremos melhor. Passarei aí para apanhá-lo às seis. Resolveremos o que fazer.

— Ótimo. Estarei esperando.

Quando desligou o telefone, Sérgio já se sentia melhor. No fim da tarde, preparou-se cuidadosamente. Sempre deixava uma camisa no cabide para trocar em caso de necessidade e havia perfume na gaveta.

Quando saiu, Arlete já o esperava. Entrou no carro e beijou-a delicadamente no rosto.

— Todo mundo está me invejando! — disse ele bem-humorado. — Você, aqui, me esperando!

— É uma honra mesmo. Não costumo fazer isso. É só de vez em quando.

— Que pena! O que é bom dura pouco.

— Aonde vamos?

— Não sei. Está com fome? Quer comer alguma coisa?

— Não acha que é muito cedo? Deixe comigo. Vamos passear um pouco. Relaxar. Conheço um lugar excelente. Jantaremos mais tarde.

— Você é quem manda.

Arlete ligou o carro e saíram. A tarde estava quente, mas agradável. Janelas abertas deixavam entrar uma brisa gostosa, enquanto o rádio tocava música suave. Olhando o rosto delicado da moça, lábios entreabertos, olhos atentos, mãos na direção do carro, sentiu imenso carinho por ela! Teve vontade de beijá-la. Isso já acontecera várias vezes, contudo, ele refreava esse desejo. Não desejava misturar as coisas. Prezava muito essa amizade para arriscar-se a perdê-la. Por isso, ficou calado, sentindo grande prazer por estar ali, vivendo aquele momento.

Chegando a um parque, ela parou o carro.

— Chegamos. Gosto de vir aqui quando quero pensar. É o meu bosque encantado.

— Sempre pensei que você fosse uma fada, mas não sabia que tinha um bosque.

— Esse é o meu segredo. Nunca trouxe ninguém aqui.

Ela estacionou o carro em uma graciosa praça, e ambos desceram do veículo. Ela tomou-o pela mão dizendo:

— Venha. Vou levá-lo a um lugar mágico.

Caminharam por alamedas onde as copas das árvores se juntavam sobre suas cabeças e havia um cheiro acentuado de flores.

Sérgio seguia-a deliciado. O lugar era maravilhoso. Por fim, chegaram a uma clareira onde havia um lago, cuja tranquilidade era quebrada pelo ruído dos patos que nadavam alegremente. Sob uma árvore, um tronco caído estava cercado por samambaias e flores.

— É aqui — disse ela sentando-se e puxando-o também.

Sérgio respirou prazerosamente e disse:

— Que delícia! Bem que eu estava precisando de um lugar assim! Como descobriu?

Ela deu de ombros.

— Pelo tom de sua voz. Quando estou triste, venho aqui e converso com Deus. Sei que Ele está em toda parte, mas, em um lugar como este, eu tenho mais condições de me ligar a Ele. A beleza da natureza é divina! Ela fala comigo, e eu sinto Deus através dela. Olhe este lugar. Não é majestoso?

— É lindo. Você me surpreende. Sempre pensei que gostasse mais da cidade, da vida noturna.

— Também gosto da cidade, gosto da noite, mas isso não me impede de amar um lugar como este. A vida é bela em todos os seus aspectos. Por que olhar só um lado?

— Tem razão. Muitas vezes, nós olhamos as coisas de um lado só. Eu mesmo estava triste, porque as coisas não saíram como tinha planejado.

— Todos nós fazemos planos, mas a vida tem os próprios caminhos. A sabedoria nos ensina que ela sempre faz o melhor. Aceitar isso é vencer a frustração.

Sérgio sentiu-se muito bem ali, ao lado de Arlete. Achou natural segurar a mão da moça entre as suas e abrir o coração. Contou-lhe tudo. Sua infância inconformada no interior, a vontade de progredir, de ajudar a família, o quanto esperara a promoção e a decepção quando Flávio foi nomeado em seu lugar.

— Agora eu sei que o lugar sempre foi dele. Conhecendo-lhe a capacidade e as qualidades, compreendi que ele era o mais indicado para assumir a gerência de tudo. Sei quanto ele vale e sinto orgulho de as mãos de Sérgio de vez em quando para dar-lhe coragem de continuar.

Ele prosseguiu falando de Flora, de seu namoro, o fora que ela lhe dera e a raiva que sentira, a vontade de subir na vida. Não omitiu nada, revelou até o caso do doutor Resende, e finalizou:

— Eu sei que ela fez algo. Sinto isso, mas não posso provar. É como um pressentimento, uma intuição, porém isso não vale nada. Depois, mesmo que seja verdade, que argumentos ela teria usado? Não existe nada em minha vida nem na história da empresa de que ela pudesse ter lançado mão para provocar o que aconteceu. Isso está me atormentando. É algo vago, contudo, me causa uma sensação de insegurança, como se fosse acontecer alguma coisa terrível que não posso evitar. Como se um perigo me ameaçasse, algo que não sei de onde ou quando virá. Acha que estou exagerando?

— Não. Se você se sente assim, há alguma coisa.

— Isso não tem lógica. Não tenho uma prova ou um motivo palpável que me induza a acreditar nisso. No entanto, sinto um aperto no peito, medo de algo que não sei o que é.

— A intuição é mais verdadeira do que a lógica. O raciocínio confunde-se, ilude-se, engana-se; a intuição sabe, sente. Não há como explicá-la.

— Não gosto de sentir essas coisas. Sinto-as e fico inseguro. Prefiro a lógica, o raciocínio claro. Gosto de andar com os pés no chão.

— Nada mais verdadeiro do que a intuição. Quando aprender a utilizá-la, ganhará lucidez e melhorará sua atuação em tudo o que fizer. Os grandes homens de negócios sabem disso. Cercam-se de dados, de pessoas competentes, mas, na hora da decisão, usam-na e acabam por surpreender com atitudes geniais.

— Não sei, não. Prefiro usar a lógica e me sentir seguro.

Arlete riu sonoramente.

— Pois eu acho o contrário. Para um raciocínio ser verdadeiro, você teria que partir de premissas também verdadeiras, abranger todas as facetas da questão, sem falar das probabilidades e dos pensamentos dos outros, que podem intervir no processo, modificando-o. Quem tem condições de fazer isso? Ao passo que a intuição é a capacidade da alma de sentir as energias em questão. Uma situação é o que é; tem energias próprias. Quem pode percebê-las dificilmente se engana.

— No meu caso, você acha que é verdade? Que Flora realmente tentou algo contra mim?

— Não sei se ela realmente fez isso, mas, se Flora cultiva pensamentos desagradáveis a seu respeito, você pode estar registrando.

— Só o fato de ela não me apreciar ou pensar mal de mim poderia fazer-me sentir tudo isso?

— Poderia. Quando pensamos, emanamos energias correspondentes aos nossos sentimentos. Se ela não o aprecia, você pode sentir.

— Eu sei que ela tem raiva de mim. Noto até em seu olhar, embora ela disfarce muito bem. Flora sabe que a conheço o suficiente e não gostaria que Flávio caísse em sua armadilha.

— Não estará sendo severo demais com ela? Ou estará com ciúme?

Sérgio abanou a cabeça negativamente.

— Nunca amei Flora. Quando ela me deu o fora, fiquei humilhado e com raiva, mas, ao mesmo tempo, aliviado por me sentir livre.

— Não estará com o orgulho ferido?

— A princípio, fiquei. Mas agora, a cada dia que passa, noto que, de uma pessoa como ela, só poderia esperar o que aconteceu. Ela é interesseira e pobre de sentimentos. Só pensa em enriquecer e desfrutar de vida social.

— Reconheço que há momentos em que Flora se mostra calculista e fria. Eu também não gostaria que Flávio se apaixonasse por ela. Há alguma coisa nela que destoa em sua maneira de ser. Tenho a impressão de que ela esconde seu verdadeiro modo de pensar.

— Isso mesmo. Ela é cheia de joguinhos, artifícios, ciladas, tudo em função de seus planos para conseguir o que deseja. Quando Flora fala, há sempre uma segunda intenção. Nunca acreditei naquela queda na casa de Flávio. Foi proposital, tenho certeza. Ela queria ficar a sós com ele.

Arlete riu com gosto.

— Se ela queria isso, não deu muito certo, porque eu estava lá e Flávio quase nem ficou em casa. Você acha mesmo que ela teria feito isso?

— Acho. Sabendo disso, desconfio que ela tenha prejudicado nosso negócio com o doutor Resende. O que ela teria ido fazer lá, exatamente naquele dia? E por que ele, em seguida, teria cancelado o negócio? Conhecendo-a como conheço, não posso pensar em coincidência.

— Mas que motivos ela teria para prejudicar nossa empresa? Se ela quer conquistar Flávio, nunca faria isso. Se fez e ficar comprovado, ele cortará relações com ela de vez.

— É isso que não entendo. Talvez tenha querido prejudicar-me. Ela sabe que sou contra o namoro dela com Flávio. Depois, eu melhorei de vida e me recusei a namorá-la novamente. Pode estar tentando vingar-se. Isso é bem dela. Ficou ofendida e nunca deixa uma ofensa sem resposta. Quer que Flávio me julgue incompetente. Sinto que ela quer me empurrar para fora.

— Ela não conseguirá. Esqueça-se disso, se quiser melhorar. Você também emite pensamentos de raiva contra ela. Enquanto fizer isso, se manterá ligado energeticamente com ela.

— Eu?!

— Sim. Vocês estão duelando energeticamente. Ela sente sua animosidade também. Isso alimenta a desavença e anula qualquer possibilidade de um entendimento.

— Com ela não há entendimento. O que eu quero mesmo é que ela saia do meu caminho.

— Nesse caso, o melhor mesmo é esquecer. Quando pensar em Flora, não a deprecie. Procure alguma coisa boa nela e fique nisso.

— É difícil achar alguma coisa boa.

— Não seja tão radical. Todas as pessoas têm alguma coisa boa. É só procurar.

Sérgio riu bem-humorado.

— Só você poderia ter essa ideia. Se todos fossem como você, este mundo seria maravilhoso!

— Estou falando sério. Os pensamentos de ódio ligam tanto como os de amor. Em ambos há uma troca de energias que alimentam esses sentimentos.

— Com você só sinto amor!

Olhando os olhos de Arlete, Sérgio deixou escapar a frase sem pensar. Pelos olhos dela passou um brilho de emoção.

— É a primeira vez que me diz isso!

De repente, Sérgio não se conteve. Ali, na penumbra da noite que se derramara sobre eles, a mão dela entre as suas, o murmúrio do lago, o farfalhar dos galhos nas árvores, o perfume das flores, o momento de intimidade, os olhos dela brilhantes e emotivos, tomou-a nos braços e beijou-a demoradamente nos lábios, repetidas vezes.

Foi um encantamento. O coração batia descompassado, e, em seus braços, Arlete estava muito emocionada. Sérgio perdeu a noção do tempo e entregou-se ao sentimento forte que lhe fazia vibrar a alma.

Quando se acalmou um pouco, disse baixinho:

— Fiz o que pude para me conter. Eu amo você. Nunca amei ninguém assim.

— Eu também o amo. Há muito descobri isso. Suspeitei de que gostasse de mim, mas você nunca disse nada.

— Tinha receio de perder sua amizade. O que seria de mim se me repelisse? Pelo menos queria conviver com você, ficar a seu lado, usufruir de sua companhia.

Arlete colocou os braços ao redor do pescoço de Sérgio e beijou-o delicadamente nos lábios. Depois disse:

— Conhecê-lo foi a melhor coisa que me aconteceu.

Sérgio apertou-a nos braços, beijando-a repetidas vezes. Depois ficaram ali, abraçados, trocando confidências durante algum tempo. Uma hora depois, foram jantar em um gracioso restaurante. Durante o jantar, Sérgio considerou:

— O que eu disse é sério, Arlete. Se me aceitar, pretendo casar-me com você. Entretanto, será preciso esperar. Quero oferecer-lhe o mesmo padrão de vida que sempre teve. Se concordar em esperar, tudo farei para isso.

— Tenho dinheiro para nós dois. Isso não me preocupa.

— Seu dinheiro é seu. Pretendo casar-me com separação de bens, é bom que saiba. E ganharei para sustentar a nossa casa, com toda certeza.

Arlete olhava-o surpreendida.

— Você é orgulhoso! Para que serve o dinheiro senão para nos tornar felizes?

— Gostaria que me aceitasse como sou. Esse foi um dos motivos pelo qual demorei tanto a revelar meus sentimentos. Nossa diferença social é enorme. Não pude cursar uma universidade, e você sabe como é minha família.

— Isso não me incomoda nem um pouco. Sei apreciá-lo, do jeito que você é. Eu o amo. Sinto-me feliz em seus braços, gosto de conviver com você. Eu o compreendo e sinto que me compreende. Os obstáculos sociais ou materiais não são importantes.

Sérgio levou a mão de Arlete aos lábios com carinho.

— Estar com você é um privilégio. Ninguém é mais feliz do que eu neste momento. Tudo farei para torná-la feliz.

— Tenho certeza disso.

Olhos nos olhos, alegria e amor no coração, eles entregaram-se inteiramente a esse sentimento e nem perceberam o tempo passar. Sérgio não permitiu que Arlete o levasse para casa. Fez questão de ir com ela até sua residência, e, só depois de tê-la deixado lá em segurança, tomou um táxi e voltou para casa.

CAPÍTULO 6

Sérgio chegou em casa extremamente feliz. Não planejara o que tinha acontecido, nem mesmo se conscientizara do seu amor por Arlete. Ela parecia-lhe tão distante, tão acima, que ele nem se atrevera a sonhar com essa possibilidade. Parecia um sonho! Ela o amava! Sentia vontade de cantar, de gritar sua felicidade.

Deitou-se, mas não conseguiu dormir e pôs-se a fazer planos para o futuro. Agora, mais do que nunca, precisava progredir, subir na vida. Talvez fosse melhor procurar um curso, algo que pudesse capacitá-lo, melhorar seus conhecimentos.

Apesar de haver dormido muito tarde, acordou cedo no dia seguinte. Decidira conversar com Flávio. Ele o apreciava, eram amigos. Acostumara-se a admirar a capacidade que o outro tinha de ver claro, de colocar as coisas de maneira lúcida e fácil.

Assim que Flávio chegou ao escritório, foi procurá-lo.

— Pode dar-me um minuto de atenção?

— Claro. Sente-se.

— É assunto meu, particular. Talvez prefira conversar depois do expediente.

— Não. Pode falar. Do que se trata?

Sérgio acanhou-se.

— Não sei como começar... Ontem, descobri que estou apaixonado por Arlete.

Flávio olhava-o seriamente, e Sérgio prosseguiu:

— Não planejei nada. Aconteceu. E o incrível é que sou correspondido! Não está zangado?

— Por que deveria?

— Ela é sua prima, é rica, e eu sou pobre. Sinto-me constrangido.

— É sério mesmo?

— É. Estamos pensando em nos casar. Contudo, só o farei com separação de bens e quando ganhar o suficiente para dar-lhe o mesmo conforto que ela tem.

Flávio continuava a olhá-lo sério. Depois disse:

— O dinheiro é um problema sério para você, não?

— Claro que é. Você sabe que sou de origem humilde. Meus pais são lavradores; minha família, pobre. Além do mais, não consegui estudar. Não sei o que os pais de Arlete pensarão de mim. Tenho receio de que não concordem com nosso casamento, por isso vim procurá-lo. Preciso ganhar dinheiro, subir na vida, e queria que me orientasse. Talvez devesse fazer algum curso. Você tem uma visão clara das coisas. Amo Arlete, e agora, descobrindo que sou correspondido, não desejo perdê-la. Preciso ser digno dela. Arlete é a coisa mais importante para mim. Para dizer a verdade, preferia que ela fosse pobre como eu, assim nada poderia nos separar.

Flávio sacudiu a cabeça.

— Bobagem. O amor é a maior força. Se vocês se amam mesmo, nada nem ninguém conseguirão separá-los.

— Você acha que tenho chance?

— O mais importante é que Arlete o ama. Agora, com essa sua cabeça, não sei não.

— Por quê?

— Notou quantos obstáculos está colocando na questão? Você nem conhece bem os pais de Arlete, nem sabe o que eles dirão e já está colocando dificuldades. Para conseguir alguma coisa, é preciso acreditar na vitória. Além do mais, você se desvaloriza muito. Julga-se menos do que certas pessoas.

— Mas eu não sou um bom partido para Arlete.

— É dessa forma que pretende conquistar o que deseja? Pensando desse jeito, será melhor que esse casamento não se realize.

— Você também está contra?

— Eu? Não. Mas, se não mudar sua maneira de pensar, se casará e continuará sentindo-se inferiorizado. Os pequenos problemas do dia a dia vão parecer-lhe maiores. Tudo o que acontecer de diferente você levará para esse lado. Logo se tornará azedo, infeliz, culpado, e nenhum relacionamento consegue resistir a isso.

— Como posso mudar os fatos? Ela está muito acima, que posso fazer? Foi a vida quem nos colocou dessa forma.

— Engana-se. É você quem está se colocando abaixo dela.

— Não posso entender isso.

— Pense bem. Arlete é mais rica, teve oportunidade de estudar, mas, com tudo isso, pode ser infeliz se seus sentimentos não forem respeitados. Isso fatalmente acontecerá se ela se casar com um homem de posição social, rico, culto, mas que não tenha os mesmos valores espirituais e morais que ela possui. A felicidade não é feita só dos bens materiais. Eles são valorizados principalmente quando não os possuímos. O que realmente importa para ela, tenho certeza, é ter um companheiro digno, amoroso, leal, que a ame e com quem possa dividir sua vida. Aliás, dinheiro ela tem para os dois.

— Foi o que ela disse, mas eu não posso aceitar. A própria sociedade me verá como um ambicioso dando o golpe do baú.

— É isso o que o atormenta? Nesse caso, sua vaidade é mais forte do que seu amor.

— Vaidade?

— Vaidade. O que importa o que os outros possam pensar? Você sabe a verdade. Você não é isso. Não está se casando pelo dinheiro. Por que se preocupa? Para você, a opinião alheia é mais importante do que a sua? Não lhe basta o que sente? Não está seguro a esse respeito? Tem receio de que esteja se casando por ambição?

— Isso não. Sou ambicioso, sim, mas para conquistar meu progresso com meu trabalho. Nunca me casaria por dinheiro. Tenho certeza disso. Amo Arlete como nunca amei ninguém, e meu maior desejo é vê-la feliz.

— Nesse caso, não há o que temer. Seu maior inimigo é você mesmo. Julgando-se menos, valorizando os preconceitos sociais em detrimento dos verdadeiros valores do coração, está indo contra sua felicidade.

— Acha que posso mudar isso?

— Só você pode.

— De que forma?

— Percebendo seus verdadeiros sentimentos, valorizando seu lado melhor e mais puro e usando sua força em seu próprio favor, não contra.

79

— Como fazer isso?

— Conhecendo-se. Prestando atenção em tudo que possui de bom, de melhor. Cultivando isso em todos os momentos, sem se preocupar com o resto. Deixar de lado o negativismo. Ser positivo. Acreditar-se capaz de realizar grandes coisas. Todos podem. Basta querer.

— Quando você fala, parece fácil.

— É fácil. E como você notará logo os resultados, ficará ainda mais fácil. Pense nisso.

— Vou pensar. Quanto ao assunto profissional, o que acha?

— Acho que está subordinado à sua forma de ver as coisas. Só vai prosperar realmente no momento em que mudar sua cabeça.

— Mudar minha cabeça não vai resolver minha situação financeira ou profissional. Eu preciso fazer alguma coisa mais.

— Pois eu lhe digo que não. Basta isso, se quer saber. A conquista do sucesso tem um caminho que é preciso aprender a percorrer. Uma cabeça bloqueada e limitada tranca todas as portas. Só vai perceber quando experimentar.

— Vou tentar. — Havia um pouco de decepção na voz de Sérgio. Não era bem isso o que ele esperava ouvir.

Flávio sorriu bem-humorado.

— Pense bem no que eu disse. Esteja atento, observe-se. Voltaremos ao assunto.

— Obrigado. Pelo menos, você não está contra nosso namoro.

— Não. Se vocês se amam, desejo que sejam felizes. Arlete é uma boa menina e merece.

— Farei tudo para isso.

Sérgio saiu da sala, pensativo. Flávio não se mostrou contra, mas, ao mesmo tempo, não pareceu interessado em favorecê-lo. Teve de admitir que não era bem isso o que esperava. Ele era seu amigo e sempre lhe dera importantes e sábios conselhos. Por que justamente agora, tratando-se de sua prima, ele não se preocupou em ajudá-lo a decidir sobre o futuro?

Talvez, no fundo, ele não concordasse com o casamento. Entre mostrar-se amigo de um funcionário e querer que ele fizesse parte da família ia grande distância. Teria Flávio sentido isso? Ao pensar nesse casamento, não estaria sonhando muito alto?

"Engana-se. Você é quem se coloca abaixo dela."

Seria verdade? Era ele quem estava se desvalorizando a ponto de sofrer um problema inexistente? Como mudar? A realidade estava ali, palpável. Ele pertencia a uma classe socialmente inferior. Era pobre. Por mais que se julgasse em igualdade de condições com Arlete, isso não era verdade. Não podia fechar os olhos, iludir-se.

Sentiu-se deprimido. Arlete era tudo quanto queria ter na vida. Desejou ardentemente que ela fosse tão pobre quanto ele. À tarde, quando saiu do escritório, não teve vontade de encontrá-la. Estava triste, oprimido. Foi ela quem ligou.

— Pensei que passaria em casa hoje. Senti saudade! — foi dizendo logo.

— Eu pretendia, mas depois resolvi vir para casa.

— Está arrependido do que me disse? Mudou de ideia?

— Claro que não.

— Aconteceu alguma coisa? Sinto que está triste.

— É que eu gosto muito de você. Pensando nas diferenças sociais que nos separam, fiquei temeroso de que se arrependesse. Fui sincero, não consegui conter meu amor, mas agora, pensando melhor, não sei se fiz bem. Talvez eu não seja o marido ideal para você e não possa fazê-la feliz como gostaria.

— Por que se atormenta dessa forma? Gosto de você, do jeito que você é. Não precisa mudar nada. Basta continuar a me amar como até agora, e seremos muito felizes. Não quer dar uma passadinha aqui para conversarmos?

— Está bem. Dentro de meia hora estarei aí.

Despediram-se. Sérgio tomou um banho rápido, arrumou-se e foi ter com ela. Saíram para dar uma volta, sentaram-se em um banco da praça. Sem poder conter-se, Sérgio contou-lhe a conversa com Flávio e as conclusões que tirara dela.

— Acho que Flávio não deseja me ajudar nisso. Eu esperava que ele me orientasse. Tem mais experiência do que eu, é mais lúcido. Eu queria que ele me desse algumas ideias profissionais. Fiquei com vontade de estudar, mas o quê? Entretanto, Flávio simplesmente me disse que eu tinha que mudar minha cabeça. Que esse era o único problema. Não posso entender. O fato de eu simular que as coisas são diferentes não modificará nada. Será que está contra nosso casamento?

— Flávio? Não. Quem está enganado é você. Concordo quando disse que ele é mais lúcido. É verdade. Ele sempre vai além do que parece ser. Vai ao que é.

— Não nesse caso. Temos uma situação real.

— Qual?

— Você é culta, rica. Eu sou menos culto e pobre. Isso é concreto.

— Isso é uma ilusão. Obedece às regras convencionadas pela sociedade, calcadas em valores distorcidos. Veja bem, você não é a pobreza, assim como eu não sou o dinheiro. Ambos temos temporariamente, mais ou menos, alguns bens materiais, mas eles não representam o que realmente somos. O que conta são os valores eternos e verdadeiros da alma. A bondade, o senso de beleza, a compreensão, o respeito, a capacidade de fazer com capricho, a alegria de viver, a sinceridade, a responsabilidade, o entusiasmo, o amor. Esses sentimentos são a riqueza verdadeira. Vejo em você essa grandeza de alma. É por isso que eu o amo! O que podem representar alguns anos de instrução escolar ou um amontoado de dinheiro no cofre comparados a esses valores? Foi bom termos falado nisso. Nesse ponto, o Flávio está certo. Se você não enxergar a própria riqueza e continuar a julgar-se menos, nunca será feliz.

— Você vê todas essas qualidades em mim, porque é bondosa e me ama, mas acreditar nisso não seria muita pretensão de minha parte?

— Claro que não. Pretensão seria você desejar ser muito mais do que é.

— Esse é o ponto. Eu não me sinto tão bom como você disse.

— Então, está na hora de prestar atenção. De meditar, de ir bem fundo dentro de si mesmo e tentar descobrir quais são seus verdadeiros sentimentos. Meus conceitos sobre você foram formados por nossa convivência, observando suas ideias, suas reações, a manifestação dos seus sentimentos. Tenho certeza de que não me enganei. Sei também que, quando você conseguir livrar-se dessa crença de que é inferior, perceberá claramente as conquistas espirituais que já possui e se dará o valor real.

— Teria sido isso o que Flávio quis dizer?

— Claro. Ele não lhe deu nenhuma sugestão quanto ao seu futuro profissional, porque confia na sua capacidade de decidir sobre sua vida. Não desejou que você se pendurasse nele. Isso não o ajudaria em nada. Só o tornaria dependente dele e incapaz de resolver os próprios assuntos. Ao contrário do que pensa, ele não disse o que você deveria fazer, porque o respeita e não quer manipular sua vida.

Sérgio sentiu-se aliviado e reconheceu:

— Acho que tem razão. Essa seria uma atitude muito própria dele.

— Eu o conheço bem. Fazendo isso, quis que você pensasse melhor e acabasse por descobrir o quanto é capaz de cuidar de si mesmo.

Sérgio abraçou-a com carinho e beijou-a ternamente. Depois, disse comovido:

— Bendito o dia em que nos conhecemos. Vocês me têm feito enxergar a vida de uma forma diferente, maravilhosa. Um mundo onde há lugar para todas as pessoas e ninguém é excluído.

— É importante descobrir que nós somos os criadores do nosso destino. Assumir a responsabilidade por nossa vida torna-nos fortes e desenvolve nosso potencial. Ninguém pode progredir se não for dessa forma.

— Quisera ter sua certeza. Você é forte. De onde vem sua força?

— Da confiança que tenho na vida.

— A vida é incerta. Nós não sabemos nada sobre o que vai acontecer daqui a um minuto. Como confiar nela?

— O fato de desconhecermos o futuro não quer dizer que ele não seja bom. O que conta é o equilíbrio da natureza. Já notou como o universo é perfeito? Nunca pensou na inteligência que criou e mantém tudo isso?

— Você fala de Deus?

— De Deus, da vida, da natureza, da divindade, seja o nome que você queira dar. O importante é perceber a sabedoria, o equilíbrio, a inteligência que há em tudo. Desde as mais pequeninas coisas às grandes, tudo é inteligente e perfeito. Já pensou em como nosso corpo é maravilhoso? Muitas das suas funções independem do nosso controle. Nosso coração bate, sem que nossa vontade interfira; nossos pulmões filtram o ar, sem que tomemos conhecimento. Enfim, existe um poder maior tomando conta não só dessas funções mas das transformações. Nós não temos poder sobre a vida ou a morte. Diante de tanta sabedoria, tanta beleza, tanto amor, não é seguro confiar? Eu confio profundamente na vida. Procuro sempre agir em união com ela. Daí vem toda a minha força.

— Um dia aprenderei a ser como você.

— Cada um tem seu caminho. Mesmo juntos, não pretendo convencê-lo das minhas ideias.

— Sua maneira de ser facilita, dá alívio, paz.

— Isso é. Sinto-me de bem com a vida. Compreender como as coisas são, jogar fora as ilusões, traz mesmo alívio e paz.

— Sinto-me bem agora. Acho que tem razão. Vou tentar conhecer-me melhor.

— Tente descobrir seu lado bom. As qualidades que já possui. Seja sincero. Se nessa hora surgir um pensamento contrário, lembrar-se de uma atitude sua menos digna, não se impressione. Ignore-a e continue olhando seu lado bom. É comum, quando tentamos limpar nosso interior, que os pensamentos antigos, desagradáveis, guardados lá, reapareçam para que nós nos livremos deles. Ignorá-los é jogá-los fora.

Eles continuaram conversando animadamente. Passava das onze, quando Sérgio levou Arlete para casa e despediu-se. Sentia-se melhor e mais calmo. A conversa fizera-lhe muito bem. Entusiasmado, recordava as palavras de Arlete com prazer. Ela era realmente extraordinária! Tinha o dom de devolver-lhe o bom humor e a alegria.

Apesar de tudo, ele continuaria lutando para progredir na vida. Embora ela não se importasse com a situação financeira dele, não se sujeitaria a ficar marcando passo a vida inteira. Tinha de pensar, descobrir alguma coisa que o fizesse ganhar dinheiro. Assim, teria mais a oferecer, e a família de Arlete o olharia com mais respeito. Era questão de honra. Queria provar sua capacidade. Haveria de encontrar alguma coisa que lhe desse o que ambicionava.

CAPÍTULO 7

Flora desligou o telefone irritada. Era muita petulância de Sérgio. Quem era ele para casar-se com a rica herdeira, filha do dono da empresa em que trabalhava? Por isso ele não quis voltar a namorá-la. Estava olhando para mais alto. Claro que ela, socialmente, estava muito acima dele. Sua família era de classe média, enquanto ele era filho de um casal de caipiras do interior. Além de tudo, nunca conseguira progredir e, se não fosse a bondade de Flávio, com certeza ainda continuaria a viver naquele mísero apartamento em que morava quando o conheceu.

Claro que ela não estava mais interessada nele. Também olhava para cima. Pretendia conquistar Flávio. Ia devagar, mas haveria de conseguir. O que não podia tolerar era que Sérgio conseguisse êxito antes dela. Achava que ele deveria dar graças a Deus por ela haver desejado namorá-lo, e o fato de tê-la recusado a humilhava e enraivecia. Ter de suportar a vitória dele, pavoneando-se ao lado de Arlete, tornando-se primo de Flávio, rico e bem na vida, era-lhe insuportável.

Tinha que afastá-lo do convívio daquela família. Precisava fazer alguma coisa. Já havia tentado, mas desta vez teria de ser algo definitivo que o afastasse para sempre. Mas o quê? Tinha que se manter longe de qualquer suspeita. Ninguém podia saber de suas intenções. Era fundamental para seus planos futuros.

Uma amiga contou-lhe que vira Sérgio aos beijos com Arlete. Telefonou para irritá-la e conseguiu. Mas era melhor saber e poder tomar providências. Podia acontecer que os pais de Arlete não permitissem aquele namoro. Claro. Sérgio bem podia ser levado à conta de um caça-dotes e ser posto para fora. De qualquer modo, aquela família era muito liberal. Caso contrário, não teria permitido que ele saísse com Arlete e lhe frequentasse a casa. Precisava sondar a reação deles. Talvez estivesse se precipitando. As coisas poderiam arranjar-se sem que ela precisasse fazer nada. Apesar disso, iria preparar-se. Casar-se com Arlete ele não se casaria.

Como fazer? Queria aproximar-se mais de Arlete, mas esta, apesar de tratá-la bem, não lhe permitia intimidades. Tinha que ser algo definitivo. Mas o quê? Sérgio era tão tolo e insignificante que em sua vida não havia nada que pudesse inspirá-la. Além do mais, depois da formatura, ela não tivera mais contato com Arlete, e isso era uma coisa que ela não desejava. Rapidamente tomou uma resolução. Apanhou o telefone e ligou para Flávio.

Ele atendeu-a gentilmente, e, depois dos cumprimentos, ela pediu:

— Eu preciso muito conversar com você. Trata-se de um assunto profissional. Gostaria de passar aí em seu escritório. Você teria um tempo para me atender hoje à tarde?

— Depois das dezessete horas, pode vir.

— Fico-lhe muito grata. Serei pontual.

— Terei prazer em recebê-la.

❧

Cinco minutos antes das dezessete horas, Flora já estava sentada na antessala de Flávio. Vestira-se com apuro e sobriedade, como convinha a quem ia tratar de assuntos profissionais. Estava muito elegante. A secretária pediu-lhe para entrar, e Flávio a recebeu à porta com um sorriso de boas-vindas.

Acomodada em uma confortável poltrona em frente à mesa de Flávio, Flora passou os olhos pela sala elegante e discreta, cheia de objetos de arte, e disse com um sorriso:

— É exatamente como imaginei. Muito bonito o seu escritório. Sempre tive vontade de conhecer esta empresa.

— Poderia ter me dito, e eu a teria convidado para uma visita. Você falou em assunto profissional. Em que posso lhe ser útil?

Flora hesitou.

— Pensei que seria fácil. Agora que estou aqui, sinto-me acanhada. Quero que saiba que não pretendo abusar da nossa amizade. É que, como você sabe, acabo de me bacharelar. Meu tio tem um escritório de advocacia, convidou-me para trabalhar com ele, mas não gosto da área dele. Sempre sonhei em trabalhar no departamento jurídico de uma grande empresa como esta. Pretendo continuar meus estudos e especializar-me em direito internacional. Vim pedir-lhe que me dê um emprego.

— Tem experiência, já trabalhou antes?

— Não. Fiz o estágio no escritório de meu tio. Vi o suficiente para saber que não é o que eu quero.

— Não sei se terei alguma coisa para você. Nosso departamento jurídico é ágil e formado por profissionais experientes. Você não se sentiria bem entre eles. Por que não começa em um lugar simples? Quando tiver mais prática, poderemos examinar o assunto.

Flora colocou a mão sobre o braço de Flávio e disse com suavidade:

— Por favor, não me negue essa oportunidade! Posso começar em qualquer lugar. Estou disposta a progredir. Garanto que aprenderei depressa! Se me der essa chance, não vai arrepender-se.

— Estaria disposta a ser uma simples auxiliar de escritório?

Ela esforçou-se para dissimular a contrariedade e respondeu:

— Para começar, farei qualquer coisa. Sei que sou capaz e tenho certeza de que, dentro de pouco tempo, farei carreira. Pode esperar.

— Bem, se é assim, verei o que posso fazer.

Apanhou um memorando e escreveu algumas linhas, assinou e entregou-o a Flora dizendo:

— Vá ao terceiro andar e procure pelo Rogério. Entregue-lhe isto. É o encarregado do departamento de pessoal. Tem certeza de que quer isso mesmo?

— Tenho — respondeu ela com firmeza. — Fico-lhe muito grata pela oportunidade.

— Não agradeça. Nós sempre estamos precisando de bons funcionários.

Flora despediu-se e saiu à procura da pessoa indicada. Preencheu fichas, fez testes, e só saiu de lá uma hora mais tarde. De regresso a casa, ia traçando seus planos. Flávio a subestimara. Haveria de mostrar-lhe o quanto ela era competente. Podia não ter muita experiência, mas tinha garra e astúcia. Dentro de pouco tempo, estaria galgando o lugar que merecia.

Por outro lado, teria a oportunidade de vê-lo diariamente e não perder o contato com ele. Encontraria Sérgio também. Sabia que ele não gostaria de vê-la trabalhando ali, mas o que poderia fazer senão aceitar?

Flávio era seu chefe. Era bom ir se familiarizando com os negócios da empresa. Assim, ficaria mais fácil entender-se com Flávio. Quando ela se casasse com ele, haveria de transformá-lo no maior acionista. Daria um golpe em Sérgio. Enquanto ele pensava em desposar Arlete para ficar com a parte maior, uma vez que os pais dela eram os sócios majoritários, ela o poria para fora e ficaria com tudo.

Seria necessário ter muita paciência para captar a confiança de todos e realizar seu plano, mas sabia reconhecer uma ótima oportunidade. Flávio iria dar-lhe tudo isso. Era saber jogar e ter paciência de esperar.

Quando Sérgio se encontrou com Arlete naquela noite, entre um assunto e outro, ela perguntou:

— Você sabe que Flora foi hoje à tarde no escritório falar com Flávio?

— Flora? Para quê?

— Foi pedir-lhe um emprego.

— Que ele recusou, certamente. Ela nunca trabalhou.

— Não foi isso que ele me disse. Ela mostrou-se disposta a aceitar qualquer lugar para começar.

Sérgio franziu o cenho.

— Acha que ele vai colocá-la na empresa?

— Não sei. Ela soube posicionar-se. Talvez ele lhe dê uma oportunidade.

— Espero que não. Não gostaria de vê-la circulando por lá.

— Pode ser que ela se arrependa. Afinal, gosta de ser sempre a primeira. Quanto tempo aguentará ocupando um cargo subalterno, sem expressão, cuja remuneração é baixa?

Sérgio meneou a cabeça enquanto dizia:

— Não estou gostando nada disso. Ela está fingindo e deve ter outro objetivo em mente.

— Será? Não estará sendo muito severo com ela? Afinal, não é fácil começar uma carreira hoje em dia, principalmente na advocacia e sendo mulher. Trabalhar em uma empresa conceituada como a nossa pode ser um bom início, mesmo começando de baixo. Se ela tiver capacidade, poderá crescer em pouco tempo.

— Gostaria de acreditar nisso, mas não posso. Conhecendo-a como conheço, sei que deve haver algo mais. Preferia vê-la longe dos nossos negócios.

— Não estará com ciúmes de Flávio?

— Nunca mais diga isso! — protestou ele. — Nunca gostei verdadeiramente dela. Você me ofende com essa suposição.

— Desculpe. Não tive intenção.

— Eu amo você. Como pode dizer uma coisa dessas?

— É que ela é muito bonita. É do tipo que os homens gostam.

— Você é quem está com ciúmes!

— Estou mesmo.

Sérgio abraçou-a, beijando-a nos lábios com carinho.

— Nunca mais diga isso. Você é a primeira mulher a quem eu amo de verdade.

De volta para casa, Sérgio não pôde esquecer o assunto.

— Estou dando importância demais a isso — concluiu, tentando pensar em outra coisa. Sentia um aperto no peito e uma opressão que não conseguia explicar.

Não havia nenhum motivo para isso. Se Flora fosse trabalhar mesmo na empresa, seria desagradável ter que encontrá-la amiúde, mas era só. O que ela poderia fazer? Nada. Sua vida era limpa. Apesar disso, o sentimento de opressão persistia.

Nos dias que se seguiram, Sérgio finalmente conseguiu esquecer o assunto para recordá-lo duas semanas depois. Ao entrar no departamento jurídico, encontrou Flora sentada a uma mesa, estudando alguns papéis. Ela conseguira. Ele esforçou-se para disfarçar a contrariedade.

Vendo-o entrar, ela levantou-se.

— Como vai, Sérgio?

— Bem — disse ele. — Há quanto tempo está aqui?

— Três dias apenas. Estou como auxiliar da secretária do doutor Martinez.

— Por quê? Você é bacharel em Direito e pode conseguir coisa melhor. Desistiu de montar seu próprio escritório? — disse ele, recordando-se dos grandiosos planos que ela fazia antes de formar-se.

— Preciso de experiência. Ninguém daria uma causa a uma advogada inexperiente.

— Quer dizer que ficará só até conseguir o que pretende... Você tinha tantos planos!

— É. Ficarei até conseguir o que pretendo. Os planos ainda estão de pé. Não me dará as boas-vindas e desejará felicidades no novo emprego?

— Não espere nada de mim. Aqui somos apenas dois profissionais. Não há nada de pessoal, mas prefiro que seja assim.

Ela mordeu os lábios, esforçando-se para encobrir a raiva. Fixou-o desafiadora e disse:

— Não se coloque muito acima, porque pode cair. Hoje, você é meu superior, porém, a vida dá muitas voltas. Tudo pode mudar.

— Você parece muito segura da sua capacidade. Vamos ver o que consegue. Entregue estes papéis ao doutor Martinez. Ele os espera com urgência.

— Está bem — disse ela, fingindo não perceber o tom autoritário que ele usara.

Sérgio saiu pensativo. O tom de fingida humildade de Flora não o enganara. Aquele emprego não era bem o que ela pretendia. Começar por baixo e fazer uma carreira, passo a passo, também não estava em suas cogitações. Ela sempre o criticara por fazer isso, dizendo que era perda de tempo. Havia outros meios de conseguir chegar ao topo. Ele nunca lhe dera ouvidos, achando-a pretensiosa e fora da realidade. O que teria mudado? Teria ela percebido que, com o término do curso na faculdade, a amizade com Flávio e Arlete poderia acabar? Teria feito isso para tentar aproximar-se mais de Flávio? Era bem possível que essa fosse a razão para ela estar ali tão submissa.

De uma coisa ele não tinha dúvida: ela estava representando o papel da boa moça, inteligente e esforçada, que tudo faria para subir na vida pelos próprios méritos!

Sérgio abanou a cabeça negativamente. Isso não ia dar certo. Até quando ela aguentaria? Conhecia-lhe o gênio irascível e impaciente. O doutor Martinez era exigente e severo. Ela teria de trabalhar duro e bem, caso contrário, ele a demitiria.

Não havia dúvida de que Flávio desejara testá-la, colocando-a ali. Ele era muito perspicaz e certamente não cairia em suas armadilhas. Talvez estivesse se preocupando demais com algo sem importância. Quando ela percebesse que seus planos eram inúteis, desistiria. Deixaria o emprego, e tudo estaria solucionado. Resolveu não pensar mais nisso. Não era de sua conta.

Tinha um negócio importante para resolver que, se desse certo, poderia finalmente permitir-lhe comprar seu automóvel. Foi para sua sala e mergulhou no trabalho, esquecendo-se de Flora.

Uma semana depois, estava de posse de um carro novo. Conseguira um financiamento em condições boas, que pagaria com facilidade. Aprendera a dirigir o carro de alguns amigos e, quando saía com Arlete, quase sempre era ele quem conduzia o automóvel. Agora, tinha o próprio carro. Sentia-se feliz e orgulhoso por tê-lo conseguido.

Ele saiu com Arlete para comemorarem, e, juntos, fizeram muitos planos para o futuro. Ela desejava casar-se logo. Seus pais tinham muitas propriedades e sempre diziam que, quando ela se casasse, poderia escolher qualquer uma como presente de núpcias. Mas Arlete já tinha uma casa e era lá que tencionava viver ao se casar.

Era uma casa antiga, muito bonita, rodeada de árvores frondosas e belos jardins. Pertencera à sua tia Amélia, a quem ela amava muito. Quando ela adoeceu, Arlete visitou-a constantemente, fazendo-lhe companhia. O marido da tia desaparecera dois anos depois do casamento, deixando apenas uma carta em que pedia perdão por ir embora, e nunca mais se soube dele.

Amélia não quis mais frequentar a sociedade, nem refazer sua vida. Apesar de mostrar-se alegre e de nunca se queixar, Arlete sabia que ela jamais deixara de amar o marido. Quando estavam a sós, várias vezes falou ele com saudade, lembrando-se do tempo em que estiveram juntos, mas nunca mencionava a carta nem tentava justificar seu desaparecimento. Era como se ele tivesse viajado e fosse voltar brevemente.

Arlete sabia que, quando a tia perdeu a esperança de o marido voltar, ela perdeu também a vontade de viver. Fez de tudo para que a tia reagisse, mas não conseguiu. Amélia foi definhando, definhando, sem que Arlete nada pudesse fazer.

Já nos últimos dias, ela disse-lhe com suavidade:

— Arlete, tenho pouco tempo de vida.

— Não diga isso, tia. Você vai reagir, levantar-se e ficar boa.

Ela sorriu tranquila, meneando ligeiramente a cabeça.

— Não se preocupe. Estou muito bem. Queria pedir-lhe um favor.

— Fale, tia! — respondeu Arlete tentando conter as lágrimas.

— Cuide desta casa. Aqui eu passei os momentos mais felizes de minha vida! Quando encontrar um moço e se casar, venha morar aqui. Esta casa é sua. Fiz de você minha herdeira. Sei que será feliz aqui.

— Não diga isso. Você vai viver ainda muito tempo!

— Não é verdade. Não me lamente. É melhor assim. Diga que aceita minha proposta.

— Claro, tia. Adoro esta casa!

— Obrigada.

— Posso fazer uma pergunta?

— Pode.

— Nunca mais teve notícias do tio Mário? Não sabe onde ele está?

— Nunca. Foi como se a terra o tivesse tragado.

— Você deveria ter posto um detetive, tentado descobrir. Eu não aguentaria ficar sem saber por que ele se foi.

— Eu fiz tudo que era possível para encontrá-lo. Inclusive contratei vários detetives. Nesses quinze anos, ninguém encontrou a mínima pista.

— Antes de ele desaparecer, vocês estavam bem? Isto é, você não percebeu nenhuma mudança nele?

— Nos últimos tempos, às vezes parecia triste. Ficava sentado no jardim, pensativo, durante muito tempo. Quando eu me aproximava e perguntava, ele sorria dizendo que eu estava enganada. Tudo estava muito bem.

— Só isso? Sua atitude com você não se modificou?

— Nunca. Foi amoroso e delicado até o último instante. Nunca pensei que fosse fazer o que fez. Nada em sua atitude me faria prever o que aconteceu.

— Puxa, tia, deve ter sido duro!

— Foi, minha querida. Fiquei muito abalada. Ele não me explicou por que me abandonou. Vá até a cômoda e pegue uma pequena caixa de madeira pintada na segunda gaveta.

Arlete obedeceu.

— Abra, por favor.

Com mãos trêmulas, Arlete abriu e apanhou um envelope amarelecido pelo tempo.

— Essa é a carta. Nunca a mostrei a ninguém. Gostaria que você a lesse.

Emocionada, Arlete abriu o envelope e leu:

Querida Amélia,

Sei que a dor que lhe vou causar será tão grande quanto a que estou sentindo neste momento. Preciso partir para sempre. Perdoe-me. Saiba que a amo mais do que tudo no mundo, mas não posso usufruir dessa felicidade. Tente esquecer-me e refazer sua vida. Você merece ser muito feliz. Adeus.

Mário.

— Tia, eu não entendo! Se ele a amava, por que partiu?

— Esse é o grande mistério que espero desvendar um dia. Não aqui neste mundo, onde a vida colocou barreiras entre nós dois. Mas no outro mundo, depois que eu me for, certamente terei a chave.

— Tia, reaja. A vida é bela. Tente esquecer o passado e recomeçar. Não pode jogar sua vida fora porque seu marido fez o que fez.

— Talvez eu não tenha vindo por muito tempo. Sinto-me contente por saber que você cuidará desta casa com amor. Claro que irá reformá-la a seu gosto.

Arlete beijou-a suavemente sem poder articular palavra. Sabia que seria inútil.

Duas semanas depois, Amélia faleceu, deixando-lhe, entre outras coisas, a casa de presente. Fazia dois anos que ela se fora, e Arlete conservava tudo como sempre fora. A empregada e o jardineiro cuidavam de todas as coisas com carinho e dedicação. Os pais de Arlete achavam uma extravagância que ela sustentasse uma casa vazia. Sugeriam que a alugasse, mas ela se recusava.

A casa de tia Amélia era um lugar sagrado, onde cada espaço tinha uma lembrança, e ela não gostaria de ver pessoas estranhas circulando por lá.

Falou com Sérgio a respeito. Contou-lhe tudo e disse-lhe que pretendia residir lá quando se casassem. Levou-o a conhecê-la.

— É uma bela casa — comentou Sérgio andando pelos jardins floridos.

— É antiga, mas não a troco por nenhuma outra. Quando marcarmos a data do casamento, você me ajudará a decorá-la.

— Não entendo nada disso. Nunca morei em uma casa desse tamanho. Talvez fosse melhor uma casa menor. Um apartamento.

— Não gostou da casa?

— É linda.

— Nesse caso, por quê não?

Sérgio deu de ombros.

— Não sei. É muito grande.

Arlete sorriu.

— Sempre morei em casa grande. Estou acostumada. Sei como cuidar dela. Depois, venho fazendo isso há dois anos. Se formos para outro lugar, terei duas casas para cuidar. Olhe para essas árvores, não são lindas? E essa varanda, não é acolhedora? Esse jasmim perfuma a casa inteira quando está florido.

Sérgio sorriu bem-humorado.

— Está bem. Convenceu-me. Se você gosta tanto, viremos morar aqui. — Abraçou-a, beijando-lhe os lábios calorosamente. — Gostaria que fosse hoje — disse emocionado.

— Depende de você.

Pelo rosto dele passou uma sombra de tristeza.

— Preciso melhorar de vida. Não posso casar-me ainda.

Arlete abraçou-o com carinho, beijando-o com amor.

— Você é muito materialista e preconceituoso. Dá muito valor ao dinheiro. O que tenho é mais do que suficiente para nós dois.

— O que você tem é seu. Pretendo sustentá-la quando nos casarmos.

— Por causa do seu orgulho, estamos perdendo um tempo enorme. Já poderíamos estar casados agora, sem termos que esperar mais nada.

Sérgio apertou-a fortemente de encontro ao peito. Estavam sozinhos ali, amavam-se e a vida era maravilhosa. Não pensou em mais nada que não fosse a presença deliciosa de Arlete, o corpo dela quente em seus braços, seus lábios apaixonados junto aos dele. Beijaram-se muitas vezes, até que ele a conduziu ao quarto. Fechando a porta, abraçaram-se, entregando-se ao amor que os unia.

Horas mais tarde, ao deixarem a casa, Arlete disse com doçura:

— Para mim, nosso casamento aconteceu hoje.

— Não vai arrepender-se?

— Nunca. Eu amo você!

Sérgio apertou a mão dela, que detinha entre as suas, levando-a aos lábios.

— Para mim também. Você me fez muito feliz.

— Pense no que eu disse. Já temos casa, nos amamos e nos pertencemos. Não falta nada. Poderíamos ficar juntos para sempre.

— É o que mais quero neste mundo. Mas o que diria sua família? Pensariam que estou me aproveitando de você. Não sou do mesmo nível social, não tenho posição nem dinheiro.

— Você tem o mais importante: consegue fazer-me feliz. É isso o que minha família quer. Pense nisso. Não quero pressioná-lo. Mas seu argumento não é válido para mim.

— Porque sempre teve dinheiro e nunca percebeu o que é sentir rejeição. A sociedade não perdoa.

— Minha felicidade é mais importante para mim do que contentar a sociedade. Do que tem medo? De não ser aceito? Você tem convivido no mesmo meio social que eu e nunca foi rejeitado, pelo que sei.

— Porque vocês me apoiaram. Sozinho não conseguiria.

— Você se subestima. Enquanto pensar assim, não vai conseguir o que pretende na vida. Ainda não percebeu que se você não se valorizar, não se julgar capaz, os outros não o farão? É você quem determina como as pessoas irão tratá-lo. Você tem qualidades para ser amado e aceito em qualquer lugar. Isso importa mais do que o quanto tem no banco.

Sérgio baixou a cabeça, pensativo.

— Você pensa assim porque me ama. Por você, serei capaz de grandes coisas. Tenho certeza de que em breve estarei em condições de marcar nosso casamento. Quando for falar com seu pai, quero ter o que oferecer.

— Você fala como se o casamento fosse um negócio, não um caso de amor.

— Seu pai não me ama como você e vai querer saber que tipo de vida eu poderei oferecer-lhe. Você está acostumada ao luxo.

— Tenho o bastante para cuidar do meu "luxo" sem pedir dinheiro a ninguém. Há muito tempo que papai não me sustenta mais. Tenho meu próprio dinheiro. Não dependo da família. O que você tem é medo de papai.

— Medo, não. Mas não posso esquecer que ele é o dono da empresa para a qual trabalho e não sei como ele vai receber meu pedido de casamento.

Arlete sorriu bem-humorada.

— Eu sabia que tudo isso era medo de papai. O "chefão" da empresa. Você já esteve com ele e viu que não morde. Ele o tratou muito bem, por sinal.

— Uma coisa é receber um bom empregado, outra é querê-lo como genro.

— É melhor ir se acostumando com a ideia. Já pensou se ele disser "não" e tivermos que fugir juntos?

Sérgio empalideceu.

— Será? Acha que ele vai recusar?

Arlete riu gostosamente.

— Já sei por que está adiando nosso casamento. Tem medo de papai. Não se preocupe com isso. Eu mesma falarei com ele. Quando for fazer o pedido oficial, tudo estará resolvido.

— Que susto! Você estava se divertindo à minha custa.

— Isso não. Eu estava testando-o.

— Como assim?

— Se seria capaz de fazer qualquer sacrifício por amor. Fugir comigo, deixar o emprego, abandonar tudo por minha causa. Fiquei em dúvida.

— Bobinha! Por você eu faria qualquer coisa!

— Não sei, não... Faria tudo menos esquecer meu dinheiro.

— Faço isso por você. Quero ter o prazer de poder dar-lhe o melhor.

— O melhor é você. Enquanto me amar, estarei feliz.

Abraçados e alegres, conversaram durante largo tempo, tecendo planos para o futuro.

CAPÍTULO 8

Sérgio ouviu a notícia admirado. A secretária do doutor Martinez trabalhava com ele havia mais de dez anos. Por que havia pedido demissão em caráter irrevogável? O que teria acontecido? Ele certamente estaria inconsolável. Não fazia nada sem ela. Foi procurá-lo e encontrou-o como se nada houvesse acontecido.

— O departamento de pessoal informou-me que dona Doroteia se demitiu. Aconteceu alguma coisa?

— Acho que estava cansada de trabalhar — respondeu ele calmo. — Ultimamente, já não era a mesma. Errava nas petições, esquecia compromissos importantes.

— Dona Doroteia? Sempre foi uma das nossas melhores funcionárias!

— Disse bem: foi, não era mais.

— Teria algum problema pessoal?

— Pode ser, mas a empresa não pode ser prejudicada por isso.

— Estou surpreso! Já lhe mandaram uma substituta?

— Dona Flora já estava substituindo-a maravilhosamente bem. Vou precisar de uma auxiliar para ela.

— Quer dizer que está satisfeito com dona Flora?

— Muito. É rápida, esperta, ativa e toma excelentes decisões. Depois, é bacharel em Direito. Isso facilita muito as coisas.

Sérgio saiu pensativo. Flora, naqueles quatro meses de trabalho, soubera conquistar as boas graças do doutor Martinez, o que não era nada fácil. Ele era muito exigente e minucioso. Ela, apesar do gênio irascível, conseguiu muito mais do que ele poderia esperar. Sabia ser competente quando queria.

Com certeza, pretendia impressionar Flávio, subir depressa. Teria ela alguma coisa a ver com a demissão de Doroteia? Ela era tão dedicada ao doutor Martinez! Sentiu vontade de procurá-la para investigar, depois desistiu. Não ia ficar bem ir até a casa da ex-secretária interferir em uma decisão pessoal. Depois, o doutor Martinez parecia ter até gostado da troca. Era surpreendente!

À noite, desabafou com Arlete:

— Dona Doroteia era muito dedicada ao doutor Martinez. Admirava-o. Tolerava pacientemente suas manias dizendo que ele era um grande homem. Agora, pediu demissão sem mais nem menos. Não é normal. Deve haver alguma coisa por trás disso. Eu estava admirado por Flora estar aguentando uma atividade subalterna durante tanto tempo. Ela pode ter provocado a demissão de dona Doroteia.

— Não está sendo muito severo com Flora?

— Eu a conheço muito bem. Ela sempre me criticava porque eu queria subir na vida passo a passo. Afirmava que, para isso, tudo era válido.

— Ela pode não ter tido nada com o caso. Dona Doroteia pediu demissão. Talvez tenha um motivo pessoal muito forte.

— Pode ser, mas alguma coisa me diz que Flora provocou isso.

— Você mesmo disse que o doutor Martinez a elogiou, o que partindo dele é quase um milagre. Ela deve ser muito eficiente.

— Certamente é. Perseverante também. Para mim, é como uma serpente esperando para dar o bote. Desta vez, foi dona Doroteia, quem será a próxima vítima? O próprio doutor Martinez?

— Que exagero!

— Espero estar enganado. Falemos de nós. Conversou com seus pais?

— Falei. Eles não se surpreenderam. Parece até que esperavam a notícia.

— O que foi que lhes disse?

— Que nos amamos e queremos casar-nos. Informei também que, dentro de alguns dias, você formalizaria o pedido.

— Não pediu permissão?

— Participei apenas. Eles sabiam que estávamos namorando. De certa forma, esperavam o pedido, uma vez que a cada dia estamos mais juntos e apaixonados.

— O que disseram? Acharam ruim?

Arlete sorriu.

— Isso é o que você adoraria ouvir para poder alimentar seu complexo de inferioridade. Sinto decepcioná-lo. Eles acharam bom.

Sérgio suspirou aliviado. Naqueles meses, esforçara-se bastante e conseguira bons negócios para empresa, gerando altos lucros. Sua situação financeira melhorara, ele economizara e agora sentia que podia oficializar o noivado.

Naquela mesma noite, Sérgio formalizou o pedido. Mesmo sabendo que seria aceito, ficou nervoso. Depois de um jantar em família, sentados na sala de estar, ele iniciou o assunto com o doutor Anselmo, que ouviu em silêncio e não o interrompeu nem uma vez, apesar de uma certa dificuldade do rapaz para encontrar as palavras. Aos poucos, ele foi conseguindo dizer o que sentia. Não omitiu nada. Quando terminou, o pai de Arlete olhou-o calmo e respondeu:

— Tenho acompanhado o relacionamento de vocês e acredito que têm chance de encontrar a felicidade. Arlete sempre fez o que quis. É independente, o que poderia ser um problema com certo tipo de marido. Você a compreende, e ela se sente feliz. Isso é o bastante para mim e para Nora. Por outro lado, nós o conhecemos há muitos anos, apreciamos sua dedicação ao trabalho e aos nossos negócios. Flávio tem a mesma opinião e aprecia sua amizade, portanto, se desejam casar-se, podem marcar a data.

O patriarca chamou Nora e Arlete, que, discretas, conversavam do outro lado da sala, e participou o pedido de Sérgio. Os noivos abraçaram-se com alegria e marcaram o casamento para dentro de três meses. Apesar de Arlete preferir comemorar em família, Nora não concordou.

— Isso não. Faremos uma festa. Temos muitos amigos e parentes. Você é nossa única filha. Tratarei disso pessoalmente. Ainda pretende mesmo ir morar naquela velha casa? Vocês poderiam escolher outra.

— Não, mãe. Eu adoro aquela casa, e Sérgio concordou em morar lá.

O doutor Anselmo abriu uma garrafa de vinho especial para o brinde, e Nora sugeriu:

— Poderíamos fazer um grande jantar na próxima semana para anunciar o noivado.

— Não, mãe. Faremos a participação por escrito e avisaremos sobre a data do casamento — disse Arlete.

— Todo mundo faz assim — reagiu Nora inconformada.

— Eu sou diferente. Faço o que gosto. Nosso noivado é uma comemoração íntima que não interessa aos outros.

— Você concorda, Sérgio? — indagou Nora.

— Plenamente.

— Nesse caso, está resolvido. E eu, que tinha esperança de que seu marido a fizesse mudar...

— Enganou-se, mamãe. Sérgio gosta de mim do jeito que eu sou.

Nesse clima leve e agradável, a conversa prosseguiu, e Sérgio sentiu-se à vontade. Quando se retirou duas horas depois, não escondia a felicidade. Seu sonho ia tornar-se realidade. Uma mulher maravilhosa, a quem amava de todo o coração, e uma vida nova, com dinheiro, posição, amigos. Finalmente, ele conseguira. Era alguém. Sua presença contava para outras pessoas. Sentia-se aceito pela sociedade. Pretendia corresponder a essa posição. Trabalharia ainda mais do que até ali para que a empresa progredisse. Faria tudo pela felicidade de Arlete, cujo amor era o prêmio maior que ele conquistara.

Ébrio de felicidade, Sérgio teve dificuldade para conciliar o sono. Mil pensamentos e projetos tumultuavam sua cabeça, e ele não podia parar de pensar.

Uma semana depois, Flora recebeu em sua casa um belíssimo envelope bege. Abriu-o e tirou um elegante cartão. Lendo-o, seu rosto cobriu-se de vivo rubor. Era a participação oficial do noivado de Sérgio e Arlete, cujo enlace ocorreria brevemente.

Trincou os dentes com raiva. Sérgio conseguira! Precisava fazer alguma coisa. Aquele estúpido doutor Martinez a fizera perder muito tempo com rodeios e preparações. Se não precisasse mais dele, também o tiraria do caminho. Mas ainda não estava pronta. Ele era muito capaz e não poderia prescindir de seus conhecimentos. Usaria outros meios. Sabia como agir.

Foi até a cômoda do seu quarto, abriu uma gaveta e apanhou uma foto de Sérgio olhando-a com ar de desafio.

"Você vai ver só", pensou rancorosa.

Enfiou o retrato na bolsa e telefonou ao escritório, dizendo que estava com uma tremenda dor de dente e precisava ir ao dentista. Logo depois, saiu. Chamou um táxi e deu o endereço, acomodando-se. Ia à procura de Mãe Joana, mulher que entendia de magia e que conhecera havia algum tempo. Além de ter previsto várias coisas que aconteceram, ela fazia trabalhos ajudando as pessoas a conseguir o que queriam. Flora já se servira de Joana várias vezes e obtivera bons resultados.

Lembrou-se de Doroteia. Fora um sucesso total. A mulher era uma secretária perfeita e não lhe dava nenhuma chance de aproximar-se do doutor Martinez. Depois que encomendara o trabalho a Joana, Doroteia começou a ter náuseas, tonturas, a esquecer-se das coisas, a fazer tudo errado. Foi só ajudar um pouquinho, e ela mesma pediu demissão. Contava agora com Joana para acabar com o noivado de Sérgio.

Sentada diante de Joana, uma mulata forte e maneirosa, Flora deu vazão ao seu rancor:

— Ele não pode se casar com ela. Quero que se separem e que Sérgio perca o emprego.

— Não vai ser nada fácil — disse Joana, olhando-a com certa malícia. — Eles se amam, e isso pode atrapalhar.

— Não a você. Nunca vi ninguém que tivesse tanta força. Vai deixar que ele passe você para trás?

Os olhos de Joana brilharam.

— Eu não disse que era impossível. Só disse que será difícil. Terá de comprar muitas coisas. Custará caro. Depende de quanto quer gastar. Esse trabalho tem que ser caprichado.

— Darei o que precisar, contanto que consiga o que quero. Não é só o fim desse noivado que eu quero. Esse moço está no meu caminho impedindo que eu conquiste meu lugar. Quando eu conseguir, serei muito rica e nunca me esquecerei de você. Quando eu estiver no topo, você ficará bem. Sou reconhecida, lhe darei muito dinheiro. Juntas, conquistaremos tudo que eu quero.

— Ao que parece, você não se conforma com pouco.

— É verdade. Quando eu for rica, você não vai morar neste fim de mundo, nesta casa pobre. Comprarei outra para você em um lugar decente. Se trabalhar para mim, terá tudo na vida. Eu juro.

— Pode deixar, Flora. Desta vez, além do trabalho espiritual, você vai me ajudar. Tenho um plano e, com sua ajuda, tiraremos esse moço do seu caminho. Aí, então, o lugar que deseja será só seu.

Baixou a voz, e, à medida que falava, o rosto de Flora enchia-se de alegria. Elas não viram que alguns vultos as envolveram, abraçando-as prazerosamente. Apenas tinham olhos para o projeto que pretendiam executar.

Quando saiu, uma hora depois, Flora estava satisfeita. Joana lhe pedira vultosa quantia, mas ela daria um jeito. Tinha algumas economias, venderia algumas joias. Tratava-se de um investimento no seu futuro. Quando fosse rica, compraria outras mais caras e lindas.

A tarde ia em meio, quando Flora chegou ao escritório. A moça ia entrar em sua sala, quando encontrou Sérgio. Ele estava bem-disposto e cumprimentou-a com indiferença. Enquanto ele se afastava, ela observava-o pensando: "Aproveite a sua alegria, porque vai durar pouco! Você não perde por esperar".

Na mesma hora, Sérgio voltou-se, olhando-a admirado. Ela entrou logo, tentando dissimular o que sentia. Teria deixado transparecer?

Sérgio passara por Flora distraidamente e cumprimentou-a, pensamento ligado ao trabalho do momento. Mas quando se afastou, sentiu um peso nas costas e uma dor na nuca que o fizeram voltar-se instintivamente, como se quisesse ver o que estava acontecendo. Ela entrou rapidamente, e ele não viu nada.

— Pensei ter ouvido alguma coisa. Não havia ninguém — conjeturou. — É estranho. De repente, esse peso. Acho que não devia ter tomado aquela taça de vinho no almoço, mas o cliente insistiu. Não gosto de beber durante o dia.

Pensando assim, foi à sua sala e procurou tomar alguma coisa para o fígado. Precisava estar bem à noite para encontrar-se com Arlete. Pensando nela, sentiu-se melhor. Ela tinha o dom de fazê-lo ficar bem-humorado.

Encantava-se com a alegria dela cuidando dos preparativos para o casamento, decorando com capricho e bom gosto a casa que seria seu futuro lar. A princípio, Sérgio sentira-se constrangido por não poder custear todas as despesas, mas Arlete o convencera que essa questão era secundária. Se ela tinha dinheiro, não dependia dos pais, era natural que o gastasse com o próprio conforto e bem-estar. Havia tanto entusiasmo nos olhos dela quando lhe pedia opinião para certos detalhes da decoração que ele se contagiava, feliz.

Sérgio gostava do conforto e da beleza, mas estava habituado a viver com menos. O que ele realmente valorizava era o amor, a alegria e a felicidade de Arlete. Não queria que, por causa dele ou desse casamento, ela tivesse que abdicar do lugar que sempre ocupara na sociedade ou de baixar seu padrão de vida. Ao contrário. Sonhava fazer muito mais. Trabalhar duro, conseguir subir na vida para poder oferecer-lhe ainda mais.

Passou a dedicar-se ainda mais ao trabalho. Era o primeiro a chegar e o último a sair. Não queria que ninguém pensasse que ele estava abusando ou tendo privilégios só porque iria se casar com a filha do patrão. Agora, mais do que nunca, precisava cuidar dos interesses da família que o recebera tão bem.

Vendo-o tão interessado nos negócios, Flávio, às vezes, comentava bem-humorado:

— Se eu soubesse que você ia tornar-se tão eficiente depois desse noivado, teria o apresentado a Arlete há mais tempo!

— Isso é só o começo! — retrucava Sérgio com alegria. — Arlete merece muito mais, e eu vou chegar lá!

— Não duvido. Se continuar assim, até eu serei passado para trás.

— Não me iludo a tal ponto. Você é o meu mestre. Por mais que eu faça, sempre será o melhor. Só comecei a mudar minha cabeça e minha vida depois que você veio para cá. Sou-lhe muito grato por isso e tenho orgulho de ser seu amigo.

— Não me agradeça nem se subestime. Você também tem me ajudado. Juntos, faremos grandes coisas, tenho certeza.

Sérgio sorria confiante. Flávio respeitava-o e compreendia. Dali para frente, tudo seria felicidade. Participara seu noivado à família, agora enriquecida com o nascimento do primeiro filho de Rubens. Lá também tudo estava indo muito bem. Seu irmão seguia ampliando seus negócios e melhorando a situação financeira de toda a família. Estavam felizes, e Sérgio não pensava mais em trazê-los para São Paulo. Eles preferiam a vida simples do interior. Viriam para o casamento, e Sérgio pretendia comprar roupas para toda a família. Não queria que gastassem dinheiro, e depois, na capital, teriam mais opções de escolha.

Eram pessoas humildes, mas de bem. Sérgio nunca ocultara de ninguém sua origem e sentia-se feliz com a presença deles.

O tempo foi passando, e, quanto mais se aproximava a data do casamento, mais aumentavam os compromissos de Sérgio. Levantava-se cedo e ia dormir tarde, mas não sentia cansaço. Estava feliz. Dentro de três semanas, estaria casado. Viajariam para a Europa. A viagem fora presente dos pais de Arlete. Ficariam fora durante um mês, e Sérgio precisava deixar tudo organizado na empresa.

Uma tarde, Flávio chamou-o à sua sala. Quando entrou, viu logo que ele estava preocupado.

— Precisamos conversar — disse.

— Aconteceu alguma coisa?

— Aconteceu. Vazaram algumas informações confidenciais. Isso não poderia ter acontecido.

— Que informações?

— Códigos de nossas contas bancárias no exterior.

— Como aconteceu isso? Somos apenas três a ter essa informação.

— Como aconteceu eu não sei. Descobri que nos últimos dias foram efetuados vultosos saques. Alguém descobriu esses códigos e está desviando dinheiro da empresa.

— Isso é muito sério. Chamou a polícia?

— Já acionei o serviço secreto, e estamos investigando.

— É melhor sustar qualquer saque nessas contas.

— Foi o que fiz.

Flávio olhava-o, indeciso.

— O que vai fazer mais?

— Não sei. É uma situação delicada. Alguém facilitou. Eu não fui.

— Eu, tampouco. E o doutor Martinez é cuidadoso até demais.

— Estamos diante de um impasse.

— Vai falar com o pessoal?

— Não. Vou esperar a ação da polícia. Eles pediram sigilo.

— Em todo caso, vou ficar de olhos abertos. Nesses casos, todo cuidado é pouco. É a primeira vez que acontece aqui.

— É muito desagradável.

— Principalmente para nós que conhecíamos esses códigos. Poderão pensar que facilitamos.

— Espero que a verdade apareça logo. Será um alívio.

Sérgio saiu pensativo. Sentado à sua mesa, procurou recordar-se detalhadamente de tudo quanto fizera naqueles dias. Não encontrou nenhuma pista. Não. Ele não facilitara mesmo. Não havia nenhuma anotação sobre isso. Eles guardavam esses números de cor. Nesse caso, quem teria tido acesso?

Ficou angustiado. Esse assunto precisava ser esclarecido com urgência. Estava em uma posição incômoda de suspeito, que só seria eliminada quando descobrissem a verdade.

Quando encontrou Arlete, ela notou logo sua preocupação.

— Você está preocupado. Aconteceu alguma coisa?

— Problemas na empresa. Vazamento de informações e roubo.

— Alguém conhecido?

— Não sabemos. Espero que a polícia descubra a verdade o quanto antes.

— Você está abatido. Suspeita de alguém?

— Não. Mas, de certa forma, estou envolvido. Apenas Flávio, eu e o doutor Martinez sabíamos desses códigos.

— Bobagem. Vocês são pessoas acima de qualquer suspeita.

— Concordo, mas enquanto não descobrirmos como aconteceu e quem foi, estamos todos sob suspeita. Já procurei recordar tudo o que fiz nesses últimos dias para ver se havia facilitado de alguma forma, mas não encontrei nada.

Arlete abraçou-o com carinho.

— Não se preocupe. A verdade vai aparecer. Esqueça esse assunto desagradável. Tudo vai se resolver da melhor forma. Não gosto de vê-lo aborrecido. Vamos pensar no melhor.

A noiva beijou-o delicadamente nos lábios, e Sérgio abraçou-a com força. De repente, sentiu um medo terrível de perdê-la. Beijou-a demoradamente. Depois, disse emocionado:

— Se eu um dia perder você, não sobreviverei.

Ela admirou-se:

— Por que diz isso? Em breve, estaremos casados. Nunca nos separaremos.

— Não sei. De repente, senti medo de perdê-la.

— Isso nunca acontecerá. Eu amo você.

— Eu também a amo. A vida para mim só tem sentido perto de você.

Beijaram-se com carinho. Continuaram fazendo planos para o futuro, mas, apesar das juras e das promessas de felicidade, Sérgio continuou com o peito oprimido e não conseguiu expulsar o medo do coração.

CAPÍTULO 9

Na tarde do dia seguinte, Sérgio foi chamado à sala de Flávio. Lá estavam também o doutor Anselmo e mais dois homens. Pelas suas fisionomias conturbadas, Sérgio percebeu logo que algo de muito grave havia acontecido.

Foi o doutor Anselmo quem falou primeiro:

— Sérgio, estes são os policiais encarregados da investigação dos desfalques na empresa. Descobriram tudo. É melhor que você explique logo por que fez isso.

Ele estava pálido e nervoso, e Sérgio olhou-o sem entender.

— Como assim? Explicar o quê?

— Por que fez tudo isso. Não precisava. Nós confiávamos plenamente em você a ponto de lhe entregarmos nosso tesouro mais caro. Se estava precisando de dinheiro, por que não foi honesto e falou francamente?

Sérgio sentiu a cabeça rodar. Estava sendo acusado de roubo! A custo, conseguiu balbuciar:

— Não sei do que está falando, doutor Anselmo. Não fiz nada. Juro pelo que há de mais sagrado que nunca toquei em nenhum dinheiro da empresa! O senhor me conhece há tantos anos! Como pode pensar isso?

— Daria tudo para que não fosse verdade. Infelizmente, as provas são todas contra você. Suas contas bancárias foram examinadas, e os altos valores desviados deram entrada lá, no mesmo dia. Como pode ter sido tão ingênuo? Imaginou que ninguém fosse descobrir?

— Não pode ser verdade! Estão todos enganados! Verifiquem melhor! Eu juro que sou inocente!

— Não adianta — disse um dos policiais. — Sabemos que foi você. Você está preso e tão cedo não sairá.

Sérgio, pálido, olhava sem ainda acreditar no que estava ouvindo. Estava sendo vítima de tremenda injustiça. Não era possível! Eles teriam que reconsiderar. Não havia cometido crime algum. Estavam todos enganados.

Trêmulo, encontrou forças para balbuciar:

— Estão todos enganados! Sou inocente! Estão cometendo uma tremenda injustiça!

— Todos dizem a mesma coisa — tornou o policial friamente. — Vamos para a delegacia.

Sérgio sentia as pernas bambas e olhava para todos esperando que alguém lhe dissesse que não era verdade.

— Vamos embora — disse o policial. — Você tem direito a chamar seu advogado.

— Depois do que fez, seu noivado com Arlete está desfeito. Nunca mais a verá — disse o doutor Anselmo com desprezo.

Acompanhado pelos dois, Sérgio saiu e mal se sustinha nas pernas. Sua vida desmoronara. Seus sonhos de felicidade em um segundo haviam sido destruídos. Sua vida estava acabada. Julgavam-no capaz de tamanha desfaçatez. Acusavam-no de roubo! Não era possível. Aquilo só podia ser um engano que logo seria desfeito. Claro. A verdade apareceria, e todos veriam que ele era inocente.

Ergueu a cabeça e tentou acalmar-se. Falaria com o banco, esclareceria tudo. Não havia tanto dinheiro em sua conta bancária. Talvez alguém com nome parecido ou coisa assim. O melhor era guardar serenidade. Não havia cometido crime algum. Logo, tudo seria esclarecido e voltaria a ser como antes. Por mais que tentasse, não conseguia pensar com clareza. Sentia o coração oprimido, a cabeça pesada.

Na delegacia, o delegado interrogou-o e, como ele negasse a autoria do desfalque, foram exibidos extratos de sua conta bancária com os vultosos depósitos, quase no montante do que fora desviado da empresa. Sérgio não conseguia entender. De repente, verificou que essa não era a conta que conhecia.

— Essa conta não é minha. Nunca tive conta nesse banco!

— Você abriu essa conta recentemente, pensando que com isso despistaria qualquer suspeita. Não depositou na conta habitual. Mas, veja, Sérgio Nunes Costa. Não é esse o seu nome?

— É. Mas eu nunca abri essa conta. Alguém fez isso para me incriminar.

O delegado sorriu, malicioso.

— Vamos começar novamente. Vai confessar ou não?

Sérgio negou. Nada havia para confessar. Depois de exaustivo interrogatório, foi recolhido a uma cela comum. Pálido, inconformado, Sérgio não sabia a quem recorrer. E Arlete? Também acreditaria que ele cometera aquele crime? Estaria também pensando que ele fora capaz de tal baixeza?

Amargurado, triste, cabeça pesada, estômago enjoado, não tinha a quem recorrer. Disseram-lhe para chamar um advogado, mas não conhecia ninguém. Sempre utilizara os serviços do doutor Martinez quando precisava. Isso agora seria impossível. Ele não admitia que iria precisar de um. Acreditava que logo descobririam a verdade e que seria libertado.

Mas isso não aconteceu. Todos se mostravam contra ele. Tentou falar com Flávio, com Arlete, com o doutor Anselmo. Não conseguiu. Da esperança das primeiras horas passou à depressão. Arlete não viera defendê-lo. Teria acreditado nessa infâmia? Sentiu-se arrasado. Mil pensamentos torturantes passavam por sua cabeça. Insone, perdeu a noção do tempo. Negava-se a comer e, no dia seguinte ao interrogatório, sempre negando tudo, foi acometido de febre e teve que ir à enfermaria.

Ele sentia-se muito mal. Não dormia, não se alimentava e só falava em Arlete. Queria vê-la a todo custo. Parecia-lhe estar vivendo um pesadelo. Nos momentos de lucidez, pensava que aquilo não podia estar acontecendo, que logo acordaria e tudo voltaria a ser como antes. Logo depois, recaía em profunda depressão, em que não dava acordo de nada.

Um dia, ao acordar, viu seu irmão Rubens sentado a seu lado. Abraçou-o, chorando descontrolado.

— Vou cuidar de você — disse ele. — Vamos voltar para casa.

— Não me deixe — pediu Sérgio aterrorizado. — Eles querem prender-me. Não deixe! Eu não fiz nada. Sou inocente!

— Eu sei — garantiu Rubens calmo. — Você precisa descansar. Eu estou aqui.

※

Quando naquele dia, ao reunir-se com os policiais, Flávio tomou conhecimento das provas contra Sérgio, ficou profundamente surpreendido. Confiava nele e sentiu-se muito triste com a descoberta. Sem saber o que fazer, chamou o doutor Anselmo, e, juntos, profundamente abalados, foram forçados a reconhecer que, pelas evidências, Sérgio realmente desviara o dinheiro.

Movido pelo desejo de impressionar a noiva e fazer frente às despesas do casamento, ele cometera aquele crime. Embora eles pudessem até entender uma tentação dessas, era o bastante para impedir o casamento. Daí em diante, não poderiam mais confiar no rapaz.

Mesmo sabendo da dor que Arlete sentiria com o rompimento, decidiram afastá-lo. Ela era jovem e com o tempo acabaria por esquecer. Era melhor sofrer agora do que se casar com um desclassificado.

Depois que Sérgio deixou a empresa conduzido pelos dois policiais, Flávio, pálido e triste, perguntou:

— E agora, tio, como contar a Arlete?

— Esse é o pior pedaço — suspirou, preocupado. — Daria tudo para não ter que lhe dar essa notícia!

— Podemos abafar esse caso e dizer-lhe que ele se foi para sempre.

— Assim, sem mais nem menos? Ela não acreditaria.

— Se lhe disser a verdade, conheço Arlete, ela não vai acreditar que foi ele. Ainda mais que Sérgio jura inocência. Se ela souber o que aconteceu, vai correr para junto dele e tentar libertá-lo. Se o acusarmos, ela com certeza ficará contra nós.

Anselmo passou a mão pelos cabelos como que para afastar pensamentos desagradáveis e depois disse:

— Aquela maluca é bem capaz de nos dar trabalho. Sabe como ela é. Nunca ouve o que dizemos. Só faz o que quer.

— É por isso, tio, que acho melhor abafarmos o caso. Afinal, o dinheiro foi recuperado, e o infeliz, punido.

— Mas se o caso for aos jornais, ela descobrirá tudo.

— Vamos retirar a queixa. Afinal, Sérgio foi durante muitos anos um funcionário exemplar.

— Se o soltarmos, ele irá procurá-la.

— Ele tem família no interior. Vamos chamar seu irmão mais velho e dizer-lhe que retiraremos a queixa com a condição de levá-lo daqui para sempre.

— Pode ser uma boa ideia. Senão, corremos o risco de Arlete fugir com ele e nos dar muito trabalho. Quando ela cisma com uma coisa, ninguém a faz mudar de ideia!

— Para dizer a verdade, apesar de tudo, eu não gostaria de ver Sérgio preso. Ele era meu amigo. Pela primeira vez, enganei-me com uma pessoa.

Nunca pensei que ele fosse capaz de fazer o que fez. Vamos abafar o caso, terminar esse assunto infeliz e tentar esquecer. Arlete vai sofrer, julgar-se abandonada, mas com o tempo esquecerá. Será melhor.

Entraram em contato com Rubens e pediram-lhe que viesse com urgência. No dia seguinte cedo, ele chegou e foi direto ao escritório de Flávio. Inteirado do que acontecera, levantou-se pálido.

— Isso é uma calúnia. Sérgio sempre foi homem honrado.

— Temos provas de que foi ele.

— Não acredito. Conheço meu irmão. Ele nunca seria capaz de fazer isso. Um dia, vocês ainda vão descobrir que cometeram uma tremenda injustiça.

— Em atenção aos anos de bons serviços que ele prestou à nossa empresa, resolvemos abafar o caso e retirar a queixa. Mas há uma condição.

— Qual?

— Que você o leve daqui para sempre. Queremos que Sérgio se afaste de Arlete e nunca mais volte a procurá-la.

— Foi ela quem decidiu isso?

— Não. Foi meu tio, pai dela. Diante do que houve, ele não quer mais que ela se case com Sérgio.

— Compreendo. Quanto a isso, pode contar comigo. Falarei com ele e o levarei de volta para casa. Lá, ele é respeitado e querido.

— Nós também o queríamos muito. Era meu amigo pessoal. Ninguém mais do que eu lamenta o que ele fez. Arlete o ama e vai sofrer muito. Ele atirou fora sua chance de felicidade. É uma pena, mas foi ele quem escolheu. Nada podemos fazer.

— Um dia, tudo se esclarecerá, e vocês se arrependerão de não haver acreditado nele. Vou vê-lo. Gostaria que me desse o endereço.

Flávio concordou.

— Soube que ele estava febril e foi mandado à enfermaria. Hoje mesmo, iremos falar ao delegado, e você poderá levá-lo quando quiser.

— Está certo. Ele irá comigo.

Mas o estado de Sérgio não era bom, e ele estava sendo mantido sob calmantes. Por isso, mesmo com a retirada da queixa pelo doutor Anselmo e com a permissão para deixar a cidade, o médico não lhe deu alta.

Rubens ficou a seu lado e não arredou pé. Sérgio estava abatido e falava de modo incoerente. O irmão passou o resto do dia e a noite inteira sentado na cadeira a seu lado, esperando que ele acordasse.

De vez em quando, colocava a mão sobre a testa de Sérgio e rezava baixinho. Sentia que precisava levá-lo dali o quanto antes.

Apesar de Sérgio haver acordado, só recebeu alta dois dias depois. Ele estava ainda sonolento devido à dose alta de calmantes que ingerira. Rubens acomodou-o no banco traseiro do carro e partiu imediatamente. Parou apenas para abastecer e comprar provisões para a viagem. Estava com fome, e, com Sérgio naquele estado, não poderiam comer em um restaurante. Não pretendia deixá-lo sozinho nem um instante sequer. Aproveitou também para jogar no lixo o volumoso pacote de medicamentos que o médico da enfermaria prescrevera e que fora forçado a pagar.

Ele sabia que Sérgio não estava doente e, sim, fora de si. Não acreditava que ele houvesse roubado o dinheiro. Ele fora vítima de algum engano ou de algo pior e era natural que estivesse arrasado. Uma vez em casa, junto aos que o amavam e confiavam nele, iria recuperar-se.

Viajaram durante algumas horas, e Sérgio continuava sonolento. Quando Rubens parou para abastecer o carro, tentou acordá-lo.

— Sérgio, acorde. Vamos. Você precisa comer.

Ele abriu os olhos fixando-o como se tentasse perceber o que estava acontecendo.

— O que foi?

— Acorde. Precisa levantar-se, respirar um pouco de ar fresco, comer alguma coisa.

— Rubens! Você está aqui, graças a Deus! Eles estão me acusando de roubo ou eu tive um pesadelo? Estou tonto e não consigo me lembrar.

— Você está comigo, viajando. Estamos indo para casa. Lá você vai se recuperar. Esteve adoentado, mas passou.

— Espere aí, eles me acusaram e prenderam. Isso aconteceu mesmo, não é verdade?

— É, mas acabou. Você está livre.

— Eu sabia! Tinha certeza de que eles logo descobririam a verdade e tudo seria esclarecido. Nesse caso, se tudo está bem, por que estamos voltando para casa?

— Posso explicar tudo, mas, agora, veja se consegue levantar-se, sair do carro.

— Ainda estou tonto.

— Faça um esforço. Apoie-se em mim. Não comeu nada o dia inteiro. Na enfermaria, davam-lhe somente soro. Você precisa de um prato de arroz com feijão e um bom bife malpassado.

— Não estou com fome. Sinto náuseas.

— Deram-lhe muitos calmantes. Isso vai passar.

Apoiado em Rubens, Sérgio conseguiu ir ao banheiro e lavar o rosto. Sentiu-se um pouco melhor, mas ainda assim era com esforço que ficava de pé.

— Vamos voltar para o carro. Só que agora você vai sentar-se na frente comigo.

Depois de instalar Sérgio no carro, Rubens entrou rapidamente no restaurante. Apesar de o serviço de jantar haver terminado, ele conseguiu uma sopa quente e levou-a a Sérgio, forçando-o a ingeri-la um pouco. Enquanto comia seu lanche reforçado, Rubens foi conversando com ele, procurando animá-lo, contando coisas alegres.

Sérgio ouvia, fazendo esforço para entender, mas cochilava de vez em quando recostado no banco. Acordou com um solavanco do carro e perguntou admirado:

— Onde estamos?

— Chegando em casa. Está amanhecendo. Veja que beleza!

Sérgio fez um esforço para sair do torpor que ainda o envolvia, tentando prestar atenção.

— Não avisei da nossa chegada, mas a luz já está acesa — continuou Rubens.

Ouvindo o ruído do carro, Vicente abriu a porta e disse admirado para Rita, que vinha atrás:

— É o Rubens. E acho que trouxe o Sérgio com ele.

Saíram rapidamente e, quando o carro parou diante da porta, eles estavam à espera. Sérgio desceu com alguma dificuldade, pois, apesar de haver recuperado a lucidez, sentia-se tonto e indisposto. A cabeça pesava e o corpo doía-lhe como se tivesse levado uma surra.

Rita não se conteve.

— Meu filho! O que lhe fizeram? Está doente?

Foi Rubens quem respondeu:

— Esteve adoentado, mas já está bom. Aqui logo estará com saúde novamente.

Rita não se conformou.

— Sérgio, o que aconteceu? O que está sentindo?

— Só um pouco de tontura. O médico me deu calmantes. Já estou melhor, vai passar.

O pai ia retrucar, mas Rubens fez-lhe um sinal para que se calasse. Rita percebeu e tentou esconder a preocupação.

— Vou tratar de você. Garanto que logo estará bom. Você vai tomar um bom café. Vamos entrar.

Uma vez no quarto, Rubens disse:

— Passei em seu apartamento e coloquei suas coisas na mala. Peguei o que achei que iria precisar. Quando você estiver bom, resolverá o que fazer.

— Obrigado. Não me recordo de tudo o que aconteceu, mas sei que, se não fosse por você, ainda estaria lá naquela tortura.

Vicente apareceu na porta.

— Sua mãe está chamando-os para tomarem café.

— Já vamos, pai — respondeu Rubens. — Vamos só lavar o rosto.

Depois de lavar-se e trocar a camisa, ao sentar-se à mesa para o café, Sérgio sentiu-se melhor. O carinho dos pais, a alegria de Rubens, o aconchego familiar fizeram-lhe bem.

Depois do café, quando foi forçado a tomar leite, comer pão com manteiga e queijo feito em casa, Sérgio, mais refeito, não se conteve:

— Rubens, precisamos conversar. Você ainda não me contou o que aconteceu, como me tirou da prisão.

Vendo o ar admirado dos pais, Sérgio relatou o que lhe acontecera, finalizando indignado:

— Imaginem! Eu, ladrão! Sabem que havia uma conta num banco em que eu nunca entrei, com aquele dinheiro todo que foi desviado da empresa?

— Nesse caso, alguém fez isso de propósito! — disse Vicente.

— É o que eu desconfio, pai. Mas quem poderia ter feito isso? Quem me odiaria tanto para tentar me destruir?

— Uma coisa é certa — considerou Rita, pensativa —, se o dinheiro roubado foi colocado em seu nome, a pessoa queria mesmo sua desgraça. Desviou o dinheiro só para poder jogar a culpa em você. Senão, teria ficado com ele.

— Eu fiquei tão louco que queimei de febre. Nunca havia sido preso. Estava arrasado. Arlete não apareceu, comecei a pensar que ela acreditou nessa história. Tomei tantos calmantes que não me lembro do que aconteceu depois. Rubens é quem vai contar. Afinal, eles descobriram que sou inocente? Prenderam o culpado?

Rubens suspirou, hesitou um pouco e depois decidiu:

— É melhor você saber logo o que aconteceu. Fui chamado na empresa, e seu chefe disse que ele e o pai de Arlete estavam muito sentidos por você haver cometido esse deslize e que seu casamento com ela seria impossível. Eles não poderiam mais confiar em você. Como você sempre foi um funcionário exemplar, que durante tantos anos prestou serviços à empresa, eles retirariam a queixa com a condição de eu trazê-lo para cá e nunca mais voltar para São Paulo nem para Arlete.

— Quer dizer que ainda pensam que fui eu? E Arlete? Ela sabe de tudo? Foi ela quem decidiu romper comigo?

— Não. Eu perguntei se a decisão tinha sido dela, e ele disse que foi o pai dela quem resolveu assim. Se quer saber, acho que eles esconderam tudo dela.

— O que você respondeu? Aceitou suas condições?

— Aceitei. Não podia deixá-lo lá, preso. Garanti que eles estavam enganados, que você era incapaz de roubar o que quer que fosse e que um dia eles ainda iriam arrepender-se de haverem acreditado nessa história. Achei melhor trazê-lo para cá. Aqui todos lhe querem bem e sabem que você é inocente. Aquele povo não é digno de sua amizade.

Sérgio cobriu o rosto com as mãos e baixou a cabeça, pensativo. Sentia-se arrasado. Sua vida fora destruída. De que lhe valeram tantos anos de esforço e luta no trabalho honesto? Bastaram alguns minutos para que jogassem tudo fora. Que mundo era esse que deixava a maldade triunfar? Quem teria tramado contra sua felicidade?

O rosto de Flora apareceu-lhe na mente, mas ele relutou em acreditar. Ela era ambiciosa, perversa, mas o odiaria a tal ponto? Fora ela quem lhe dera o fora, e ele nunca a prejudicara. Ela estava na empresa, e ele aceitara bem sua presença e nunca fizera nada para perturbá-la. Teria sido capaz de tanta maldade? Por outro lado, não tinha inimigos. Sempre se dera muito bem com os colegas e não sabia de ninguém que o quisesse prejudicar.

Rita colocou a mão na cabeça de Sérgio, dizendo com voz que procurava tornar firme:

— Coragem, meu filho! Não se deixe abater. A maldade tem pernas curtas. Um dia, você vai descobrir tudo e limpar seu nome, tenho certeza. Essas pessoas que o julgaram mal vão se arrepender.

Sérgio não respondeu. De que adiantaria? Arlete não o procurara. Certamente, acreditara na sua culpa. As evidências estavam contra ele, e nunca teria como descobrir a verdade. Sua vida estava acabada. Nunca mais voltaria à cidade. Rubens estava certo. Lá só havia gente maldosa e falsa. Ele estava muito cansado e perdera a vontade de lutar, então, ficaria ali para sempre. Estava acabado e nunca mais seria feliz.

Baixou a cabeça procurando esconder o desespero que lhe ia n'alma. Vendo seu abatimento, Rubens tentou animá-lo.

— Isso é o que eu penso. Não fique triste. Nós sabemos que é inocente e estamos do seu lado. Aqui é seu lugar, junto dos que lhe querem bem. Toda essa história mexeu com sua saúde, e você está cansado. Precisa se recuperar. Dê um tempo, descanse. Tenho certeza de que logo vai ficar bem e reconstruir sua vida.

Sérgio meneou a cabeça, desalentado.

— Você quer me animar, mas a vida para mim acabou. Nunca mais serei feliz. Arlete era tudo quanto eu queria na vida. Meu trabalho, realizado com dedicação e honestidade, era meu orgulho. Como viverei depois de haver perdido tudo? Como aceitar que Arlete, Flávio e o doutor Anselmo, que me conheciam há tantos anos, foram capazes de acreditar que eu os houvesse roubado?

Rubens colocou a mão no ombro do irmão, tentando confortá-lo enquanto dizia:

— Eles relutaram, estavam tristes, pude perceber. Mas como poderiam duvidar diante daquelas provas?

— Vocês não acreditaram? Por que eles não fizeram o mesmo? Não me deram uma chance de descobrir a verdade. Isso me dói muito. Arlete, em quem eu confiava tanto, nem sequer me procurou para ouvir o que eu tinha a dizer. A decepção me arrasa tanto ou mais do que a prisão. E você acha que vou conseguir esquecer? Vou recomeçar a vida como se nada fosse? Do que acha que sou feito?

— Ainda penso que Arlete não sabe de nada. Eles não lhe contaram. Percebi que estavam com pressa de abafar o caso e de vê-lo bem longe dali.

— Não poderiam esconder. Vendo que eu desapareci sem dizer nada, ela, com certeza, teria ficado aflita e descoberto tudo. Não creio que ela ignore. O que está claro é que Arlete aceitou minha culpa e resolveu não me procurar.

— Se eu fosse você — disse Vicente, pensativo —, esfriaria a cabeça, descansaria bastante e depois lhe escreveria uma carta contando tudo. Afinal, vocês iam se casar no fim do mês.

— O pai tem razão — tornou Rubens. — Antes de desistir, você precisa conversar com Arlete, esclarecer os fatos e saber o que ela pensa. Não pode aceitar uma situação só porque os parentes dela querem. O caso é entre você e ela, mais ninguém.

Sérgio ficou pensativo por alguns instantes e depois disse:

— Vocês querem me animar. Estão do meu lado, acreditam em mim. Eu penso que ela ficou do lado dos pais. É uma moça de princípios. Nunca se casaria com um ladrão.

— Mas você é inocente — aduziu Rita —, e essa menina precisa saber disso.

— Não vou escrever nada. Chega de me machucar. Se ela não houvesse acreditado neles, teria ido procurar-me. Ela nunca apareceu.

— Talvez não tenha sabido de nada.

— Seja como for, acabou. Nunca mais irei para São Paulo.

Rita aproximou-se e passou o braço pelo ombro de Sérgio, beijando-o no rosto com carinho.

— Seja como for, meu filho, vamos deixar o tempo passar. Amanhã é outro dia e tudo pode ser melhor. Vou cuidar de você.

Sérgio abraçou-a e não mais conteve o pranto, deixando-o correr livremente, dando vazão à tristeza imensa que lhe ia na alma, em que se mesclavam o desânimo e a desilusão. Para ele, a vida havia acabado, e não sentia mais vontade de lutar.

CAPÍTULO 10

Depois que Rubens saiu do escritório, o doutor Anselmo deixou-se cair em uma poltrona e disse abatido:

— Agora é a pior parte. Precisamos dizer alguma coisa a Arlete. Faria tudo para não ter que lhe dar esse desgosto.

— Eu também, tio, mas temos que ser práticos. Não há outro remédio.

— Se ela descobrir que ele está preso, de nada vai adiantar.

— Você não lhe disse que ele viajou por alguns dias a serviço da empresa?

— Disse. Ela estranhou que ele não houvesse telefonado para se despedir nem nada. Sabe como é... eles ultimamente não se largavam. Queria o nome do hotel.

— Ela não desconfiou?

— Não. Eu disse que ele teve que viajar para o Rio Grande do Sul às pressas, porque o assunto era urgente e que, assim que chegasse lá, telefonaria dando o nome do hotel.

— E ela?

— Nesses três dias nem saiu de casa de olho no telefone. Dava pena ver.

— É lamentável.

— O tempo está passando, e temos que arranjar uma solução definitiva. Mesmo assim, não tenho coragem de dar-lhe essa notícia. Você poderia fazer-me esse favor.

— Eu?!!

— Sim. Afinal, ela sempre foi muito sua amiga e o admira muito. Depois, você saberá confortá-la nessa hora.

— Eu não gosto dessa situação dúbia. Por mim, contaria toda a verdade. Seria melhor. Não me sinto à vontade mentindo, e muito menos a ela.

— Isso não. Peço-lhe encarecidamente que não faça isso. Ela iria correndo atrás dele e seria uma tragédia maior. Você quer que ela se infelicite pelo resto da vida?

— Então, tio, não me peça para lhe dar essa notícia. É você quem deseja fazer as coisas dessa forma, por isso, a responsabilidade é sua.

— Você mesmo disse que era melhor retirar a queixa, libertá-lo e não contar a verdade a ela.

— Disse para libertá-lo porque, apesar do que ele fez, me repugna vê-lo preso. Ele era meu amigo. Concordei com você em poupar Arlete, evitando um casamento errado, mas agora, pensando bem, não sei se estamos agindo acertadamente. Estou constrangido. Não temos o direito de interferir na vida dos dois. O correto seria lhe contará toda a verdade e deixá-la decidir o que deseja fazer.

— Claro que ela irá correndo atrás dele! É muito nobre e não aceitará que ele seja um ladrão. Se você não quer lhe dar a notícia, terei que dá-la eu mesmo. Mas quero sua palavra de que não vai contar-lhe nada.

— Tenho certeza de que ela vai perguntar.

— E você não vai dizer nada.

Flávio suspirou pensativo.

— Pense bem, tio. Conte-lhe a verdade. Deixe-a decidir. Afinal, a vida é dela.

— Não. Ela nunca saberá. O tempo é um santo remédio. Arlete logo esquecerá e um dia encontrará um homem bom e honesto, se casará e será muito feliz. Como pai, tenho o dever de protegê-la.

— Espero que saiba o que está fazendo.

— Assumo toda a responsabilidade por esse ato. Agora, vou conversar com ela. Quero libertar-me logo desse peso.

Flávio não respondeu. Ele também desejava esquecer. Gostara de Sérgio desde o primeiro instante. Seu jeito de menino, seu sorriso franco e confiante, seus sonhos e suas aspirações, seu deslumbramento ao conquistar pouco a pouco seu espaço como profissional. Flávio tinha-o como se fosse seu irmão mais moço. Nunca o imaginara capaz de um ato de desonestidade. Diante do acontecido, sentia-se desiludido e triste, mas não podia fazer nada. Sérgio escolhera o próprio destino.

Quando Anselmo chegou em casa, mandou chamar Arlete em seu gabinete. Vendo-a sentada diante dele, respirou fundo e decidiu:

— Precisamos conversar. O assunto é muito importante.

— Do que se trata?

— De Sérgio.

Ela sobressaltou-se.

— Aconteceu alguma coisa a ele? Desde que Sérgio viajou, tive dois pesadelos em que ele me apareceu pálido, pedindo ajuda, desesperado. Sinto que há alguma coisa muito ruim acontecendo. O que é?

Anselmo pigarreou.

— Bem... Realmente, aconteceu algo inusitado. Não sei o que pensar...

Arlete levantou-se.

— Fale logo. Não me atormente. O que aconteceu? Algum acidente?

— Não. Que eu saiba não houve nada disso. Mas o fato é que ele desapareceu.

— Desapareceu? Como?!!

— Sumiu. Saiu para ir a Porto Alegre, mas nunca chegou lá.

— Não pode ser. O que teria acontecido?

— Como ele demorou a nos contatar, ligamos para a firma que ele deveria visitar, e disseram que Sérgio nunca apareceu lá.

— Não é possível! Sérgio nunca nos deixaria sem notícias. Alguma coisa séria deve ter-lhe acontecido. Ele levava dinheiro? Teria sido assaltado?

— Não. Nós fomos investigar e descobrimos que, antes de viajar, ele entregou o apartamento, pagou todas as contas e levou todos os seus pertences. Sinto dizer-lhe, mas ele planejou a fuga.

— Fuga? O que está dizendo? Sérgio nunca faria isso! Não posso acreditar.

— Pois ele fez. Está bem claro que, quando partiu, não pretendia mais voltar.

Arlete deixou-se cair em uma cadeira balbuciando:

— Não posso acreditar! Sérgio nunca faria isso. Ele me amava! Esperava ansiosamente pelo nosso casamento.

— Se isso fosse verdade, não teria usado o pretexto da viagem para desaparecer. Ele planejou tudo. Liquidou as contas, entregou o apartamento, levou todas as suas coisas. Certamente, ele não pensava em voltar.

Arlete meneava a cabeça sem conseguir entender. Levantou-se, fixou o pai com determinação e disse:

— Você está pressupondo isso. Ele voltará e me explicará tudo. Tenho a certeza de que ele não me abandonou. Sérgio me ama e voltará. Sei o que estou dizendo. Ele voltará.

— Penso que ele nunca mais vai aparecer. Vamos suspender os preparativos para o casamento.

— Não farei isso.

— Quer nos levar ao ridículo? Vamos suspender a cerimônia. Felizmente, os convites ainda não foram enviados.

— Tenho certeza de que ele vai aparecer. Vamos continuar como se nada houvesse.

— Nada disso. Vamos suspender tudo até ele dar notícias. Se Sérgio aparecer, então recomeçaremos. Vamos adiar enquanto ele não se comunicar conosco.

— Está bem. Adiaremos as formalidades, mas vou continuar com os preparativos da nossa casa. Ela tem que ficar pronta de qualquer jeito.

Anselmo concordou. Conhecia Arlete e sabia que adiar os preparativos da cerimônia fora uma grande vitória. Seria até bom que ela se ocupasse com a casa. Com o tempo, vendo que Sérgio não voltaria, teria de conformar-se.

Arlete deixou o gabinete do pai angustiada. O que teria acontecido? Sentia que algo de muito grave estava ameaçando sua felicidade e a de Sérgio. A lembrança do rosto pálido e aflito pedindo ajuda, que ela vira em sonhos, a preocupava. Respirou fundo e tentou acalmar-se. A tempestade ia passar. Ele logo se comunicaria e explicaria tudo. Não podia deixar-se abater. Com carinho e alegria, continuaria preparando a casa onde eles deveriam morar.

Nem por um momento acreditou que ele houvesse desaparecido para fugir ao compromisso. Como seu pai, conhecendo-o há tantos anos, podia imaginar uma coisa dessas? Por que será que ele teria entregado o apartamento e levado todas as coisas? Teria pensado em se demorar e voltar só para o casamento? Não. Isso não. Ele lhe disse que pretendia hospedar a família, que deveria chegar uma semana antes da cerimônia. Nesse caso, por que teria se desfeito do apartamento?

As perguntas sucediam-se sem resposta. Tinha que convir que esse comportamento era muito estranho. Algo estava acontecendo, mas, fosse o que fosse, tinha certeza de que ele a procuraria e contaria tudo. Ela era otimista. Preferia sempre pensar no melhor. Não se deixaria abater. Continuaria como se nada houvesse acontecido.

No entanto, os dias foram passando, e Sérgio não dava notícias. Aos poucos, o otimismo inicial de Arlete foi sendo substituído por tristeza e angústia. Aflita, desabafava com Flávio:

— Não me conformo! Precisamos fazer alguma coisa. Algo muito sério deve ter acontecido com Sérgio. Você, que era tão amigo dele, não tem ideia do que possa ter acontecido? Que negócio urgente era esse em Porto Alegre?

— Seu desaparecimento não teve nada a ver com Porto Alegre. Ele nunca chegou lá.

— Você e papai estão muito conformados. Ninguém pensa em fazer nada. Vocês sabem de alguma coisa e não querem me contar... É isso?

— Não...

— Você não faria isso comigo. Estou muito angustiada. Está me dizendo a verdade?

Flávio olhou-a com tristeza.

— Gostaria muito que nada houvesse acontecido. Faria qualquer coisa para evitar esse sofrimento. Infelizmente, não há nada que eu possa fazer.

— Ele entregou mesmo o apartamento e levou todas as suas coisas?

— É verdade.

Arlete sacudiu a cabeça negativamente.

— Não consigo entender.

— O melhor que tem a fazer é aceitar o que aconteceu.

— Não posso aceitar isso. Ele deixou o emprego sem dizer nada? Acha que alguém faria isso depois de haver trabalhado durante tantos anos? Ele não tinha nada a receber?

— Não. Ele pediu um adiantamento. Pensamos que fosse para as despesas com o casamento.

— Você também pensa como papai? Que ele foi embora para fugir ao compromisso comigo? Acha que ele não vai voltar mais?

— É difícil dizer por que ele fez isso. Diante dos fatos, penso que Sérgio nunca mais vai aparecer.

— Pois eu não. Sérgio me ama. Algo de muito ruim deve ter acontecido. Ele não me abandonou. Tenho certeza disso. Vou continuar esperando. Um dia, ele ainda voltará para mim, e, então, saberemos o que realmente aconteceu.

Flávio acariciou os cabelos dela com carinho.

— Nós, muitas vezes, desejamos uma coisa, mas a vida nos dá outra. Você sabe que ela sempre age pelo melhor. Aceitar o que não tem remédio é sábio e evita sofrimento. Reaja. Não deixe que nada nem ninguém destruam sua alegria e seu prazer de viver. Você sempre foi corajosa e forte.

— É difícil ser alegre quando se tem o peso da angústia no coração. Não saber o que aconteceu me aflige e não me permite estar em paz. Mil pensamentos tumultuados passam pela minha mente, sem falar dos pesadelos que tive logo nos primeiros dias em que ele desapareceu. Não posso esquecer seu rosto angustiado e pálido, suplicando ajuda. Sinto que Sérgio está muito infeliz e atormentado, e isso me confunde ainda mais. Gostaria de ajudá-lo, mas não sei o que fazer nem a quem recorrer.

Flávio olhou-a penalizado. Sentia ímpetos de contar-lhe toda a verdade, mas havia prometido ao tio que ficaria calado. Falaria com ele novamente. Arlete precisava saber de tudo. Aquela situação era cruel demais.

Flávio conversou com o tio, mas este se mostrou irredutível. Em face da situação, era certo que, ao saber de tudo, Arlete correria em busca de Sérgio. Ele não podia permitir uma loucura dessas. Proibiu o sobrinho de dizer qualquer coisa.

Quando a casa ficou pronta, Arlete decidiu-se. Arrumou as malas e mudou-se para lá. Nora e Anselmo tentaram de todas as maneiras convencê-la a voltar para casa, mas fora inútil.

— Não adianta. Vou morar aqui. Esta é minha casa.

— Você não pode ficar aí sozinha.

— Há os empregados. Não estou só.

— Não é bom ficar aí remoendo o passado — disse Anselmo. — E, depois, você é moça solteira. Não fica bem.

Arlete deu de ombros.

— Não me importo com a opinião de ninguém. Esta é minha casa. Quando Sérgio voltar, vai encontrar-me aqui, em meu lugar.

— Filha — tornou Nora preocupada —, ele nunca mais vai voltar. Você não pode desperdiçar sua vida dessa forma. É jovem, pode encontrar outra pessoa, casar-se, ser feliz.

— Ninguém pode avaliar o que sinto senão eu. Peço que respeitem meus sentimentos. Amo Sérgio. Tenho vontade de ficar aqui, entre as coisas que escolhemos juntos. É minha maneira de estar com ele. Por favor, entendam isso.

— Vamos embora, Nora. — Resolveu Anselmo com tristeza. E, voltando-se para Arlete, disse: — Pense bem, filha, e volte para casa. Ficaremos muito tristes sem você lá.

Arlete beijou-os delicadamente.

— Não se preocupem comigo. Estou bem.

Eles saíram, e no carro Nora disse:

— Parte-me o coração a tristeza dela. Tem certeza de que não podemos fazer nada, Anselmo?

— Infelizmente, não.

— Flávio acha que seria melhor contar a verdade.

— Ela iria correndo atrás dele. Precisamos evitar isso.

— Pode ser que não. Ela o ama e pensa que lhe aconteceu algum acidente. Se souber que ele roubou a empresa, certamente passará a desprezá-lo. Ela é lúcida e, apesar de amá-lo, não aprovará o que ele fez. Saberá separar as coisas.

— Não quero correr o risco.

— E deixá-la nessa angústia?

— Isso passará. Ela é jovem e esquecerá.

— Espero que você esteja certo. Não aguento mais ver Arlete nesse sofrimento.

Depois que os pais saíram, Arlete dirigiu-se para o quarto para continuar a arrumação. Enquanto colocava as roupas nas gavetas, não conteve as lágrimas. Eles haviam planejado tanta coisa! Naquela casa, cada canto a fazia recordar os encontros que haviam tido. Era lá que eles costumavam ir para se amarem apaixonadamente. Era desses momentos de amor que lhe vinha a certeza de que ele a amava. Para ela, seu casamento consumara-se no momento em que se entregara a ele.

Ao abrir uma gaveta, deparou-se com a caixa da tia Amélia, apanhou-a e abriu. Encontrou a carta do tio desaparecido. Vendo-a, apanhou-a, abriu-a e leu-a novamente. Sentou-se na cama, pensativa, revirando a carta entre os dedos. Era estranho, mas a história repetia-se. O que já acontecera com a tia estava acontecendo com ela. Sérgio desaparecera sem que ela soubesse o motivo, com a agravante de não haver deixado sequer uma carta.

Estranho destino as submetera à mesma prova. Tia Amélia aceitara e passara a vida inteira esperando que algo acontecesse. Ela era diferente. Embora estivesse disposta a esperar por Sérgio, sentia que podia fazer alguma coisa. E ela perguntava-se: o que a vida queria ensinar-lhes com aquela separação? Acreditava que tudo acontece para o melhor, e, embora sofrendo, os fatos guardavam uma lição que eles deveriam aprender para conquistar a felicidade sonhada. Quanto mais depressa descobrisse o que era, mais rapidamente o teria de volta.

Ainda segurando a carta entre os dedos, fechou os olhos e pensou: "Tia Amélia, você agora já deve saber o que aconteceu com o tio. Talvez possa me ajudar. Você pode avaliar como me sinto. Ajude-me. Eu quero saber o que aconteceu com Sérgio. Quero que ele volte!".

Um arrepio percorreu-lhe o corpo, e um pensamento ocorreu-lhe: "Procure ajuda espiritual. Urgente".

Ajuda espiritual? O que isso queria dizer? Parecera-lhe que alguém lhe sussurrava essas palavras. Não seria fruto do seu pensamento? Ela não sabia bem o que seria uma ajuda espiritual. Deveria procurar um padre, ir à igreja?

"Não."

Dessa vez, percebeu que era uma voz de mulher que respondia. Seria ilusão? Se não devia ir a uma igreja, onde procurar essa ajuda espiritual?

"Reze. Vou tentar ajudá-la."

Arlete sentiu forte emoção. Por um instante, pareceu-lhe ver a figura de tia Amélia alisando seus cabelos com carinho. Sentiu seu perfume e experimentou uma agradável sensação de bem-estar. Abriu os olhos, fechou-os novamente, não percebeu mais nada. Apenas um pouco do perfume ainda estava no ar, como a dizer que aquilo realmente acontecera.

Comovida, Arlete abraçou a pequena caixa e beijou-a com carinho.

— Obrigada, tia. Sei que esteve aqui e vai me ajudar. Deus a abençoe.

Durante todo o dia, Arlete não conseguiu esquecer a emoção que sentira. Sempre acreditara na continuidade da vida após a morte. Agora, no entanto, essa certeza ficara devidamente comprovada. Tia Amélia ouvira seu apelo e viera para ajudá-la.

Suas palavras ainda soavam nos ouvidos de Arlete, que tentava entender o que significavam. Era urgente procurar ajuda espiritual. Onde? Como? Tia Amélia pedira-lhe para rezar. Esse era o caminho para descobrir o que desejava.

No dia seguinte, Flávio telefonou para saber como ela estava.

— Você não tem aparecido — disse. — Estou com saudades. Que tal jantarmos juntos esta noite em algum lugar agradável?

— Tenho estado ocupada arrumando as coisas. Ainda não consegui colocar tudo em ordem.

— Deixe isso para outro dia. Estou me sentindo muito solitário. Então, vamos sair esta noite?

— Está bem. Pode vir às oito.

Flávio chegou pontualmente, e Arlete já estava pronta. Fazia muito tempo que ele não ia à casa que fora de tia Amélia, mas evitou comentar a respeito. Não queria que Arlete se entristecesse.

Ela preferiu um lugar sossegado. Sentados no restaurante, Flávio indagou:

— Não está se sentindo só naquela casa? É a primeira vez que se afasta da família.

— Não. Estou com minhas lembranças e por enquanto é só o que quero.

— Seus pais estão preocupados. Não se conformam com sua decisão de sair de casa.

— De qualquer forma, eu iria sair mesmo. Preciso assumir minha vida definitivamente. Você sabe que mantenho aquela casa desde que tia Amélia se foi. Nada mais justo que agora viva lá.

Flávio sacudiu a cabeça pensativo e depois disse:

— Não é um tanto mórbido cultivar essas lembranças? Ainda mais agora, depois do que aconteceu com você?

— Não penso assim. A vida continua em outras dimensões, e você sabe que tia Amélia está tão viva quanto nós. Não costuma dizer que a morte não existe?

— Tenho lido a respeito. Essa teoria parece-me viável. Gostaria de pesquisar melhor. Às vezes, sinto vontade de ir a um bom centro espírita.

— Centro espírita? Não tem medo de se envolver com essas coisas?

— Não. Existem pesquisadores sérios e médiuns dedicados que se submetem a essas experiências e com elas ajudam as pessoas.

Arlete deu um pulo na cadeira exclamando admirada:

— Então é isso! É o que tia Amélia queria me dizer.

— O quê?

Entusiasmada, Arlete contou-lhe a experiência que tivera e finalizou:

— Ela se foi, mas seu perfume ficou no ar durante algum tempo. Reconheci-o imediatamente. E suas palavras ainda soam em meus ouvidos: "Procure ajuda espiritual urgente". Não entendi o que queria dizer. Ela pediu que eu rezasse. A resposta veio por você!

Flávio olhava-a admirado.

— Acha que foi isso mesmo?

— Só pode ser. Por que você mencionou esse assunto?

— Sei lá. Senti vontade, uma coisa puxa a outra. Na semana passada, Walter convidou-me para ir a um lugar desses.

— Você foi?

— Não. Walter está muito entusiasmado. Só fala nisso. Parece que anda vendo espíritos e frequentando essas reuniões. Pensei que ele estivesse exagerando. Mudou radicalmente.

Arlete colocou a mão sobre a de Flávio dizendo:

— Eu quero ir lá.

— Não se entusiasme muito. Ele pode estar enganado.

— Estou certa de que não. Não percebe que tudo nos está conduzindo para isso?

— É. A vida tem seus meios e, quando quer, mexe seus pauzinhos. Também estou curioso. O que aconteceu a você pode ser fruto da sua emoção, da atmosfera da casa de tia Amélia e até do seu estado emocional. No entanto, por que eu teria entrado nisso e mencionado os espíritos? Você está certa. Se houver algo mais, vamos descobrir. Está na hora de começarmos a estudar esse assunto.

⚜

No dia seguinte, Flávio telefonou ao amigo Walter.

— Seu convite ainda está de pé? Eu e Arlete resolvemos ir às reuniões espíritas com você.

— Finalmente! Sempre achei que vocês iriam gostar. O grupo é formado por pessoas inteligentes e preparadas. Estou aprendendo muito.

— Por enquanto, queremos apenas conhecer.

— Também comecei assim, mas aconteceram coisas que me fizeram mudar. Combine com Arlete, e amanhã passarei em sua casa para apanhá-los às dezenove e trinta. Serei pontual. Se chegarmos depois de fechadas as portas, não poderemos mais entrar.

— Pontualidade sempre foi meu forte. Pode deixar. Estaremos prontos.

⚜

Na noite seguinte, eles estavam prontos antes do horário previsto. Como Walter chegou cedo, ainda houve tempo para um cafezinho.

O médico considerou:

— Sinto-me feliz por terem decidido ir comigo. Tenho vivenciado experiências extraordinárias. Depois disso, a vida passou a ter novo sentido para mim. Vocês sabem que, em minha profissão, posso ver coisas muito tristes que sempre me pareceram injustas, inexplicáveis. Na batalha contra a morte, muitas vezes, perdemos. Saber que a vida continua e que tudo tem uma causa justa alivia e conforta.

— Eu também gostaria de encontrar esse conforto. Estou precisando.

Arlete contou com naturalidade tudo quanto lhe acontecera e finalizou:

— Tenho certeza de que tia Amélia me visitou e deu essa sugestão.

Walter entusiasmou-se:

— Eu não disse? Essas coisas funcionam mesmo. Aí deve ter alguma coisa errada. Sérgio sempre me pareceu um bom moço. Por que iria desaparecer desse jeito? Que ele amava você eu não duvido. Todas as vezes em que conversávamos, e ele mencionava seu nome, seus olhos brilhavam. Podem ter feito algum "trabalho" contra ele.

— O que é isso? — interessou-se Arlete.

— Macumba. Já ouviu falar?

— Já. Você acredita nisso?

— Acredito. Não sei por que às vezes "pega", às vezes não. Mas, quando "pega", é um caso sério.

Flávio tentou desviar o assunto.

— Você está exagerando. Feitiçaria é crendice. Logo você, um médico, fazer uma afirmativa dessas!

— Se tivesse visto o que eu vi, não diria isso. Nos sanatórios, há casos em que se nota a interferência de espíritos perturbadores enlouquecendo as pessoas.

— Com que fim? — admirou-se Arlete.

— Vingança, domínio, jogo de poder para afastar alguém do caminho. Sob a ação desses espíritos, as pessoas sofrem ausências, dizem coisas disparatadas, ficam agressivas ou apáticas. Tomam remédios fortes e se sentem piores.

— Como você sabe que elas estão assim por influência de espíritos? — indagou Flávio.

— Vi alguns casos no centro. Quando convencem esses espíritos a deixarem a pessoa, ela melhora imediatamente.

— É incrível! — tornou Arlete admirada. — Isso bem pode ter acontecido com Sérgio. Ele pode estar perdido, desmemoriado por aí.

— Espere aí — interveio Flávio. — Não creio que isso tenha acontecido com Sérgio. Você está exagerando.

— Por quê? — rebateu Arlete. — Você sabe alguma coisa mais sobre o assunto? Sempre me pareceu que você não tinha dito tudo...

— Só não quero que se iluda. Nós ainda nem fomos à sessão, e você já está impressionada desse jeito. Não sei se faremos bem indo lá. Pensei que fosse mais sensata.

— Você sabe que não me iludo com facilidade. Contudo, essa hipótese do Walter poderia explicar o mistério do desaparecimento do Sérgio e o conselho de tia Amélia. Por que ela nos pediria para buscar ajuda espiritual? Porque Sérgio está precisando dela.

— Arlete tem razão, mas não adianta ficarmos discutindo. Vamos embora que está na hora. Veremos o que vai acontecer.

Durante o trajeto, Arlete sentia-se ansiosa e emocionada. Iria ter notícias de Sérgio? Diante de uma antiga e bela casa, eles pararam.

— É aqui — esclareceu Walter.

Desceram do carro e entraram no local. Walter conduziu-os à sala das reuniões onde havia cerca de vinte pessoas, e apresentou-as uma a uma aos dois amigos. Flávio surpreendeu-se ao encontrar ali um antigo professor da universidade, escritor respeitado a quem muito admirava. Abraçou-o, comovido:

— Professor Celso, que prazer!

— Como vai, meu filho?

Apresentou Arlete com satisfação. Se ele comparecera à reunião com alguma reserva, a presença do doutor Celso modificara completamente sua disposição. Tratava-se de um homem íntegro, sério, e que não se prestaria a nenhuma fantasia. Teve que reconhecer que o ambiente era excelente e as demais pessoas muito agradáveis.

Alguns presentes sentaram-se ao redor da mesa onde havia rica bandeja de prata com uma jarra de água, alguns copos e vários livros. O velho professor sentou-se à cabeceira, enquanto os outros convidados acomodavam-se nas cadeiras espalhadas pela sala. As luzes foram apagadas, ficando acesa apenas uma pequena lâmpada azul. O professor pediu que se concentrassem e proferiu ligeira prece. As luzes foram acesas novamente, e ele falou:

— Vamos ao caso de hoje. Quem quer iniciar?

Um dos presentes tomou a palavra:

— Trago notícias de Mário. Depois do último trabalho, quando conseguimos convencer Laura a deixá-lo, ele melhorou bastante. Quis tomar banho sozinho, alimentou-se, penteou-se e até reclamou que sua camisa não era do seu gosto. Como ele me pareceu mais lúcido, diminuí a dosagem de calmantes. Se continuar assim, vai se recuperar mais depressa do que prevíamos.

— Parece-me que está na hora de começar o trabalho terapêutico. Você acha que ele teria condições de responder a isso? — indagou outro.

— Talvez possamos tentar — respondeu o primeiro.

— Concordo — disse o doutor Celso.

Uma moça aproximou-se e entregou-lhe um papel.

— Eis a ficha dele, doutor Celso.

— Obrigado. Ele estava tomando uma dose alta de medicamentos. Reduziu para quanto?

Flávio e Arlete não perdiam nada da conversa. Tratava-se de um paciente daquele médico, cujo tratamento vinha sendo ministrado com a ajuda dos espíritos, segundo Walter lhes esclarecera baixinho. Combinaram os próximos passos, e tudo foi devidamente anotado na ficha. Depois, vieram outros casos, todos interessantes, discutidos e anotados nas respectivas fichas.

Por fim, apagaram as luzes, e o doutor Celso passou a palavra aos espíritos. O silêncio se fez. O coração de Arlete batia descompassado, e ela rezava pedindo a ajuda de Deus. Uma senhora ao redor da mesa começou a falar sobre as alegrias da fé, do conforto de saber que, apesar das dores no mundo, as bênçãos do amor divino continuava a banhar a Terra, amparando e esclarecendo. Um moço, também ao redor da mesa, apanhara papel e lápis e escrevia velozmente sem interrupção, até que deixou cair o lápis e parou. Doutor Celso fez uma rápida prece de agradecimento e encerrou a reunião. As luzes acenderam-se, e Arlete sentia-se um pouco decepcionada por não haver acontecido nada do que esperava.

O rapaz que escrevera apanhou os papéis, ordenou-os melhor e depois começou a chamar algumas pessoas, entregando-lhes as mensagens.

— Arlete.

Ela levantou-se trêmula e apanhou o papel que lhe fora destinado. Coração batendo, leu:

Querida Arlete.

Fico feliz em poder abraçá-la de novo e dizer que avalio seu sofrimento. Não se deixe abater. Estamos tentando ajudá-la. Confie e espere. É importante que continue frequentando esta casa. Um dia, saberá como tudo aconteceu. Continue rezando. Obrigada por cuidar das minhas coisas com tanto amor.

Um beijo carinhoso da tia Amélia.

Arlete, emocionada, não conseguiu articular palavra. Entregou o papel a Flávio, que o leu e guardou silêncio. Não tinha mais dúvidas. Aquela carta era mesmo de tia Amélia. A riqueza de detalhes e as coisas que ninguém, nem mesmo Walter, podia saber, estavam ali, demonstrando claramente que fora ela mesma quem escrevera.

Quando a emoção serenou, Arlete agradeceu ao médium que recebera aquela carta e cumprimentou o doutor Celso, perguntando-lhe se poderia frequentar as reuniões. Obteve permissão.

Já no carro, os amigos comentaram entusiasmados os detalhes da reunião.

— Entenderam por que tenho falado tanto nisso?

— Entendi — disse Flávio. — Eu também me sinto motivado a continuar. Esse assunto é fascinante. Conhecer o que acontece depois da morte, saber que eles se comunicam conosco e interferem em nossas vidas é incrível. Adorei encontrar o doutor Celso. Ele é um homem extraordinário. Não sabia que era espírita. Na faculdade, nunca mencionou nada disso.

— Sempre foi. Ele fundou o centro, e a casa é dele. As pessoas o amam e admiram. Há lá vários médicos, psiquiatras, psicólogos e terapeutas que trazem casos para pesquisa e tratamento. É um trabalho sério e muito proveitoso. A reunião dessa noite foi só de estudos, mas há outras para doutrinação dos espíritos sofredores. São eles que perturbam as pessoas.

— Gostaria de assistir a uma delas — considerou Flávio.

— Elas são privativas.

— Você já participou?

— Já. Eu participo sempre.

— Como posso conseguir isso?

— Precisa obter permissão dos mentores espirituais.

— Eu também gostaria — interveio Arlete.

— Levarei seus nomes à próxima sessão e perguntarei.

— Faça isso — pediu Flávio, interessado.

— Eu gostaria de pedir ajuda para Sérgio — disse Arlete. — Sinto que alguma coisa muito séria aconteceu com ele. Como vamos saber se não está sob a influência de espíritos perturbadores?

— Escreva o nome dele e o endereço, que eu pedirei ajuda para ele na próxima reunião.

— Não tenho o endereço. Esqueceu-se de que ele sumiu? — tornou Arlete preocupada.

— É verdade — respondeu Walter. — Não importa. Eu pedirei e na hora pensarei nele.

— Gostaria de estar com você!

— Não posso levá-la sem pedir permissão. Algo me diz que você logo poderá ir.

Quando Walter se foi, Flávio conversou com Arlete.

— Você está esperando muito dessas reuniões. Precisa ser mais cautelosa.

— Por quê? Você também gostou e pretende continuar frequentando.

— É verdade. É um grupo sério, fazendo um trabalho interessante, ajudando as pessoas.

— Depois da mensagem de tia Amélia, não tenho dúvidas de que os espíritos podem comunicar-se conosco.

— Tudo indica que sim, mas você espera que eles resolvam o caso de Sérgio. E se ele não estiver sob ação de espíritos perturbadores e tudo continuar como está? Não desejo que se iluda esperando que ele volte, que sofra nova desilusão.

— Por que está tão cético? Você sempre foi otimista. Por que com Sérgio é tão categórico? Só tem uma explicação: você sabe mais do que me diz.

— Tudo o que eu deveria dizer já lhe disse. Não precisa ficar pressupondo coisas. Você está muito impressionada com essa história. Só não quero que venha a sofrer.

Ele não acreditava que Sérgio houvesse dado o desfalque sob a ação de um espírito perturbador. Ele nunca demonstrara qualquer perturbação mental que fizesse supor estar sendo vítima de um espírito. Até o último instante fora de uma calma assustadora para quem cometera um erro que poderia ser descoberto. Não. Sérgio não fora vítima de nenhuma macumba. Aliás, ele não aceitava que elas funcionassem. Gostaria de contar a verdade a Arlete, pois pensava que, assim, ela acabaria de vez com toda a ilusão. Falaria novamente com o tio para convencê-lo a fazer isso.

CAPÍTULO 11

Rubens entrou em casa um tanto aborrecido. Antônia logo percebeu que ele estava preocupado. Esperou que o marido se lavasse e sentasse à mesa para jantar. Serviu a comida e, enquanto comiam, procurou interessá-lo em assuntos leves, agradáveis, na tentativa de modificar seu estado de espírito. Apesar de atencioso, ele não desanuviou a fisionomia. Depois do café, Antônia levou-o para a sala e, sentando-se a seu lado no sofá, disse com carinho:

— Você está preocupado. O que é?

— É Sérgio. Não consigo compreender o que acontece com ele. Passei em casa de mamãe, e ele continua lá, sem coragem para nada. Alimenta-se mal, não cuida do asseio nem se barbeia. Mamãe precisa quase obrigá-lo a tomar banho e mudar de roupa. Isso não é natural. Ele sempre foi vaidoso e gostou de andar na moda. Ele deve estar muito doente.

— O que fizeram com ele não foi brincadeira. Ainda não se refez do golpe. Sérgio amava muito a noiva.

— Também pensei assim no princípio, mas faz quase um ano que ele está assim e parece cada dia pior. Mamãe não sabe mais o que fazer com ele. Tentei interessá-lo no trabalho. Sei que Sérgio não gosta de trabalhar na terra, então propus que me ajudasse com as contas, coisa que ele sabe melhor do que eu. Ele disse que sim, porém, não faz nada, vive alheio, quase não fala. Não sai da depressão. Não se interessa por nada e parece não ter mais prazer de viver. Sei que uma desilusão de amor dói muito, mas o tempo ajuda a esquecer. Quem na vida nunca sofreu uma desilusão amorosa?

Mas a mocidade sempre é mais forte do que tudo, e um dia aparecem novas oportunidades, outro amor, e pronto. Mas ele não. Parece um morto-vivo.

— Que horror! Não diga isso.

— Foi a impressão que me deu. Pálido, abatido, parado, cruz-credo, até parece coisa feita.

— Taí, Rubens, uma coisa em que nós não pensamos. Quem sabe ele tenha mesmo um malfeito. Há muita gente ruim neste mundo. Pegaram ele de jeito e pronto.

— Falei por falar, mas, quando você disse isso, fiquei todo arrepiado. Por que será?

— Hum!... Aí tem coisa. Nós podíamos levar o Sérgio em um curandeiro. O filho da dona Eulália estava doente, e ninguém dava jeito nem descobria o que ele tinha. Estava definhando. Ela levou o menino lá, e ele sarou. Hoje está muito bem. Ela vive contando isso a todo mundo.

— Peça o endereço. Nós iremos até lá conversar com ele.

— Amanhã mesmo. Agora, vamos rezar. Sei que nesses casos é preciso muita oração. Vamos pedir a Deus para que nos mostre como ajudá-lo. Tenho muita fé. Por outro lado, não é bom se deixar abater nem desanimar. Os bons pensamentos fazem milagres. Não gosto de ver você assim, com esse ar triste. Tudo vai ficar bem.

Rubens abraçou-a com carinho e disse:

— Não sei o que seria de mim sem você!

Ela beijou-o delicadamente e retrucou:

— Nem eu.

❧

No dia seguinte, ela pediu o endereço do curandeiro, e, à tarde, foi com Rubens à procura dele. Seu Ramiro morava com a mulher em um pequeno sítio, nas proximidades da cidade. Seus dois filhos haviam se casado e mudado. Era muito conhecido nos arredores por ajudar as pessoas, curando-as e receitando-lhes remédios de ervas para todos os males. Bondoso, discreto, era respeitado até pelo vigário, que, embora não acreditasse nas coisas que ele dizia sobre os espíritos, tomava seus remédios de vez em quando.

Rubens conhecia-o de vista, mas nunca havia ido lá. Bateram palmas no portão, e um cachorro apareceu latindo e abanando o rabo. Logo atrás, uma mulher de meia-idade, fisionomia marcada por rugas prematuras, pele queimada de sol, abriu o portão dizendo:

— Desejam alguma coisa?

— Precisamos falar com seu Ramiro.

— Podem entrar.

Eles acompanharam-na, atravessando o jardim bem cuidado, e chegaram à varanda da casa, simples mas agradável. Ela abriu a porta da casa, convidou-os a entrar e depois se dirigiu ao quarto dizendo:

— Ramiro, tem gente aqui à sua procura.

Ramiro apareceu em seguida, cumprimentou-os e indicou as cadeiras para que se sentassem. Era um homem forte, de estatura média, rosto redondo e pardo, queimado de sol, lábios grossos e dentes amarelados pelo cigarro de palha que tinha entre os dedos.

Foi Antônia quem falou primeiro.

— Estamos precisando de ajuda, seu Ramiro. É para o irmão do Rubens.

— Qual é o caso dele?

Rubens contou tudo quanto estava acontecendo, e Ramiro ouviu em silêncio, fumando pausadamente seu cigarrinho de palha. Quando Rubens acabou, ele disse:

— Vamos para outra sala. Vou consultar meus guias.

Passaram para outra sala com uma mesa pequena, alguns objetos indígenas, algumas imagens de Jesus e de Maria, uma estátua de preto-velho. Ali, também havia uma prateleira tosca com muitas garrafas cheias de líquido e ervas e algumas cadeiras.

Mandando-os sentar, ele apanhou um pote de barro e colocou um pouco de incenso e acendeu. Depois acendeu uma vela e colocou-a diante da imagem de Jesus.

— Rezem um pai-nosso em voz alta — pediu ele.

Os dois rezaram, e, quando terminaram, Ramiro, olhos fechados, parecia dormir. Ficou alguns minutos assim e depois abriu os olhos dizendo:

— Seu irmão tá macumbado. Fizeram um trabalho contra ele para acabar com o casamento e tirar ele do emprego. Uma mulher morena, que foi desprezada e não se conformou. Quem fez foi uma mulata, na cidade de São Paulo.

— O que podemos fazer para tirar essa macumba?

— Foi um trabalho muito bem-feito. Preciso de dois dias para verificar. Dá pra trazer ele aqui?

— Dá. Quando?

— No sábado. Até lá, espero ter tudo claro.

— Ele vai ficar bom? — indagou Antônia preocupada.

— Com a graça de Deus, minha filha, tudo se consegue. Ele é um moço bom, mas inocente. Não conhece nada das coisas espirituais. Está na hora de começar a conhecer. Seu guia está me dizendo que você também precisa aprender a usar o poder que tem para curar as pessoas.

— Eu?!! — estranhou Antônia admirada.

— Você, sim. Tem uma luz muito boa e por onde passa irradia paz, alegria e bem-estar. Feliz de quem pode viver a seu lado. Com tudo isso, vai poder ajudar muita gente. Nunca percebeu seu poder de cura? Toda vez que visita um doente, ele melhora. Não é verdade?

— É. Já percebi que, quando chego, eles se acalmam. Minha tia costumava me chamar sempre que alguém adoecia na família. Ela achava que minha companhia fazia bem. Sempre pensei que fosse porque eu sou alegre e acredito no bem.

Ramiro sorriu satisfeito, tragando seu cigarro com prazer.

— É isso, minha filha. Deus abençoe você e seu lar. Voltem com o moço no sábado. Vamos ver o que se pode fazer.

— Quanto é a consulta, seu Ramiro? — indagou Rubens levantando-se.

— Não é nada, não. Tive muito gosto em falar com vocês.

— Deus lhe pague — disse Antônia.

— Amém — respondeu ele com tranquilidade.

— Obrigado. Não sabe como nos ajudou. Deus o abençoe — disse Rubens.

— Vão com Deus, meus filhos.

Eles saíram animados.

— Eu sabia que você tinha essa luz — disse Rubens emocionado.

— Bobo! Está dizendo isso só porque seu Ramiro falou. Não vê que ele é bom demais? Vê luz em todo mundo.

— É nada. Não tem ninguém como você. Eu sei disso. Disse que o Sérgio tem macumba. Quem será essa mulher que ele descreveu?

— Com certeza, alguma mulher apaixonada por Sérgio. Vamos perguntar a ele. Temos que lhe contar a verdade. Acha que ele concordará em vir no sábado?

— Se não concordar, eu o levarei à força. Ouvi dizer que quem tem feitiço nunca quer ir ao lugar onde vão curá-lo.

— Acho que os espíritos que estão amarrando-o não querem. Agora que Seu Ramiro falou, podemos entender melhor. O caso dele é muito estranho. Só podia ser macumba mesmo. Por que não descobrimos isso antes?

— É mesmo. Nós não temos malícia. Acho que é por isso. Não fazemos mal a ninguém, nem conhecemos essas coisas. Vamos passar em casa, falar com a mãe. Ela vai gostar de saber.

Ao chegarem ao sítio, encontraram Rita ocupada com o jantar. Depois dos cumprimentos, Rubens perguntou:

— E Sérgio?

— Está no quarto. Hoje quase não saiu de lá. O maior calor, e ele lá. Só dorme.

Rubens contou a consulta que haviam feito e finalizou:

— O que ele tem é feitiço. Seu Ramiro afirmou que fizeram uma macumba pra ele. Temos que levá-lo lá no sábado. Ele disse que o Sérgio vai ficar bom.

— Graças a Deus, meu filho. Não aguento mais olhar pra ele, ver seu sofrimento. Seu pai, então, vive suspirando pelos cantos, na maior tristeza. O vigário disse que não se deve acreditar nessas coisas, mas eu sei que elas existem. O caso do Sérgio é estranho. Nunca vi nada igual.

— Vou falar com ele.

Rubens foi até o quarto e entrou. Sérgio estava estirado na cama, vestido, olhos fechados, parecendo dormir.

— Sérgio — chamou ele. — Sérgio!

Ele abriu os olhos e, vendo-o, respondeu:

— O que é?

— Acorde. Precisamos conversar.

— Agora?

— Já. Vamos. Levante-se. O assunto é sério.

— Estou com sono.

— Depois você dorme. Agora se levante! Vamos lavar o rosto. Temos um assunto sério a tratar.

À instância de Rubens, Sérgio levantou-se e, quase empurrado pelo irmão, foi lavar o rosto. Depois de vê-lo penteado e de olhos abertos, Rubens sentou-o na sala e disse:

— Hoje fomos ver um curandeiro e fizemos uma consulta sobre sua saúde.

— Para quê? Não estou doente.

— Não está mesmo. O que você tem é outra coisa. Alguém está tentando destruí-lo, tirá-lo do caminho.

— Como assim?

— Uma mulher morena de cabelos castanhos curtos. Bonita, mas perigosa. Gostou de você, mas foi posta de lado e não se conformou. Quem é?

— A Flora. Ela sempre quis se vingar de mim. O que acha que ela fez?

— Macumba.

— Não creio. Essas coisas não existem. Flora não sabe nada disso. Você está enganado. Ela pode ter aprontado para mim com a história do dinheiro, mas macumba, não. Ela não conhece isso.

— Seja como for, sábado, nós iremos à casa do seu Ramiro. Ele vai curá-lo.

— Bobagem. Ninguém pode me ajudar. Eu preciso é de alguém que possa descobrir quem fez aquele desfalque e provar minha inocência. Não é um homem ignorante do meio do mato que vai poder fazer isso.

— Você vai comigo e pronto. Eu prometi levá-lo lá.

— Fez mal. Como pode ser tão ingênuo? Acreditar que essa superstição possa resolver meu caso é uma ilusão. Não posso entender como vocês perderam tempo com isso.

Rubens irritou-se:

— Estamos cansados de olhar para sua cara de morto-vivo, nessa apatia sem fazer nada por si. Chega. Você vai lá nem que seja à força. Está decidido.

Sérgio olhou-o assustado. Não sentia vontade de discutir. Para se livrar, respondeu:

— Está bem. Se você faz tanta questão, vamos ver.

Quando saíram da casa, Rubens confidenciou a Antônia:

— O Sérgio não quer ir. Fui duro com ele. Concordou, mas não se convenceu. É capaz de aprontar alguma.

— Seria melhor não ter contado nada e vir buscá-lo no sábado.

— Agora já foi. Mas ele irá de qualquer jeito. Você verá. Se ele se esconder, irei buscá-lo onde estiver. Dessa ele não escapará.

— Você está pondo fé em seu Ramiro.

— Estou. O homem acertou mesmo. O Sérgio até disse o nome da mulher. É uma tal de Flora, que foi namorada dele.

— Não diga! Ele sabia quem era!

— Sabia, mas não acreditou. Disse que ela não conhece nada de macumba.

— Vai nessa! As aparências enganam. Ela fez, e ele nem percebeu.

140

— Está enfeitiçado. O feitiço não deixa a pessoa perceber nada. Ela fica abobada. O Sérgio está assim: abobado.

— Vamos continuar rezando com fé. Ele há de melhorar.

— Deus a ouça!

❧

Arlete preparava-se para sair, quando o telefone tocou.

— Arlete? Aqui é Walter. Precisamos conversar. Fiz a consulta sobre o Sérgio. Que tal irmos jantar hoje à noite? Falarei com Flávio.

— Ótimo. Vamos nos encontrar na casa de Flávio, como sempre.

— Está bem. Estarei lá às oito.

— Combinado.

Arlete chegou à casa de Flávio muito antes das oito. Estava ansiosa. Iria saber alguma coisa sobre o noivo?

— Walter fez a consulta sobre o caso de Sérgio e já tem uma resposta. Estou ansiosa.

Flávio olhou-a um tanto apreensivo. O que Walter iria dizer? Ele não sabia a verdade. O assunto fora guardado em sigilo.

— Ele não disse qual foi?

— Não. Quer conversar. O que terá para dizer?

— Espero que não seja nada que possa preocupá-la ainda mais.

— Claro que não. Walter é sensato e não faria nada que pudesse me perturbar. O que você sabe que eu não sei? Às vezes, sinto que está me ocultando alguma coisa. Por que pensa que ele poderia dizer algo que me preocuparia mais?

— Você não entendeu. Estamos lidando com coisas que não entendemos. Esses assuntos são misteriosos. Tenho receio do que ele possa dizer.

— Pois eu não. Tia Amélia está me ajudando. Confio nela.

Walter chegou pouco antes das oito. Quando entrou na sala onde Arlete e Flávio esperavam, foi recebido com carinho.

— Arlete o esperava com impaciência — disse Flávio. — Vê lá o que você vai dizer-lhe.

— Vou dizer o que aconteceu. Só isso — respondeu ele.

— Estou ansiosa, Walter. O que descobriu?

— Quando o guia espiritual veio, fiz a consulta. Dei o nome de Sérgio e disse que estava desaparecido. Ele pediu-me que esperasse, que ia verificar o que havia acontecido e voltaria para dar a resposta. Estávamos quase no fim da reunião quando ele voltou e me chamou para falar sobre o caso. A mensagem foi a seguinte: encontrei o moço. Está magro, mal-vestido, deitado em uma cama pobre, em um pequeno quarto. Muito mal. Perdeu a alegria de viver. Não se interessa mais por nada. Sofre muito. Está dominado por uma entidade mandada que suga todas as suas energias e não permite que ele reaja. O moço foi vítima de uma injustiça e perdeu toda a fé. O trabalho foi encomendado por uma mulher morena que o odeia. Vamos tentar ajudá-lo. Deixe o nome dele no caderno de orações.

Arlete bebia cada palavra que ouvia, e Flávio, ouvindo falar em injustiça, empalideceu. O caso dele teria sido mesmo uma injustiça? Remexeu-se na cadeira, inquieto.

— É verdade — comentou Arlete. — Sinto que Sérgio está sofrendo. Tenho sonhado com ele angustiado, chamando por mim e pedindo minha ajuda. Meu Deus, o que terá acontecido?

— Uma coisa é certa: alguém quis tirá-lo do caminho e conseguiu.

— Essa mulher morena?

— É. Essa entidade mandada significa que alguém fez alguma coisa contra ele. Um trabalho, uma macumba, como vulgarmente se chama.

Flávio, desta vez, não se atreveu a dizer nada e Arlete considerou:

— Ele sempre comentava sentir que Flora estava tentando alguma coisa contra ele. Disse isso várias vezes.

— Espere aí — disse Flávio. — Você não pode dizer isso. Está incriminando alguém das nossas relações por mera suposição.

— Ele reclamava dela. Sentia que ela o odiava, mas não podia provar nada. Flora dissimulava muito bem. Nunca o levei a sério. Ele havia tido um caso com ela, que provocara o rompimento. Quando ela quis voltar, ele não aceitou, e Flora ficou com raiva. Agora é muita coincidência. Logo uma mulher morena, como ela.

— Flora não seria capaz de uma baixeza dessas — declarou Flávio. — É uma mulher muito eficiente. Agora, depois que o doutor Martinez teve aquele problema de amnésia, ela assumiu nosso departamento jurídico com competência. Não creio que ela seja capaz de uma atitude dessas.

Arlete olhou-o um pouco triste.

— Sinto discordar de você. Sei que ultimamente vocês têm saído muito juntos. Parece até que está interessado nela. Aliás, é o que ela desejava desde o começo.

— Mais uma razão para não acreditar que ela seja capaz de prejudicar Sérgio. Se Flora está interessada em mim, não havia razão para fazer nada contra ele ou impedir o casamento de vocês.

— Sérgio dizia, e eu não acreditava muito. Ele afirmava que a conhecia muito bem. Que ela era vingativa e cruel. Que não titubeava em pisar nas pessoas para afastá-las do seu caminho. Agora, começo a pensar que ele sabia o que estava dizendo. Se Flora fez isso a Sérgio, vou descobrir. Então é comigo que deverá ajustar contas.

— Está vendo o que você fez? — disse Flávio a Walter. — Conseguiu criar uma inimizade entre duas pessoas.

— Espere aí. Vocês estão pressupondo demais. Eu só disse o que o guia espiritual falou. Não podemos nos precipitar. Vamos acompanhar o caso e ver como os fatos aparecem.

— Eu não irei mais ao centro — disse Flávio. — Não gosto de confusão.

— Está apaixonado por ela? — indagou Arlete.

— Não é nada disso — retrucou ele, irritado. — Trata-se de uma pessoa de nossas relações, que nunca me deu motivos para desconfiança. Temos que ser coerentes. Você está obcecada por essa história. Sou de opinião que deveria procurar esquecer. Esmiuçar esse caso pode não dar bom resultado.

— Para quem? Para Flora ou para nós? — indagou Arlete. — Nunca entendi o que aconteceu com Sérgio e não vou descansar enquanto não puser tudo em pratos limpos.

— Calma — disse Walter. — Os dois estão exagerando. Não é para tanto. Vou preveni-los de uma coisa: sempre que há algum caso de obsessão, é comum as pessoas se desentenderem para que as coisas continuem como estão. É do interesse dos espíritos perturbadores. Portanto, vocês, que sempre se entenderam muito bem, não vão agora fazer o jogo deles. Consegui permissão para irem à próxima reunião privativa. Estão preparados para isso, mas devem conservar a serenidade. Só assim chegaremos a uma conclusão boa.

— Está certo — disse Arlete. — Farei o possível.

— Mesmo suspeitando de alguém, não pode imaginar coisas antes de saber a verdade. Os espíritos têm meios de mostrar o que precisamos saber, quando chegar a hora apropriada. Por isso, não alimente pensamentos negativos contra quem for.

143

— Farei o possível. Por um momento, essa ideia me pareceu muito clara. Mas você tem razão, posso estar enganada.

— Ainda bem que reconhece. É melhor assim — disse Flávio.

— Nesse caso, vamos jantar, pois estou com fome — disse Walter.

Apesar de haver protestado, Flávio ficou impressionado. Nunca duvidara da culpa de Sérgio. As provas eram tão fortes que ele nunca as pusera em dúvida. Agora, essa frase o deixara intrigado. "Ele foi vítima de uma injustiça e perdeu toda a fé." Teria mesmo sido uma injustiça? De que forma? Quem teria conhecimento suficiente para saber os códigos da conta e poder sacar o dinheiro? Só ele e o doutor Martinez conheciam esses números. Não. Walter estava enganado. Não podia ter sido injustiça.

O jantar decorreu agradável, mas, apesar de falarem sobre outros assuntos, Flávio não conseguia esquecer aquela frase. Por isso, resolveu mudar de ideia e comparecer às reuniões do centro, mesmo porque Arlete iria de qualquer forma, e ele precisaria estar presente para ver o que iria acontecer.

CAPÍTULO 12

Flora saiu mais cedo do escritório. Precisava conversar com Joana e foi procurá-la. Ela agora morava em uma bela casa em bairro residencial. Flora cumprira o prometido. Quando Sérgio desapareceu, deu-lhe boa soma em dinheiro. Como continuava a se utilizar dos seus serviços, dava-lhe mensalmente uma quantia que lhe permitia viver melhor. Morando em ambiente luxuoso, Joana agora dispunha de uma clientela mais fina e que lhe pagava mais. Naquele local, ela só fazia consultas. Era na antiga casa da periferia que ela fazia seus "trabalhos" espirituais, ajudada por alguns adeptos.

Flora tocou a campainha, e Joana atendeu, fazendo-a entrar. Sentada na pequena sala onde Joana dava suas consultas, Flora disse a que vinha.

— Vim para que você reforce o trabalho. Ele tem que se resolver. Está demorando demais.

— Não é por culpa minha. Acontece que ele é difícil mesmo. Tem o pensamento muito forte.

— Não vá me dizer que você não pode com ele. Está ficando fraca? Seus guias a estão abandonando?

Joana fez uma careta contrariada.

— Não pode dizer isso. Tudo o que me pediu eu consegui.

— Menos o que me interessa mais, que é o Flávio.

— Ele vai chegar aonde queremos. Não está chegando?

— Está. Temos saído muito ultimamente. Eu diria que ele tem saído só comigo.

— Você tem que seduzi-lo, fazê-lo ficar louco por você. Ter relações com ele, e eu arranjo o resto.

— Não sei, não. Se eu fizer isso, ele pode pensar que sou leviana.

— Mas é uma boa maneira de fazê-lo chegar ao casamento. Não é isso o que quer?

— Não estou entendendo.

— Uma gravidez, verdadeira ou não, poderá induzi-lo. Ele é dos que levam a sério esses compromissos.

— Ah! Estou entendendo. É... pode ser. Vou pensar nisso. Mas é você quem precisa fazê-lo resolver-se. Se eu precisar fazer tudo, de que me adianta sua ajuda?

— Não pode dizer isso depois do que eu já consegui.

— Por isso mesmo. Sei que você pode mais do que ele. Vou lhe dar mais uma chance. Quando eu me casar com Flávio, serei muito mais rica e você terá um bom dinheiro. Sabe que, quando prometo, cumpro.

— Está bem. Veja se me traz alguma peça de roupa dele usada. Vou reforçar o trabalho.

Flora sorriu satisfeita. Joana conseguia tudo quanto queria. Era uma questão de tempo, pensava.

Arlete, sentada em seu quarto, tendo nas mãos um retrato de Sérgio, rezava comovida, pedindo a Deus que lhe revelasse a verdade. Depois, agradeceu à tia Amélia a ajuda e pediu-lhe que continuasse a orientá-la. Naquela noite, iriam ao centro espírita, e ela esperava ansiosa receber mais alguma informação sobre o paradeiro de Sérgio. Para Deus nada era impossível, pensava confortada. Se ela não tinha como ajudá-lo, outros o fariam.

Esperançosa, foi para a casa de Flávio, conforme o combinado. Felizmente, ele resolvera acompanhá-los. Ultimamente, Flávio parecia-lhe mudado. Não saía mais com os amigos nem os reunia em sua casa como habitualmente fazia. Só saía com Flora. Sua irritação quando ela mencionara a possibilidade de Flora ter culpa quanto ao desaparecimento de Sérgio deixara-a pensativa. Ele sempre fora ponderado. Mesmo não gostando de pressupor nada sem provas, nunca deixava de lado uma hipótese, ainda que não a achasse viável.

A suspeita de que Flora tivesse algo a ver com o desaparecimento de Sérgio não a deixava. Para não se indispor com Flávio, ela recuara, mas essa hipótese não lhe saía da cabeça. Se ela houvesse enfeitiçado Sérgio, afastando-o, poderia estar fazendo o mesmo com Flávio para atraí-lo ao casamento. Por que de repente ele teria mudado seus hábitos? Por que agora ele só saía com Flora, deixando de lado todos os amigos de quem tanto gostava? Esse comportamento não lhe parecia natural.

Em parte, sentia-se culpada. Ficara tão envolvida com seus problemas que se esquecera dele. Dali para frente, faria tudo para que Flávio voltasse a ser como antes.

⚜

Walter chegou pontualmente, e, quando se dirigiam para o centro, durante o trajeto, Flávio perguntou:

— Pelo cuidado com que eles escolhem as pessoas para essa sessão, pode-se deduzir que se trata de algo diferente daquela a que assistimos outro dia. Estou certo?

— Está. Aquela do outro dia era uma sessão de estudos. A de hoje é uma de tratamento — esclareceu Walter.

— Como assim?

— Das fichas daqueles pacientes que você viu naquela noite, alguns estarão presentes: para outros, o atendimento será feito a distância. Cada caso é submetido à ação dos instrutores espirituais, que tomam as providências.

— De que forma?

— De várias formas. Quando possível, libertam-nos das influências nocivas. Se houver a presença de espíritos desencarnados, eles os atraem para os médiuns na sessão para conversar.

— Não poderiam conversar com eles diretamente? — indagou Arlete.

— Em alguns casos, sim. Mas há aqueles que estão tão integrados na vibração terrena, tão mergulhados nos próprios problemas que isso não é possível. Quando eles são atraídos para um médium, sob nova influência, tornam-se momentaneamente mais lúcidos, o que facilita seu esclarecimento.

— Quando eles se esclarecem, concordam em deixar o paciente em paz, e tudo fica resolvido. Esse paciente é curado — tornou Arlete.

147

— Ele vai obter uma melhora, mas pode não ser definitiva. As leis das influências vão além do que você possa imaginar. De alguma forma, ele atraiu aquele espírito. Por isso, é comum acontecer que, se ele não modificar seu comportamento, poderá atrair outros espíritos do mesmo nível. A cura só se dará quando ele houver aprendido aquela lição e der um passo à frente. Dessa forma, eles não poderão mais envolvê-lo. É por isso que o doutor Celso dá destaque aos estudos e procura orientar todos os pacientes para que a melhora seja definitiva.

— É um trabalho complexo — admitiu Flávio, pensativo.

— Isso mesmo. Tão complexo que é preciso observar e estudar muito. Há muitas variáveis interferindo no processo. Mas, por outro lado, você pode imaginar a dificuldade de um médico que não conheça essas variáveis. Esse era o meu caso. Mas agora, depois de começar a estudar esses assuntos, tenho tido muito mais facilidade para fazer diagnósticos e tratar meus pacientes.

— Você diz aos seus pacientes que é espírita?

— Não. Contudo há os que me procuram justamente porque conhecem minha posição. Com esses, posso ser sincero e, além do medicamento, se for necessário, recomendo tratamento espiritual. Aos que não sabem, não digo nada. Caso estejam precisando de ajuda espiritual, levo seus nomes ao centro e peço por eles. Sempre são ajudados.

— Por isso, sua fama tem crescido ultimamente — disse Arlete. — Tenho ouvido muitos comentários a seu respeito. Tem feito curas notáveis.

— Tenho cooperado, entretanto, a cura não depende de mim, e sim da própria pessoa. Em todo caso, a ajuda dos espíritos é preciosa. Eu diria que há casos em que parece um milagre.

Quando entraram na sala de reuniões, o ambiente estava em penumbra, iluminado por tênue luz azul, com música suave. Havia quatro círculos de cadeiras espalhadas pela sala e pessoas sentadas nelas. Nas cadeiras laterais, algumas estavam ocupadas; outras, vazias. Quando eles entraram, foram conduzidos às cadeiras laterais.

No horário combinado, o dirigente fechou a porta, iniciou a reunião proferindo emocionada prece. Depois, determinou a algumas pessoas que se posicionassem atrás dos médiuns sentados nos círculos, colocando as mãos espalmadas sobre as costas deles.

Em seguida, abriu a porta e trouxe quatro pessoas que colocou sentadas, cada uma no meio de cada círculo, pedindo aos médiuns que fizessem uma corrente dando as mãos. Ficaram ali durante alguns minutos e, quando alguns médiuns começaram a remexerem-se inquietos, os pacientes foram retirados da sala. Quando a porta se fechou, os médiuns começaram a falar. Uns choravam, outros riam desafiadores, outros ainda se lamentavam, todos ao mesmo tempo, formando um alarido em que as vozes se misturavam. As pessoas atrás de cada um deles procuravam conversar em voz baixa, tentando acalmá-los e esclarecê-los.

Arlete observava, e uma senhora ao seu lado perguntou baixinho:

— É a primeira vez que você vem? Conhece esse trabalho?

— Não — respondeu Arlete interessada. — O que está acontecendo?

— É um trabalho de captação energética. Os médiuns absorvem momentaneamente as energias do paciente que está sentado no centro do grupo, recebendo os espíritos que os envolvem, e os doutrinadores tentam orientá-los para que se esclareçam e deixem a pessoa em paz. Quando conseguem, eles melhoram muito.

Depois de alguns minutos, o vozerio cessou como por encanto, e o ambiente tornou-se suave. Continuaram orando em silêncio por mais alguns minutos. Depois, mais quatro pessoas foram trazidas e receberam o mesmo tratamento. Quando acabaram esse atendimento, um dos médiuns, circulando pela sala e falando com voz firme e agradável, deu algumas explicações sobre alguns casos atendidos naquela noite. Ao final, aproximou-se de Arlete e disse:

— Venha você. Vamos atender seu caso.

Ela levantou-se e foi conduzida ao meio de um grupo onde se sentou. Emocionada, coração batendo forte, ela pensou em Sérgio. Feita a corrente, de repente, vários médiuns começaram a rir e a conversar entre si dizendo-se donos da situação.

— Ele vai ficar lá — disse um. — Nunca mais será nada na vida. Está bem amarrado. Não adianta vocês mexerem nisso. Não funcionará.

— Estamos só avisando — disse outro — para que não se metam nesse caso. Já está resolvido e pronto. Quero ver quem é que vai ousar mexer.

— Foi aquele negro intrometido que pediu ajuda a vocês. Ele vai me pagar. Vocês vão ver — ameaçou outro.

Os doutrinadores começaram a conversar com eles, tentando convencê-los a abandonarem seus propósitos e deixarem a vítima em paz.

Arlete não perdia uma palavra. Ela sabia que eles estavam falando de Sérgio. Eles não estavam concordando, julgando-se donos da situação, até que um deles deu um grito angustiado:

— Vocês não podem fazer isso comigo! Não podem me amarrar dessa forma. Tirem esse peso de cima de mim! Ai, não aguento mais. Tirem isso de mim.

— Ele será ajudado. Se você não retirar todas as energias que colocou nele, ele será liberado de qualquer forma, e elas ficarão com você.

— Não! Por favor, me ajudem! Eu não quero ficar com isso.

— Então, vá até lá, desligue todas aquelas formas-pensamento e tudo aquilo que amarrou com ele e se sentirá melhor. É a única maneira de ver-se livre.

— Está bem. Já vi que não terei outro remédio. Mas o que direi para meu chefe? Ele me castigará.

— Não voltará mais para lá. Se nos garantir que não fará nada disso, poderemos levá-lo para um lugar muito melhor, onde se sentirá muito bem.

— Aceito. Não tenho outra opção. Eu irei.

O médium pendeu a cabeça e pareceu dormir por alguns segundos. Depois, seu corpo foi sacudido por um tremor, e ele disse:

— A minha parte já fiz.

— Como está se sentindo?

— Aliviado.

— Nesse caso, pode seguir com a pessoa que está a seu lado.

Um suspiro, e o silêncio se fez. Arlete continuava orando.

O médium, que a colocara lá, aproximou-se dizendo:

— Pode sair agora. Terá que voltar na próxima semana para continuar.

— Obrigada — murmurou ela, indo sentar-se em seu lugar.

Ela desejava fazer algumas perguntas, mas sentiu que o momento não era oportuno. Depois de algumas palavras de estímulo e agradecimento, a sessão foi encerrada. Quando saíram, Arlete perguntou a Walter:

— Estou ansiosa. Quero saber o que está acontecendo! Ficou claro que eles se referiam a Sérgio.

— É verdade. Estou com sede. Vamos tomar um refresco? — convidou Walter.

Os amigos aceitaram o convite e se dirigiram ao lugar a que haviam ido na noite anterior. Acomodados, enquanto esperavam o que pediram, Walter disse:

— Agora, pode perguntar.

— Uma senhora me explicou que eles fazem captação das energias das pessoas. É verdade?

— É. Há pessoas que têm um tipo de mediunidade especializada para esse fim. Nós os chamamos de médiuns de desobsessão.

— Alguns ficaram mal. Não é perigoso fazer isso? — perguntou Flávio.

Walter sorriu e respondeu:

— Ao contrário. O processo é simples. Eles atraem o espírito e o seguram. Sentem as energias dele, mas ao mesmo tempo fornecem as suas energias para que ele possa perceber melhor a própria situação e seja motivado a mudar. O mal-estar é momentâneo. Lembre-se de que a situação foi provocada com a assistência dos espíritos mentores, que sabem o que estão fazendo. Por isso, quando termina, esses médiuns sentem-se revigorados e muito melhor do que antes. É que, durante o processo, eles eliminam também as energias pesadas que atraíram durante o dia.

— É curioso. Como sabe que tudo isso é verdade? Que não estão sendo vítimas de um embuste?

— Pelas provas e pelos resultados. Os médiuns não conhecem os pacientes. Como poderiam saber o que se passa com cada um deles? Ninguém sabia que Arlete havia ido lá em busca de ajuda para Sérgio, entretanto, todos se referiam a ele.

— É muito vago — disse Flávio. — Ele poderia ser qualquer pessoa.

— Mas eu sei que eles falavam de Sérgio — interveio Arlete.

— Não é só isso. Durante o tempo em que tenho frequentado essas reuniões, já obtive tantas provas que não dá para negar.

— Você entendeu o que aconteceu com Sérgio? — inquiriu Arlete.

— Não resta dúvida de que ele sofreu um assédio de espíritos maldosos, que o manietaram e arrasaram.

— Deu para notar — disse Arlete preocupada. — Mas como aconteceu isso? Por quê?

— Isso não dá para saber ainda. A primeira informação foi que uma mulher quis vingar-se dele.

Flávio remexeu-se inquieto na cadeira.

— Isso é o que me incomoda. Que alguém possa querer fazer isso até dá para acreditar, mas que consiga... isso eu duvido.

— Não tire conclusões apressadas. Você pode descobrir o contrário. Nós sabemos ainda muito pouco sobre as leis das influências e o mundo das energias. Garanto que tenho visto coisas que me fizeram ser mais cauteloso em negar essa possibilidade.

— Acredita que esse tenha sido o caso de Sérgio? — perguntou Arlete.

— Vamos prosseguir e descobriremos a verdade. Tudo nos leva a crer que sim.

— Pois eu continuo não acreditando nessa hipótese. Isso não seria justo. Qualquer pessoa estaria à mercê de um malfeitor que lhe desejasse fazer mal. Todos nós estaríamos ameaçados. Eu me recuso a crer que Deus permitia uma coisa dessas.

— Tem razão quanto à justiça de Deus. Ela é infalível. Mas os fatos estão aí para serem analisados. Se quisermos fazê-lo de forma imparcial, teremos que deixar todos os preconceitos de lado e abrir a mente, procurando experimentar e perceber a verdade onde estiver. E ela tem me demonstrado que há casos em que a macumba, como é vulgarmente chamada, "pega" e pode arrasar uma pessoa e até uma família inteira. Como isso acontece e por que, não sabemos. O curioso é que ela pode "pegar" ou não. Há pessoas que, por mais que sejam odiadas e se tente derrubá-las por esses meios, nada lhes acontece. Quais as variáveis que atuam nesses casos? Quais as leis que determinam esse fator? Ainda não sei.

— Não seria por merecimento? — indagou Arlete interessada.

Walter meneou a cabeça.

— Hum... não. Não é por isso. Como eu disse, há pessoas ruins que estão imunes e pessoas boas sendo vitimadas. Não. Esse fator deve obedecer a outros elementos. Estamos estudando e acabaremos por descobrir. A pesquisa séria e bem-orientada é um caminho.

— Então, Sérgio foi vítima de uma macumba? — questionou Arlete.

— Pode ser.

— Nesse caso, o que faremos para ajudá-lo?

— Já estamos fazendo. Atraindo os espíritos envolvidos e convencendo-os a desistir dos seus propósitos, tudo voltará a ser como antes.

Arlete sentiu o coração bater mais forte.

— Sérgio poderá aparecer?

— Acredito que sim.

Flávio olhou e não disse nada. Depois que ele e Walter deixaram Arlete em casa, o empresário voltou ao assunto.

— Queria pedir-lhe, Walter, que não alimente a ilusão de Arlete. Sérgio nunca mais voltará. No pé em que as coisas estão, preciso contar-lhe um segredo. Sabemos o que aconteceu com ele. Nós não dissemos a verdade a ela. Eu queria contar, mas meu tio fez-me prometer guardar segredo. Ele acha que, se souber a verdade, Arlete correrá atrás de Sérgio, o que ele pretende evitar.

Flávio relatou tudo quanto ocorrera e finalizou:

— Estou contando isso, porque confio em sua discrição. Depois do que Sérgio fez, nunca mais poderá voltar aqui.

— Tem certeza de que foi mesmo ele?

— Só ele, o doutor Martinez e eu conhecíamos o número daquela conta.

— Esse doutor Martinez é de confiança?

— Claro. Trabalhava com meu tio desde que ele iniciou a empresa. Depois, o dinheiro estava depositado em nome de Sérgio. Não há como duvidar.

Walter ficou pensativo durante alguns instantes e disse:

— Não sei, não. Para mim, as coisas não estão claras. Sérgio amava Arlete, ia casar-se com ela, por que haveria de pôr tudo a perder dessa forma? Se ele era ambicioso e queria dinheiro, casando-se com ela, receberia muito mais. Ele era um moço inteligente. Algo me diz que não cometeria essa burrice.

— Tenho pensado muito no assunto sem chegar a nenhuma conclusão. Eu gostava muito de Sérgio. Nunca me engano com uma pessoa. Ele foi o primeiro.

— Agora que me contou tudo, vou me empenhar ainda mais para descobrir a verdade. Os espíritos disseram que ele foi vítima de uma injustiça. Lembra-se? Isso confirma a hipótese de ele ser inocente.

Flávio suspirou.

— Eu gostaria que isso fosse verdade. Já me tiraram um peso do coração, mas receio iludir-me. Temo por Arlete. Ela está muito abalada, você sabe. Prometa que será cuidadoso e não dirá coisas que possam alimentar esperanças infundadas.

— Está bem. Serei discreto. Pode confiar.

No sábado à tarde, Rubens foi com Antônia à procura de Sérgio para levá-lo à casa de Ramiro, conforme prometera. Não o encontrou.

— Não sei o que deu no Sérgio hoje. Levantou-se cedinho, disse que iria fazer umas compras na cidade e não voltou até agora — explicou Rita.

— A Dirce queria ir junto, mas ele não permitiu. Disse que estava se sentindo muito bem. Sentia-se melhor e tinha que cuidar da vida.

— Eu não disse? — tornou Rubens olhando para Antônia. — Ele saiu só para não ir ver seu Ramiro.

— Pode não ser isso. Fazia tempo que eu não via meu filho tão bem. Estava interessado em procurar um emprego na cidade — disse Rita.

— Como ele foi? Na charrete? — quis saber Rubens.

— Sim.

— Faz tempo?

— Saiu cedo.

— Já deveria ter voltado. Vamos, Antônia, precisamos encontrá-lo.

Entraram no carro e foram até a cidade, mas não o encontraram. Ninguém o havia visto por lá. No caminho de volta, Rubens considerou:

— Ele pode estar metido em algum atalho. Vamos bem devagar, olhando tudo.

Chegando a uma bifurcação, Rubens saiu da estrada seguindo um dos atalhos. O caminho era estreito e cheio de buracos, mas ele foi em frente.

— Pare — disse Antônia. — Não é a charrete que está ali no meio do mato?

Rubens parou imediatamente e verificou:

— É, sim. Vamos até lá.

Entraram no mato e viram a charrete amarrada a um galho pelo arreio. Sérgio não estava. Continuaram procurando e, em meio à pequena clareira, encontraram-no estirado sob uma árvore. Estava dormindo.

— Sérgio! Sérgio! Acorde. Vamos. Levante-se! — chamou Rubens, sacudindo-o.

Ele custou a reagir. Abriu os olhos com dificuldade e, vendo-os, fechou-os de novo.

— Vamos. Acorde. Reaja. Fugir não adiantou nada. Você irá comigo de qualquer jeito.

— Deixe-me em paz — resmungou ele. — Você não manda em mim. Não tem nada com minha vida. Vá embora.

— Vou levá-lo de qualquer jeito. É melhor se levantar.

Rubens agarrou-o pelos braços e tentou levantá-lo. Como ele não reagia, não teve dúvidas: pegou-o no colo e levou-o até o carro, colocando-o deitado no assento traseiro.

— E a charrete? — indagou Antônia.

— Depois viremos buscá-la. Agora vamos ver seu Ramiro.

Até chegarem lá, Sérgio não deu acordo de si. Rubens pediu:

— Va lá, Antônia, e avise seu Ramiro que estamos aqui.

Ela foi e voltou em seguida.

— Ele pediu para você levar o Sérgio até lá.

Rubens tentou acordá-lo, mas não conseguiu. Carregou-o para dentro e colocou na sala de consultas, onde Ramiro os esperava em companhia de sua mulher. As velas em frente à imagem de Cristo estavam acesas, e o curandeiro queimava incenso em um pote de barro, proferindo algumas palavras que Rubens não entendia.

— Coloque Sérgio deitado aí — pediu a mulher, indicando um pano estendido no chão.

Rubens obedeceu, ficando depois de pé ao lado de Antônia em um canto da sala. Ramiro aproximou-se deles dizendo com voz pausada e forte:

— *Ocês* vão *rezá* comigo. Vão falando o pai-nosso e a ave-maria em voz alta. Nosso *Sinhô* Jesus Cristo vai *desfazê* toda essa maldade.

Enquanto os três rezavam em voz alta, Ramiro estendeu as mãos sobre Sérgio e, olhos fechados, murmurava palavras estranhas, passando as mãos pelo corpo do rapaz. Sérgio estremeceu. Agitou-se, e seu corpo cobriu-se de suor. Sua respiração estava entrecortada. Depois voltou ao normal e pareceu dormir. Ramiro olhou para Rubens e disse:

— Fui verificar e falar com a danada que fez o trabalho lá em São Paulo. Ela não quis me ouvir. Está determinada a continuar. Por isso, precisamos dar-lhe uma lição. Preciso que vocês agora fiquem com pensamento muito firme. Vocês têm fé?

— Tenho — disse Rubens com firmeza.

— Tenho — confirmou Antônia.

— Muito bem. Vamos tentar. Maria, senta aqui na cadeira e se concentra.

A mulher obedeceu prontamente. Ele colocou a mão direita sobre a nuca dela; a esquerda, sobre a testa, fechou os olhos e disse:

— Pensamento firme em nome de Deus!

Dali a alguns segundos, o corpo de Maria estremeceu violentamente, e ela gritou:

— O que está acontecendo? Quem me chama? O que quer de mim? Quem se atreve a me desafiar?

— *Num tô* desafiando — disse Ramiro. — Pedi, mas *ocê num* quis. Expliquei, *ocê num* ouviu. *Tá* na hora de *entendê*.

— Onde estou? Que casa é esta? O que estou fazendo aqui?

— Fui vê *ocê* em sua casa, *num adiantô*. Agora, eu trouxe *ocê* aqui na minha casa pra vê se *ocê* entende.

— Agora estou vendo você! Não quero ficar aqui. Vou embora. Onde estão meus guardiães? Cadê meu povo?

— Deixaram *ocê*. Foram embora. De agora em diante, *acabô*. *Num* poderá *fazê* mais nada. *Tá* na hora da justiça. De *respondê* pelo que fez.

Maria debateu-se na cadeira.

— Não! Isso não é verdade — gritou. — Eu tenho poder. Onde estão meus amigos? Por que me seguram aqui? Quero ir embora agora!

— *Num* pode. *Num* vai *saí*.

— Estou com medo! — lamentou-se ela. — Quero voltar ao meu corpo. Não quero morrer! Por favor, deixe-me ir!

— Só se *libertá* Sérgio. *Desfazê* tudo o que fez contra ele.

— Não posso! Fui bem paga, gastei o dinheiro, não tenho como fazer isso!

— Se *quisé saí* daqui, *voltá* pro seu corpo, terá que *resolvê* isso. *Tô* dando uma chance de se *livrá* desse peso. Eu podia *livrá* ele, mas *ocê* sabe, conhece como é. Se eu fizesse isso, tudo o que *ocê* fez ia *voltá* contra *ocê*. Agora, se *limpá* o moço, *desfizé* tudo, vai *ficá* livre e poderá *voltá* pro seu corpo.

Maria remexeu-se na cadeira durante alguns segundos e depois disse:

— Se eu o livrar, você me deixa voltar para meu corpo?

— Deixo.

— E se eu não quiser?

— *Num* voltará mais. Ficará fora do corpo, carregando todo o peso do que fez. E ele vai *ficá* livre do mesmo jeito.

— Você não pode fazer isso. Não tem esse poder. Não é dono da vida. Se eu não voltar para meu corpo, vou morrer.

— *Ocê* escolhe. Se *num fizé* o que é preciso, vai *ficá* aqui. Eu prendo *ocê*. Se vai *morrê*, *num* sei. Mas seu corpo vai *ficá* desmaiado lá em sua casa, conforme *tá* agora. Veja, *óia* pra ele e veja.

— Não. Não quero morrer! Eu vou voltar para meu corpo.

Maria remexeu-se na cadeira durante alguns instantes e depois disse:

— Não posso. Você me amarrou.

— Se *qué* se *livrá*, comece a *trabaiá*. Desfaça tudo.

— A culpa é dela. Ela queria arrasar ele.

— *Num* precisa *contá* nada. *Faz* o que é preciso e saiba que *num* adianta me *enganá*. *Tô* de *oio nocê.*

— Está bem — resolveu ela.

Maria levantou-se aproximou-se de Sérgio, que continuava estendido no chão, adormecido, e começou a gesticular sobre o corpo dele. Depois foi para um canto da sala, sentou-se no chão e movimentou as mãos.

Rubens e Antônia continuavam rezando em voz baixa. Depois de alguns instantes, Maria falou:

— Pronto. Ele está livre. Agora, deixe-me sair.

— *Vô deixá ocê* voltar pro seu corpo, mas, quando acordar, vai se *lembrá* do que aconteceu. Os espíritos de luz mandam *dizê* que, de agora em diante, *ocê* tome muito cuidado. Desista dessa vida de maldade e trate de *ajudá* as *pessoa*. Se *continuá* prejudicando os *outro*, vai lhe *acontecê* coisa pior.

— Preciso ganhar a vida. Do que vou viver?

— Arranje um emprego. Vá *trabaiá*. Tome tento. *Ocê tá* na mira deles faz tempo. *Abusô* demais. Agora chega. Tô lhe avisando. Entendeu bem?

— Entendi. Entendi.

— Se *num fizé*, eles pode *buscá ocê* de novo, e aí *num* vai *tê* volta. Tá claro?

Maria tremia atemorizada:

— Está. Vou mudar. Eu prometo. Vou deixar essa vida.

— Faça isso e ainda poderá *vivê* bem um tempo. Agora, pode ir. Deus, nosso *Sinhô*, abençoe *ocê*.

— Amém — respondeu a mulher num suspiro. O corpo de Maria estremeceu ligeiramente, e ela abriu os olhos passando a mão pelos cabelos e respirando profundamente.

Ramiro aproximou-se dela e passou as mãos sobre sua cabeça. Depois, dirigiu-se a Sérgio e, pegando-o pela mão, disse com voz firme:

— Sérgio, acorde. Levante-se.

Sérgio abriu os olhos assustado.

— Onde estou? — perguntou, sentando-se e fitando os presentes, admirado.

— Em minha casa — respondeu Ramiro. Dirigindo-se à prateleira, escolheu uma das garrafas com ervas. Voltou, abriu-a, colocou um pouco do seu conteúdo em um copo e estendeu-o a Sérgio, dizendo: — Beba.

Sem entender bem o que estava acontecendo, ele obedeceu. Ramiro aproximou-se, tomou-lhe a mão e conduziu-o a uma cadeira, fazendo-o sentar-se. Depois, dirigindo-se a Rubens e Antônia, disse:

— Sentem-se também. Maria vai fazer um café.

Enquanto ela se dirigia à cozinha, Sérgio olhava procurando entender. Ramiro olhou-o divertido e disse alegre:

— Pode perguntar. Estou aqui para responder.

— Nem sei o que dizer — começou Sérgio. — Não sei como vim parar aqui. Não me lembro de haver saído de casa.

— Nós o trouxemos — disse Rubens.

— Como se sente? — perguntou Ramiro com interesse.

— Bem. Sinto-me aliviado. É como se eu tivesse acordado de um pesadelo terrível. Estou mais leve.

— Vou lhe dar uma garrafa de remédio que você vai tomar direitinho até o fim. Garanto que, quando acabar, vai ficar muito bem.

— Eu não tenho nenhuma doença — disse ele. — Meu problema não tem solução.

— Não diga isso, meu filho! Onde está sua fé? Vai me prometer que vai rezar todas as noites e acreditar que os culpados vão aparecer e que seu nome vai ficar limpo como sempre esteve. Se não der forças para sua inocência, para sua razão, acreditando na justiça de Deus, como quer que as coisas caminhem para o lugar certo? A descrença anula sua força interior e afasta o bem. Dá chance ao mal.

— Depois da injustiça da qual fui vítima, é difícil confiar. Nunca fiz mal a ninguém. Por que fizeram isso comigo?

Ramiro apanhou a palha, escolheu uma e alisou-a tranquilamente com o canivete. Picou o fumo, enrolou-o na mão e colocou-o na palha, enrolando o cigarro caprichosamente antes de responder. Colocou-o na boca, acendeu-o, tirou algumas baforadas e disse:

— A maldade dos outros só nos alcança no momento que precisamos dela. Vem para abrir o caminho.

— Não entendo. Quando tudo estava bem! Quando eu ia realizar o maior sonho de minha vida, fui arrasado sem ter feito nada para isso. É uma injustiça.

Ramiro tirou algumas baforadas do cigarro e explicou:

— Estava na hora de você conhecer a espiritualidade. De pensar na sua alma, de saber coisas sobre isso. Tudo lhe aconteceu como um chamamento. Deus quer que vocês todos aprendam coisas da vida espiritual. Era a hora de vocês. Não só dos que estão aqui, mas dos que estão longe, lá na cidade grande.

— Está se referindo à minha noiva e à sua família?

— Isso mesmo. Quando tudo ficar resolvido, vocês terão amadurecido e aprendido coisas sobre a vida espiritual. Isso só se aprende experimentando. Por isso, meu filho, quanto antes se dedicar a estudar essas coisas, mais depressa vai se livrar dos seus problemas.

— Não tenho muitas esperanças de que as coisas possam resolver-se. Não tenho meios de conseguir as provas de que preciso para provar minha inocência. Fui acusado de um roubo que não cometi. As coisas foram feitas de forma tal que as evidências foram todas contra mim. Agora, depois que o tempo passou, ficou ainda mais difícil conseguir as provas de que preciso. Nem sei onde procurar. Só me resta aceitar a situação.

— Nada disso, meu filho. Você não pode nem sabe como, mas Deus pode. Ele sabe quem foi, como foi, onde estão as provas de que você precisa. Quando ele achar que é hora, pode fazer tudo isso aparecer. Então, tudo ficará claro. O que você precisa é desenvolver sua fé e acreditar no poder divino. Sozinhos nós não temos nenhuma força, mas com Deus podemos tudo.

— Eu sempre tive muita fé, seu Ramiro — interveio Antônia —, mas, depois do que vi hoje, terei muito mais. Entendi o que quis dizer sobre nosso chamamento. Aquela alma que veio e desmanchou o feitiço do Sérgio era a mulher que tem raiva dele?

— Não. Eu disse que ia verificar o que estava acontecendo e fui. Cheguei à casa da mulher que fez essa amarração e pedi a ela que desfizesse tudo. Ela nem quis me ouvir. Tentei várias vezes e não consegui. Ela continuava fazendo coisas, não só para ele como para outras pessoas. Então, meu guia tirou o espírito dela do corpo e o trouxe aqui para conversar. Foi o que aconteceu.

— Ela estava apavorada — disse Rubens.

— Se não a deixasse voltar, ela iria morrer?

Ramiro sorriu levemente.

— Não. Ela iria ficar mais tempo fora do corpo. Para quem está encarnado, essa é uma situação muito especial. Abre mais a consciência e dá à pessoa uma ideia do alcance do mal que ela está fazendo.

159

— Pelo visto aconteceram muitas coisas de que eu não estou sabendo — disse Sérgio.

— É, meu filho. Aconteceram. Mas já passou. Não vamos falar nesse assunto agora. Vamos tomar nosso café. A Maria faz esse bolo de fubá como ninguém. Para falar a verdade, estou com fome.

Tomaram o café, comeram bolo e conversaram mais com Ramiro sobre a utilização das ervas e a forma como ele cuidava delas, preparando-as. Quando se despediram, Rubens indagou:

— Quanto é o remédio, seu Ramiro?

— Nada não, meu filho.

— O senhor não cobra nada e ainda dá remédio. Como faz para viver? — tornou Rubens, admirado.

— Tiro da terra. Vivo muito bem, não preciso de nada. Tenho prazer em fazer esses remédios e dar. Já recebi tanto de Deus que o que eu faço é nada.

— Deus lhe pague — disse Antônia comovida.

Os dois agradeceram também. Uma vez no carro, Sérgio comentou:

— Esse é um homem bom. Eu senti o carinho dele. Não sei o que tem lá, mas dá vontade de ir ficando, ficando, de não sair mais. Até a dona Maria, tão simples e tão quieta, nos olha de uma forma tão boa que ela nem precisa falar, nós sentimos vontade de ficar perto.

— Sem falar de como você melhorou. Chegou aqui carregado, sem dar acordo de si e agora parece que acordou de vez. Está falante como era antes.

— Estou me sentindo aliviado. Parece que saiu um enorme peso de cima de mim. Minha cabeça também ficou mais leve, mais clara. Não me sinto tão amargurado.

— Foi um verdadeiro milagre! — comentou Antônia, feliz. — Em casa, todos vão ficar alegres vendo-o voltar melhor.

— Vamos pegar a charrete — disse Rubens.

Enquanto voltavam ao local para apanhá-la, eles foram contando a Sérgio o que havia acontecido e como o haviam encontrado. Ele não se conformava.

— É incrível. Sei que estão dizendo a verdade, mas é difícil de acreditar. Começo a pensar que estava mesmo sob o poder de alguma coisa ruim.

— Nós não temos nenhuma dúvida. Seu Ramiro quer que voltemos lá no sábado que vem. Quer acompanhar seu caso de perto. Garantiu que tudo ainda voltará a ser como antes. A verdade aparecerá, e seu nome será reabilitado.

Uma sombra de tristeza passou pelo rosto de Sérgio:

— Se isso acontecer, eu me dedicarei seriamente ao estudo das coisas espirituais. Nunca me interessei, mas agora sinto que preciso não só para conhecer, mas também para evitar que me aconteça outra vez.

Os dois concordaram com satisfação. Sérgio estava certo. Se aquelas coisas existiam e podiam envolver as pessoas, modificar fatos, causar problemas, era preciso tomar conhecimento delas e aprender como defender-se. Todos eles esperavam ansiosamente pelo sábado seguinte para voltar à casa de seu Ramiro e ver o que iria acontecer.

CAPÍTULO 13

Flora deu uma olhada no espelho e sorriu satisfeita. Estava linda. Havia decidido que aquela noite de sábado seria decisiva. Ela e Flávio iriam jantar em uma boate, e a moça estava disposta a não perder a oportunidade. Perfumou-se delicadamente, apanhou a bolsa e aguardou. Flávio costumava ser pontual.

Com prazer, passou os olhos pelo aposento. Havia meses que deixara a casa da família e alugara aquele apartamento. Flora estava ganhando bem, principalmente depois que assumira o lugar do doutor Martinez, mas gastara todo o seu dinheiro na decoração da nova casa e na compra de roupas elegantes. Era um investimento no seu futuro.

Naquela noite, caprichara na arrumação. Havia flores frescas nos vasos e comprara uma camisola de seda que usara algumas noites para que ele não desconfiasse de nada. Pretendia, na volta, convidar Flávio para entrar e sabia que ele era muito esperto. O ambiente estava todo preparado. Não podia falhar.

Quando o porteiro do prédio ligou avisando que Flávio estava à espera, ela apanhou a bolsa, deu uma última olhada no espelho e desceu. Cumprimentou-o carinhosamente, e seus olhos brilharam quando ele disse:

— Você está muito bonita!

Ela baixou os olhos ao responder:

— Você está sempre impecável e tem muito bom gosto. Preciso estar à altura.

Ao tomarem assento no carro, Flávio sentiu certo desconforto, notando que ela se sentara bem próxima dele. Gostava da companhia da jovem, mas naquela noite pareceu-lhe que ela estava diferente. Não sabia o que era, mas a proximidade de Flora causou-lhe desagradável sensação. Arguto, perguntava a si mesmo se a suspeita de Arlete com relação à Flora poderia tê-lo impressionado. Não tinha nenhum motivo para suspeitar dela e não queria de forma alguma ser injusto. Por isso, esforçou-se para vencer o que sentia, procurando ser mais gentil do que de costume.

Flora exultou. Estava dando certo! Depois de tanta convivência, ele estava interessado nela. Era arisco, mas haveria de entrar no seu jogo. Ela estava apaixonada por Flávio. Juntara o interesse à atração que sentia e sonhava com a noite em que ele a tomaria nos braços. Casar-se com Flávio era tudo quanto ela desejava na vida. Quando se aproximava dele, era como estar ao lado de um vulcão em erupção. Joana tinha razão. Ela precisava entregar-se a ele. Tinha certeza de que, depois disso, Flávio a pediria em casamento. Era muito honesto para esquivar-se.

Ela sentia-se dona do mundo. Jovem, bonita, admirada, bem-situada na vida, garantia seu futuro com um homem maravilhoso e rico. Quando entraram na boate, seus olhos brilhavam de satisfação, mas, ao chegarem à mesa que lhes estava reservada, teve uma decepção. Havia várias pessoas, inclusive Arlete e o doutor Walter. Vendo-os, fez um esforço enorme para não demonstrar seu desagrado.

Cumprimentou-os delicadamente e, quando se sentaram, perguntou a Flávio:

— Tanta gente! Pensei que estaríamos sozinhos! Estamos comemorando alguma coisa?

— Nada de especial. Sempre saio com meus amigos. De que se admira?

Ela mordeu os lábios. Que estaria havendo? Flávio conversava animadamente com todos, e ela procurou não demonstrar o que sentia. Observando-a disfarçadamente, Arlete notou que ela ficara contrariada com a presença deles.

Flávio disse a Arlete:

— Vamos dançar. Quero ver se você ainda está em forma.

Enquanto eles se levantavam para dançar, Walter convidou Flora, que aceitou prontamente. Não estava habituada a ficar em segundo plano. Se Flávio pretendia dar mais atenção aos amigos do que a ela, iria se arrepender.

— Estou contente vendo-a aqui novamente — disse Flávio. — Só por isso, quero crer que o centro já fez um milagre.

— Sinto-me mais calma. Tenho fé. Acredito que Sérgio ainda voltará e tudo ficará esclarecido.

Flávio não a contradisse. Embora não acreditasse que tal pudesse ocorrer, o fato de ver Arlete mais calma era um bom sinal. O tempo era um santo remédio. Ela acabaria por esquecer e tudo estaria resolvido. Decidiu que aquela noite a prima deveria deixar todos os problemas de lado e aproveitar o momento.

— Precisamos comemorar sua volta — disse ele alegre. — Vamos nos divertir como nos velhos tempos. Aproveitar o presente. Amanhã será outro dia.

— Tem razão. Preocupar-me não vai melhorar as coisas.

Flávio sorriu satisfeito. Arlete estava sendo sincera. Sua tristeza não podia estragar a noite dos amigos. Além disso, o prazer de dançar fazia-a esquecer um pouco sua mágoa. A moça, contudo, só aceitara o convite de Flávio por causa de Flora. Quanto mais pensava, mais desconfiava dela. Sérgio tivera a intuição de que ela estava tentando algo contra ele. Sentira isso. Ela era a única pessoa que poderia ter raiva dele. Pelo seu temperamento agradável e alegre, ele sempre fora muito querido pelos colegas. Quem mais poderia querer prejudicá-lo? Por outro lado, algo lhe dizia que ela estava dando em cima de Flávio, e a atitude dele nos últimos tempos, afastando-se dos amigos e saindo apenas com ela, fazia-a desconfiar de que Flora poderia estar tramando também alguma coisa contra ele.

Flávio podia estar sendo envolvido por Flora. Sabia que ele era esperto, mas era ingênuo quanto às coisas espirituais. E se ela estivesse mesmo fazendo algum "trabalho" para se casar com ele?

Quando Flávio os convidou, Arlete desabafou com Walter.

— Vamos, sim. Quero que me ajude a observá-la. Apesar do que Flávio disse, não consigo afastar a desconfiança do meu coração. Para mim, Flora é a mulher de que os espíritos falaram. Ela deve estar armando o bote para Flávio, e nós precisamos evitar isso.

— Não se preocupe. Nossos amigos espirituais estão tratando do caso.

— Eu sei. Por isso estou mais calma. Mas quero observá-la e pedir-lhe que me ajude nesse particular. Flávio não precisa saber. Se estiver enganada, tenho que descobrir. Não posso ficar com essa dúvida no coração. Preciso esclarecer para ficar em paz, entende?

— Entendo. Observar não faz mal nenhum.

Dançando com Flora, Walter não perdeu tempo e indagou:

— Flávio tem saído muito com você. Estão namorando?

— Somos apenas bons amigos.

— Vocês formam um lindo par.

Ela suspirou, e seus olhos brilharam de satisfação.

— Também acho.

— Você está linda esta noite! Se não fosse o receio de estar me intrometendo e de desagradar a Flávio, diria que qualquer mortal se sentiria feliz em namorá-la.

Flora resolveu entrar no jogo.

— Você se arriscaria?

— Sei que poderia me queimar, mas penso que valeria a pena.

Walter apertou-a um pouco mais, encostando seu rosto no dela. Flora não o afastou. Em meio às voltas da dança, procurou o rosto de Flávio tentando perceber se ele estava com ciúmes. Era isso que ela pretendia. Já que ele preferira dar atenção a Arlete e a deixara só, iria mostrar-lhe o quanto ela era atraente e o que ele estava perdendo.

Arlete, que os observava, disse a Flávio:

— Flora está dançando de rosto colado. Não sente ciúme?

— Eu?!! Por que sentiria?

— Sei lá. Ultimamente vocês têm saído tanto juntos que pensei que estivesse atraído por ela. É uma mulher muito bonita.

— É verdade. É bonita mesmo. Quanto a sair com ela, acho que foi porque você me abandonou. Não tinha mais prazer em reunir os amigos sem você. Sua diabinha! Senti muito sua falta! Sua alegria me faz bem.

— Quer dizer que se eu retomar meu posto, você voltará a ser como antes?

— Com certeza. Hoje notei que ela me olhava de maneira diferente.

— Ela pode estar apaixonada por você.

— Seria embaraçoso.

— Pelo fato de estarem saindo sozinhos, ela pode estar pensando que você está interessado.

— Tem razão. Não havia pensado nisso. Não é justo com ela. Aconteceu sem que eu percebesse. Como não pensei nisso antes? Você sabe como sou. Não gosto de iludir ninguém.

— Ela me disse desde o primeiro dia que faria tudo para se casar com você. Nunca ocultou essa pretensão.

Flávio sorriu.

— As mulheres fantasiam demais. O dia em que eu encontrar uma que seja mais realista, eu me casarei.

— Boa desculpa para continuar solteiro!

Eles continuavam dançando, e Walter prosseguiu cortejando Flora. Ela mal conseguia controlar a raiva. Sentia vontade de fulminar Arlete. Ela não perdia por esperar. Era a culpada pela mudança de Flávio. Por causa dela, ele reunira novamente os amigos e parecia ignorá-la. Só dava atenção a Arlete. Ela seria a próxima a ter que sair do seu caminho para sempre.

Era madrugada quando Flávio levou Flora de volta para casa. Enraivecida, ela não teve coragem de sentar-se junto a ele, mas fez o possível para dissimular.

— Você divertiu-se muito essa noite! — disse Flávio, bem-humorado — Walter ficou fascinado! Ele se declarou?

— Digamos que ele estava romântico. Talvez tenha bebido demais.

— Que eu saiba, ele não bebe. Estava embriagado pelos seus encantos.

Ela fez um gesto de contrariedade.

— Está se divertindo à minha custa?

— Eu? Claro que não.

— Você não me deu atenção, não olhou para mim a noite inteira. Por que agora fala dos meus encantos?

Ele olhou-a admirado. Percebeu que ela estava fazendo enorme esforço para conter a raiva.

— Não entendo o que quer dizer. Fui atencioso com você como sou com todos os meus amigos.

Flora não se conteve mais.

— Eu não quero ser como todos os seus amigos! Pensei que eu fosse diferente para você.

— Você é. Admiro sua inteligência, sua beleza, gosto da sua companhia.

— Eu queria mais. Desculpe — disse ela descendo do carro que estava parado em frente ao prédio onde residia.

Flávio olhava-a consternado. Parecia-lhe estar a vê-la pela primeira vez. Aquele rosto contraído, duro, o ódio que via em seus olhos não a faziam parecer em nada com a Flora que ele se habituara a ver. Era outra pessoa, ele não gostou do que viu.

Desceu também para acompanhá-la até a porta e disse com voz fria:

— Sinto muito. Não pensei que estivesse ferindo seus sentimentos. Nesse caso, não voltaremos a sair juntos.

Ela perdeu completamente o controle.

— O que pensa que sou? Depois de tudo quanto eu fiz, dos sonhos que construí, do meu amor por você, agora me diz um simples adeus, sem mais nada? Por que me despreza desse jeito? Eu pensei que me amasse!

As lágrimas desciam-lhe pelas faces, e Flávio tentava encontrar um modo de acabar com aquela cena desagradável.

— Eu gosto de você — respondeu ele tentando acalmá-la. — Lamento que tenha pensado assim. Nunca demonstrei qualquer interesse amoroso nem prometi nada. Pensei que fôssemos bons amigos, só isso.

— Agora vem com essa conversa de bonzinho. Claro que me usou! Desfilou comigo por toda parte. E agora? Como fica minha reputação? Na empresa, houve até quem dissesse que éramos amantes!

— Eu não sabia. Por que não me contou?

— Pensei que fosse se declarar. Agora, depois de tudo, você simplesmente me põe de lado como um objeto que usou e que pode jogar fora quando não serve mais.

— Você está exagerando. Acalme-se. É muito desagradável essa cena aqui, na calçada. É melhor entrar, tomar um calmante, esfriar a cabeça. Amanhã, pensará melhor e reconhecerá que exagerou.

— Vamos entrar, conversar um pouco. Estou desesperada.

— Não. Se sua reputação está ruim por minha causa, ela ficará ainda pior se eu entrar. Vou embora, e conversaremos outro dia, quando estiver mais calma.

Vendo que ela relutava, Flávio apanhou a bolsa dela, tirou a chave e abriu a porta dizendo:

— Vamos, entre. Vá descansar. Amanhã será outro dia.

Fazendo-a entrar com um gesto firme, embora delicado, fechou a porta com um suspiro de alívio e dirigiu-se rapidamente para o carro. Queria sair dali o mais rápido possível. Detestava envolver-se em situações desagradáveis. Flora não era a pessoa que ele imaginara. Arrependia-se de tê-la incluído entre seus amigos.

Flora entrou em casa louca de raiva. Aquela noite que preparara com tanto empenho fora a mais horrível de sua vida. Apanhou o vaso com flores pelo qual pagara uma fortuna e teve vontade de atirá-lo contra a parede, mas, lembrando-se do preço, recolocou-o no lugar. Nunca fora tão humilhada! Flávio não perdia por esperar. Haveria de reduzi-lo a nada. Ele ainda iria implorar-lhe seu amor. Nesse dia, ela o obrigaria a arrastar--se a seus pés.

Tomou um banho, engoliu um comprimido para dormir, mas, mesmo assim, custou-lhe adormecer. No dia seguinte, levantou-se cedo e decidiu ir à procura de Joana. Ela teria que dar um jeito na situação.

Tocou a campainha da casa várias vezes. Joana teria saído? Olhando pela grade do portão, viu seu carro na garagem, portanto, ela estava em casa. Insistiu na campainha, e, depois de algum tempo, a criada apareceu.

— Sou eu, Rosa. Preciso falar com Joana. Abra o portão.

— Sinto muito, dona Flora, mas dona Joana não quer ver ninguém.

— Preciso falar com ela. É urgente! Diga-lhe para me atender.

— Ela está doente. Não está atendendo ninguém.

— Deixe-me entrar. Tenho que falar com ela.

Ela entrou de novo e depois voltou dizendo:

— Tudo bem. Ela vai falar com a senhora.

Flora entrou, sentou-se na sala e esperou. Quando Joana entrou, ela olhou-a admirada. Joana estava abatida, com olheiras, e parecia fraca.

— Você parece doente mesmo — comentou.

— Só atendi porque é você. Devo-lhe uma satisfação.

— Vim porque as coisas estão indo de mal a pior. Quando eu pensei que tudo iria dar certo e preparei o encontro definitivo com Flávio, saiu tudo errado. Você terá que dar um jeito nisso.

— Sinto muito, Flora. Nada posso fazer.

— Como? Diz isso assim, na minha cara? E o dinheiro que lhe dei? Foi uma verdadeira fortuna.

— Sinto-me fraca. Não tenho mais poder de nada. Cada vez que penso em retomar algum trabalho, começo a passar mal, a suar frio. Tenho que parar. Não posso mais continuar a trabalhar. Se eu fizer isso, sei que vou morrer e não quero morrer.

— E essa, agora? Vai me deixar na mão depois de tudo o que fiz por você?

— Não é porque eu quero. Estou muito doente.

— Está se tratando? O que dizem os médicos?

— Eles me deram só calmantes. Dizem que é nervoso, mas eu sei que não.

— O que é, então?

— O caso é espiritual. Se eu fizer mais um trabalho que seja, eles levam meu espírito embora.

— Você está sendo enganada por espíritos mentirosos. Está se deixando enfraquecer. Vai ter que me atender. Vou dar-lhe alguns dias para se recuperar e voltarei em uma semana. Verá que tenho razão.

— Pode ser. Dê-me uma semana e volte aqui. Vamos ver, então.

Flora despediu-se e saiu. Assim que fechou a porta, Joana chamou Rosa e disse:

— Arrume todas as nossas coisas. Amanhã, vamos alugar aquela casa que seu Antônio ofereceu no interior e começar uma vida nova. Podemos abrir aquela pensão que você sempre quis. Quero sarar e não quero mais nada com espíritos. Para mim, chega.

— Isso mesmo, dona Joana. Eu sempre disse que essa coisa era perigosa. Ainda bem que resolveu. Esse povo não gosta da senhora; só quer explorar seus guias.

— O que eu quero mesmo agora é pedir perdão a Deus e rezar. Não vou me meter mais na vida de ninguém. Eles que se arranjem. Fazem seus rolos, e eu que tenho que desenrolar. Também, quem mandou eu querer ser tão poderosa? Não quero mais nenhum poder. Chega!

Rosa concordou satisfeita. Na semana seguinte, quando Flora chegou, a casa de Joana estava vazia. De nada adiantou perguntar aos vizinhos; ninguém sabia para onde ela havia se mudado. Inconformada, Flora voltou para casa pensando em encontrar outra pessoa que pudesse fazer o que pretendia. Ela não iria desistir. Durante aquela semana na empresa, Flávio a evitara, não passando do cumprimento formal. No sábado, não recebeu nenhum convite para sair. Sozinha no apartamento, deu vazão à sua raiva. Eles a estavam pondo de lado, mas ela os levaria a se arrepender dessa atitude.

⊷⊶

Na semana seguinte, Arlete foi ao centro acompanhada de Flávio e Walter, conforme lhe fora pedido. Era a terceira vez que se submetia ao tratamento espiritual e sentia-se muito bem naquele ambiente calmo de oração. A cada vez que ia, voltava com mais coragem e disposição. Enquanto Walter participava ativamente dos trabalhos, ela e Flávio, sentados nas cadeiras laterais, esperavam o momento de Arlete ser chamada para sentar-se no meio de uma roda de pessoas, como das outras vezes. Ela era sempre atendida por último. Os pacientes saíam antes que os médiuns começassem a receber os espíritos, mas Arlete e Flávio assistiam a todas as manifestações. Ambos haviam sido convidados pelo doutor Celso para estudarem os fenômenos, e isso fazia parte da aprendizagem.

Enquanto observava, Arlete procurava cooperar mantendo-se atenta ao que acontecia, emandando energias positivas para os espíritos sofredores que se manifestavam.

A porta abriu-se, e mais quatro pacientes entraram. Admirada, ela reconheceu Doroteia, a secretária do doutor Martinez. Apesar da obscuridade, Arlete a reconheceu logo, embora Doroteia estivesse mais magra e envelhecida. Fez um sinal a Flávio, que a olhou admirado. Sem vê-los, ela dirigiu-se para o meio de um grupo e sentou-se. A senhora permaneceu ali alguns minutos e saiu quando a chamaram. Arlete perguntou ao dirigente se poderia sair por um momento, e ele permitiu. Imediatamente, ela foi atrás de Doroteia e alcançou-a no corredor.

— Doroteia! — chamou.

A mulher voltou-se e deparou-se, surpresa, com Arlete.

— Você aqui?!

— Eu e Flávio temos vindo com o doutor Walter. Ele trabalha aqui há muito tempo. Como tem passado?

— Agora estou melhorando, mas estive muito mal. Pensei que fosse morrer. Nenhum médico conseguia descobrir o que eu tinha. Minha cabeça doía sem parar, meu estômago vivia enjoado, fiquei confusa, perdi a alegria.

— Você sempre foi tão alegre e disposta! Teve algum desgosto?

— Bem, você sabe... Eu adorava meu trabalho. Depois que meu marido morreu e meu filho mudou-se para longe, minha vida era o meu emprego. Sentir-me útil, capaz, ganhar meu dinheiro, comprar minhas coisas, viajar nas férias, sair com os amigos, era tudo o que eu queria da vida. Mas, de repente, não sei como, comecei a me sentir mal, a ter indisposições, a cometer erros no trabalho. Procurei vários médicos, mas nenhum conseguiu me curar. Eu estava cada vez pior. Até que acabei por me demitir. Não podia mais causar danos à empresa por causa da minha doença. Então, tudo ficou ainda pior. Acabei sem dinheiro, sem amigos e tão deprimida que não saía mais de casa. Aí, uma amiga que frequenta o centro insistiu e me trouxe para uma consulta.

— O que eles disseram?

— Que meu caso era só de obsessão. Sofri um ataque espiritual e, como não estava preparada, não conhecia nada sobre o assunto, fui ficando cada vez mais envolvida. Faz mais de um mês que tenho vindo receber tratamento.

— Como se sente agora?

— Na primeira noite, foi terrível. Passei muito mal e quase não conseguia ficar aqui para esperar o início dos trabalhos. Se minha amiga não tivesse me impedido, eu teria ido embora. Lá dentro da sala, minha cabeça rodava e parecia que eu ia desmaiar. Depois, chorei muito. Deixei as lágrimas correrem pelo meu rosto livremente. Isso me aliviou. Naquela noite, consegui dormir melhor. Agora, estou quase boa. A não ser por alguns momentos de desânimo de vez em quando, eu diria que estou voltando a ser como era antes.

— Por que não nos procurou? A senhora sempre foi muito querida de minha família.

— Vocês já fizeram muito por mim. Não queria incomodar.

— Está trabalhando?

— Não. Estou com quase cinquenta anos e não é fácil encontrar emprego.

— Vamos ver isso. A senhora logo estará boa. Tive muito prazer em encontrá-la. Nós nos veremos na semana que vem.

— Obrigada. Sua presença me emocionou. Talvez você e o doutor Flávio pudessem ajudar o doutor Martinez. Ele está que faz dó.

— O doutor Martinez também?

— Agora que eu estou melhorando, fico pensando se ele não tem a mesma coisa que eu. Ele sempre foi um homem capaz, tinha uma memória excelente. Nunca se esquecia de nada. Agora, anda desmemoriado, sofre de amnésia, mas os médicos não estão dando jeito.

— A senhora foi visitá-lo?

— Fui. Tentei convencê-lo a vir aqui fazer uma consulta. Mas ele não quis. Diz que tem medo dessas coisas. Talvez se vocês fossem visitá-lo, ele compreendesse. Eu agradeço a Deus a hora em que comecei a vir aqui. Estou me sentindo outra.

— Eu também. Ainda não consegui o que queria, mas estou mais confortada.

— O caso de Sérgio também me pareceu esquisito. Ninguém sabe o que aconteceu com ele. Logo ele, um moço que vale ouro! Não sei, não, menina, mas nesse caso há alguma coisa estranha. Vamos rezar e pedir, porque estou começando a pensar que estamos todos enfeitiçados. Cruz-credo!

— Vamos manter a fé em Deus. Se mantivermos a confiança, todas as coisas voltarão aos seus devidos lugares. Preciso entrar. Foi um prazer vê-la.

— Obrigada. Para mim também.

Arlete voltou à sala da reunião. As palavras de Doroteia não lhe saíam do pensamento. Estariam todos eles sendo atacados por espíritos perturbadores?

Quando saíram da reunião, enquanto tomavam café no lugar de costume, Walter perguntou:

— Você saiu durante os trabalhos. Não estava bem?

— Não é isso. É que, por coincidência, uma das pessoas que estavam fazendo tratamento era a Doroteia. Lembra-se dela? A secretária do doutor Martinez, do nosso departamento jurídico?

— Bem me pareceu reconhecê-la, mas não sabia de onde.

— Durante anos, foi uma das nossas melhores funcionárias — esclareceu Flávio. — Ficou adoentada e demitiu-se do emprego.

— Ela não tinha nenhuma doença. Estava sendo envolvida por espíritos que lhe mandavam energias negativas, fazendo-a sentir-se mal, confundindo sua cabeça. Pude observar os lugares em que ela tinha acúmulo de energias pesadas. Agora já está quase boa.

— O que me diz é estranho, principalmente porque você é um médico. Tem certeza do que afirma? — quis saber Flávio.

— Claro. Eu vejo as energias e, às vezes, até alguns espíritos. Sei que você é cético, mas o que posso fazer? Eu os vejo, e essa é a minha realidade. Pena que você não tenha essa capacidade. Além disso, os espíritos que estavam com ela se manifestaram através dos médiuns e confessaram que pretendiam deixá-la atormentada, desmemoriada e incapaz. Não é isso exatamente o que ela sentia? Não foi por isso que ela se demitiu do emprego? Os médiuns não a conheciam e nada sabiam sobre seus sintomas.

— Reconheço que há coincidências demais. Começo a crer que haja algo mais.

Walter riu bem-humorado.

— Daqui a algum tempo, você vai perceber muito mais. Você foi vê-la? — perguntou a Arlete.

— Quando a vi, senti vontade de lhe falar. Saí para isso. Conversamos, e suas palavras me fizeram pensar.

— Como assim? — indagou Flávio.

— Ela sente-se muito melhor agora e acredita sinceramente que foi vítima de uma obsessão espiritual. Está preocupada com o doutor Martinez e acha que ele esteja sofrendo do mesmo problema.

— O doutor Martinez?

— É. Tem ido visitá-lo, e ele continua tendo lapsos de memória. Os médicos não conseguem encontrar nenhuma doença. Ela acha que ele deveria vir ao centro para uma consulta, mas ele se recusa.

— Ele era o chefe dela não é? — indagou Walter, pensativo.

— Era — respondeu Flávio.

— Curioso é que ambos ficaram doentes e perturbados da cabeça. Ela bem pode ter razão. Ele pode ter sido envolvido da mesma forma. Começo a pensar que os dois podem ter sido atingidos pelos mesmos espíritos.

— É curioso ela aparecer logo no mesmo centro onde estamos. O caso deles terá alguma coisa a ver com Sérgio?

Flávio remexeu-se na cadeira. A fisionomia encolerizada de Flora apareceu-lhe na mente, e ele procurou não dar importância. Um pensamento, contudo, começou a incomodá-lo. Ela teria alguma coisa a ver com o que acontecera com Doroteia e o doutor Martinez? Nervoso, ele passou a mão pelos cabelos como para afastar essa ideia. Estava ficando impressionado. Não havia nenhuma prova de que ela tivesse feito isso nem de que tivesse esse poder.

— É... pode ser... — disse Walter, pensativo. — É cedo para dizer. Uma coisa é certa: se tiver, vai ficar claro. Confio plenamente nos espíritos. A verdade vai aparecer.

— Ela sugeriu que fôssemos visitar o doutor Martinez. Acha que, se o convidássemos para uma consulta no centro, ele viria.

— Boa ideia. Podem contar comigo. Irei com vocês — disse Walter.

— É. Eu também concordo. Estou decidido a ir até o fim. Se houver alguma coisa estranha nisso, quero descobrir o que é.

Arlete colocou a mão sobre o braço de Flávio.

— Ainda bem que concordou. Doroteia sente-se muito infeliz por haver deixado o emprego. Ela adorava nossa empresa. Além disso, precisa trabalhar e está tendo dificuldade para encontrar um lugar à altura. Gostaria de poder ajudá-la. É uma pessoa eficiente e capaz.

174

— Vamos dar um tempo e ver se de fato ela está bem. Além disso, agora é Flora quem toma conta do departamento jurídico. Não seria bom para ela ter como chefe uma pessoa que era sua auxiliar.

— Sei o que quer dizer. Talvez possamos recomendá-la para outro lugar. Em todo caso, não lhe parece estranho que isso tenho acontecido logo com as duas pessoas que estavam acima de Flora na empresa?

Flávio remexeu-se novamente na cadeira.

— Sabia que você iria dizer isso. Não acha prematuro pensar assim?

— Confesse que você já havia pensado nisso... — disse ela, sorrindo de modo intencional.

— Bom... claro... é uma terrível coincidência. Mas não temos provas. Não podemos nos precipitar.

Arlete sorriu mais animada.

— Não estou afirmando que ela fez alguma coisa. Estou só estranhando essas coincidências.

— Vamos com calma — disse Walter. — Seja qual for a verdade, tenho a certeza de que vai aparecer. Vamos continuar comparecendo ao centro pontualmente, rezando e pedindo a Deus para nos ajudar. Por ora, é tudo o que podemos realmente fazer.

Ao voltar para casa, Arlete sentia-se mais encorajada. Confiava que um dia tudo seria esclarecido e que Sérgio voltaria para ocupar o lugar que lhe competia não só na empresa, mas também em sua casa e em seu coração.

CAPÍTULO 14

Sentado à mesa do restaurante para almoçar, Flávio esperava saboreando tranquilamente seu suco de laranja gelado. Estava um dia quente, e ele deixou-se ficar gostosamente no ambiente agradável e refrigerado, observando distraidamente as pessoas à sua volta.

— Flávio, como vai?

Ele olhou para o rapaz de fisionomia agradável, de pé à sua frente, e seu rosto distendeu-se num sorriso.

— Paulo! Há quanto tempo! Que prazer vê-lo! Vai almoçar?

— Sim.

— Nesse caso, almoçaremos juntos. Sente-se, por favor.

O rapaz sorriu satisfeito e acomodou-se, pedindo ao garçom um refrigerante.

Paulo fora colega de Flávio na adolescência. Cursaram juntos o colegial e foram muito amigos. Com o tempo, deixaram de se ver.

— Várias vezes tive vontade de lhe telefonar, recordar os bons momentos que passamos juntos.

— Por que não o fez? Teria sido um prazer.

— Você agora é empresário importante, ocupado. Não sei se teria tempo para perder com coisas passadas.

— Eu me ocupo, mas sempre tenho tempo para os amigos. Se não o procurei, foi porque ignorava seu endereço. Você se mudou, foi para outro estado e nunca mais deu notícias.

— Tem razão. Faz tempo que voltei.

— O que tem feito todos esses anos?

— Trabalhado e tentado viver da melhor maneira possível.

— Está trabalhando em quê?

— Sou gerente de banco. De certa forma, tenho acompanhado as atividades da sua empresa.

— A empresa não é minha, mas de minha família. Você sabe disso.

Continuaram conversando animadamente enquanto almoçavam, recordando coisas de sua adolescência. A certa altura, Paulo perguntou:

— E aquele caso de roubo na sua empresa, o moço ainda está preso? Não ouvimos falar mais nada.

Flávio admirou-se.

— Como sabe disso? O assunto foi abafado.

— Já lhe conto. Então, ele não foi preso?

— Não. Tratava-se de um dos homens de confiança da empresa, excelente funcionário. Além disso, ia casar-se com minha prima Arlete no mês seguinte. Meu tio achou melhor abafar o caso, chamar a família dele e mandá-lo embora. Minha prima até hoje ignora o que aconteceu.

— Sinto muito. Esses casos de família são mesmo dolorosos. Certamente vocês tinham provas de que foi ele mesmo quem deu o desfalque.

— A polícia concluiu que sim. As somas eram vultosas e estavam depositadas em nome dele em bancos onde nossa empresa não tinha contas. Como o dinheiro foi recuperado em grande parte, o caso foi abafado.

— Vai ver que o que faltava ele deu à moça que foi fazer o depósito em seu nome.

Flávio surpreendeu-se.

— O caso foi sigiloso e abafado. O que está dizendo? Do que está falando? Quem lhe contou sobre o assunto?

— Sei, porque sou o gerente do banco onde o dinheiro foi depositado. Casualmente, vi a moça que fez o depósito na conta dele. Sabe como é... uma mulher bonita sempre me interessa! Eu ia entrando no banco e a vi no guichê. Claro que me interessei. Aproximei-me e vi quando ela fez o depósito. Fiquei por ali, mas ela não me deu atenção. Saiu, e eu esqueci o fato. Só fui me recordar dele quando meus funcionários contaram que a polícia havia estado lá e que o dinheiro havia sido roubado da sua empresa.

Flávio perguntou admirado:

— Por que você não procurou a polícia para contar o que sabia?

— Pensei que tudo já estivesse esclarecido. Como ninguém mais falou no assunto e o dinheiro foi devidamente devolvido, não achei que fosse necessário. Será que ela foi cúmplice no desfalque ou foi apenas cumprir uma ordem sem saber do que se tratava?

— Você se lembra de como ela era? Seria capaz de reconhecê-la se a visse de novo? Poderia descrevê-la para mim?

— Certamente. Uma bela mulher não dá para esquecer. Alta, esbelta, morena de cabelos curtos e penteados na moda. Usava óculos escuros, mas tinha boca carnuda e bem-desenhada.

Flávio não teve mais dúvidas. Ele estava descrevendo Flora. Sérgio seria mesmo inocente? Ela teria feito tudo aquilo deliberadamente para prejudicá-lo?

— Escute, Paulo, o que você está me dizendo pode mudar completamente o caso. Pena que não nos encontramos antes.

— Como assim? O caso já não estava totalmente esclarecido?

— Parecia estar, mas o que você está dizendo confirma a versão de Sérgio, o rapaz envolvido, de que foi uma cilada armada para destruir sua reputação e prejudicá-lo. Ele jurou inocência até o fim.

— Nesse caso...

— Ele poderia estar dizendo a verdade. Ter sido vítima de uma armadilha.

— Se eu soubesse, o teria procurado antes. Ela não poderia ter sido apenas sua cúmplice? A culpa seria dos dois.

— Não creio. Recordando como ele reagiu quando tudo aconteceu, faz crer que ele não sabia de nada mesmo. Dizia que era um equívoco e esperava que logo a verdade aparecesse. Passou mal, teve febre, ficou quase inconsciente. Em todo caso, diante do que me contou, não descansarei enquanto não descobrir a verdade.

— O que eu disse modificou sua opinião.

— Sim. Nós não sabíamos que havia a possibilidade de identificarmos a pessoa que fez o depósito. Imaginamos que houvesse sido ele.

— Não. Ele não foi. Tenho certeza de que foi ela.

— Nesse caso, ele pode ser mesmo inocente.

— Quem teria dado o desfalque então? Você conhece a moça que descrevi?

— Conheço. É uma funcionária do departamento jurídico da nossa empresa. Somente três pessoas conheciam a senha de acesso à nossa conta maior. Uma era eu, outra o Sérgio e a outra o doutor Martinez, justamente o chefe dela no departamento jurídico. Se ela foi ardilosa o bastante para tramar tudo isso, pode ter dado um jeito de descobrir a senha e ter feito o saque do dinheiro. Nesse caso, Sérgio é inocente e foi punido injustamente.

— Puxa! Que horror! Se eu pudesse adivinhar, teria corrido à polícia. Mas pensei que ele houvesse confessado e as coisas estivessem devidamente esclarecidas. Não ouvi falar mais nada. Só pediram a transferência do dinheiro e nada mais.

Flávio considerou:

— Eu deveria ter investigado mais! Sérgio sempre foi de confiança, honesto e excelente funcionário. Trabalhava havia muitos anos na empresa. Estou mortificado. Se isso for verdade mesmo, cometemos uma cruel e terrível injustiça!

— Que pode ser reparada.

— Antes vou precisar da sua ajuda. Você vai ver a moça e verificar se a reconhece. Você se recorda de quem era o caixa na ocasião? Ele ainda está no banco?

— Era o Joel. Ele ainda trabalha lá.

— Será que ele também se lembra dela?

— Pode ser que sim. Na ocasião, ele percebeu meu interesse e se divertiu muito, principalmente porque ela não me deu bola.

— Preciso fazer tudo sigilosamente por enquanto. Arlete tem sofrido muito por causa de Sérgio, e eu preciso estar bem certo antes de lhe contar. Ela não sabe por que ele desapareceu.

— Trata-se de um verdadeiro drama. Quem diria!

— Eles se amavam muito e estavam felizes. Faltava um mês para o casamento, conforme eu disse. Tudo já estava pronto. Arlete não se conformou com o desaparecimento de Sérgio. Saiu de casa e foi viver sozinha na casa em que eles iriam morar. Vive esperando que ele volte.

— Essa moça, da qual você suspeita, tinha razões para atrapalhar a vida de Sérgio?

— Tinha. Ela disfarçava muito bem, mas havia sido sua namorada em outros tempos. Ela o deixara, e, quando se arrependeu e quis voltar, ele não aceitou.

— Tão bonita e tão maldosa! Quem diria!

— Mulher ciumenta e ambiciosa é sempre um perigo.

— Tem razão. Quando poderei fazer o reconhecimento?

— Ela foi colega de Arlete na faculdade, e, por isso, acabamos por nos relacionar, mesmo antes de ela trabalhar em nossa empresa. Ela passou a fazer parte do nosso grupo de amigos. Amanhã à noite, tenho um compromisso, mas no sábado poderemos jantar todos juntos. Vou combinar e lhe telefono.

— Está bem. Terei prazer em cooperar. Detesto injustiças. Principalmente envolvendo problemas financeiros. No banco, tenho visto cada uma!

— Combinado. Sábado, vamos saber se foi ela.

Quando saiu do restaurante, Flávio sentia-se angustiado. Flora teria sido capaz daquela perversidade? Sérgio seria mesmo inocente? Teria perdido o emprego, o amor, a reputação e sido destruído pela maldade dela? Recordando-se da expressão de ódio em seu rosto, ele estava quase certo de que Flora fora mesmo a causadora de tudo.

Precisava encontrar um meio de saber a verdade. De agora em diante, não descansaria enquanto não descobrisse tudo.

Lembrou-se das palavras de Walter:

— Confio plenamente nos espíritos. A verdade vai aparecer.

Eles teriam alguma coisa a ver com seu encontro com Paulo? Teria sido mais uma "coincidência"? Começava a acreditar seriamente que eles, de alguma forma, estavam contribuindo para o esclarecimento dos fatos.

À noite, Flávio encontrou-se com Walter e Arlete. Haviam combinado visitar o doutor Martinez. A secretária de Flávio ligara para ele, e o advogado sentira-se emocionado ante a oportunidade de receber os amigos.

Logo ao entrar, o grupo notou o quanto o jurista estava deprimido e pálido. Havia envelhecido, e, apesar da apatia, seus olhos estavam inquietos, demonstrando como ele estava nervoso e perturbado.

Abraçaram-no com carinho, e Flávio foi logo dizendo:

— Lembra-se do doutor Walter? É meu médico de confiança e amigo. Tomei a liberdade de trazê-lo, porque gostaria que ele formasse uma opinião sobre seu caso. Soube que os médicos não conseguem descobrir o que você tem.

— Prazer em recebê-lo, doutor Walter. Sinto-me confortado com o interesse de vocês. Tenho amargado minha solidão. Sinto-me deprimido e cansado, sem coragem de lutar mais.

— O que é isso, Martinez? — disse Flávio. — Não se deixe abater. Você vai ficar bom.

— Estou perdendo a esperança! — replicou ele. — Minha vida transformou-se num inferno. Nem dormir consigo mais.

— Vamos ver isso — disse Walter, aproximando-se dele. — Permite-me que o examine?

— Certamente.

Walter procedeu a um minucioso exame e, por fim, disse satisfeito:

— Você não tem doença alguma. Sua pressão está ótima, seu coração, pulmões, tudo normal.

— Nesse caso, por que me sinto tão mal? Há momentos em que me parece que perco a consciência, fico tonto, enjoado, a cabeça formiga. Tenho medo de dormir e não acordar mais. Quando estou pegando no sono, sinto um choque e não consigo mais dormir. Além disso, parece que estou sempre dopado. Minha cabeça pesa e meu raciocínio fica confuso. Tenho medo de perder a razão. Por favor, ajudem-me. Estou com medo!

— Acalme-se, Martinez — disse Walter. — Você não vai enlouquecer. Se fizer o que eu disser, vai ficar bom.

— Diga, doutor. Farei o que for preciso!

— Você é um homem capaz, inteligente. Está na hora de aprender um pouco mais sobre a vida e as leis do universo. Até agora, você tem se ligado às coisas da aparência, às regras da sociedade, ao mundo que o rodeia. A vida é muito mais. Ela é energia, é luz, é eternidade. Estamos rodeados de elementos invisíveis que interferem em nossas vidas sem que os possamos ver. Você absorveu energias negativas e não sabe como livrar-se delas. Não conhece seu mecanismo nem as leis que regem esses fenômenos.

— Acredita que isso seja possível?

— Por quê não? Não acredita em micróbios?

— Claro.

— Eles são invisíveis também. Para vê-los, você precisará de um microscópio.

— É verdade. Nunca pensei nisso.

— Mas eles existem e podem causar doenças quando encontram condições favoráveis. Por enquanto, só posso dizer isso.

— Quer dizer que contraí algum micróbio?

Walter sorriu bem-humorado.

— Quase isso. Mas a cura para esse tipo de energia só poderá realizar-se em determinadas condições. Nós temos um grupo de estudiosos que fazem esse trabalho. Gostaria que comparecesse lá para tratamento.

— Irei com prazer. Mas poderia dizer-me o preço? Infelizmente, estou desprevenido no momento...

— Não lhe custará nada. Eles tratam as pessoas de graça.

— Que gente boa! Nesse caso, estou ansioso para ir. Quando será?

— Amanhã à noite. Passaremos aqui às sete para apanhá-lo — disse Flávio. — Nós também iremos. Estamos interessados nesses estudos.

— Mal posso esperar! — disse Martinez comovido. — Nunca poderei pagar a bondade de vocês.

Quando saíram, Flávio não se conteve:

— E, então, Walter, o que acha?

— Martinez nunca esteve realmente doente. Está sob a ação de espíritos perturbadores.

— Dona Doroteia sofreu a mesma coisa. Acha que isso teria a ver com nossa empresa? — indagou Arlete com interesse.

Walter meneou a cabeça, pensativo.

— Não sei. Não costumo interpretar nada.

— Os dois trabalhavam juntos, não acha isso provável? — perguntou Flávio, lembrando-se de que Flora estava interessada em ocupar seus lugares e que, se suas suspeitas se confirmassem, ela seria capaz de tudo.

— Só sei que os dois estavam precisando de ajuda espiritual e que os espíritos nos direcionaram para eles. O mais sensato será aguardar que tudo se torne mais claro. Tenho certeza de que é apenas uma questão de tempo. Amanhã o levaremos até lá e veremos.

— Há momentos em que você parece mais cético do que eu! — comentou Flávio.

Arlete olhou-o admirada. Flávio parecia-lhe mais ansioso e menos incrédulo do que o habitual.

— Nesses assuntos, precisamos de bom senso e cautela. Não podemos deixar-nos levar por fantasias. O que tiver que ser será.

— Tem razão — concordou Flávio.

— Você parece mais preocupado do que antes com esse caso. Aconteceu alguma coisa que o fez mudar? — indagou Arlete.

— Não aconteceu nada. Estou começando a pensar que as "coincidências" estão se multiplicando. Estou curioso para descobrir o que há de verdade nisso.

Deixaram Arlete em casa e, quando se viu a sós com Walter, Flávio não se conteve e contou-lhe seu encontro com Paulo e o que havia descoberto. Finalizou:

— Estou mortificado. Sérgio pode ser inocente! Se isso for verdade, precisamos reparar nosso engano!

— Tudo está começando a se encaixar. Os espíritos disseram que Sérgio era inocente. Descreveram uma mulher idêntica à que Paulo mencionou. Só nos resta descobrir se essa mulher é Flora. Estou quase certo de que foi ela quem tramou tudo isso!

— É inacreditável! Ela se dizia interessada em mim. Por que teria destruído Sérgio?

— Maldade, vingança. Quanto a você, apesar de sua bela figura, ela queria mais; queria dinheiro. Não foi por isso que rompeu com Sérgio? Arlete me contou que, quando você assumiu o cargo de chefia no lugar dele, ela terminou o namoro.

— Em todo caso, preciso de mais provas. Se Paulo a reconhecer no sábado, então, sim, traçaremos um plano para desmascará-la.

— Vai contar a Arlete?

— Só quando tiver certeza absoluta. Ela vai brigar comigo por haver ocultado a verdade.

— Confiando em você como confia, acho que tem razão.

— Fiquei entre a cruz e a espada. O tio fez-me prometer que não lhe diria nada. Eu deveria ter investigado mais. Como você sabe, nunca me engano com as pessoas. Confiava plenamente em Sérgio. Ele era meu homem de confiança. Fiquei atônito com o roubo!

— Felizmente, agora, graças a Deus, os fatos começam a se esclarecer. Seja como for, se foi a Flora, ela não agiu sozinha.

— Acha que teria cúmplices?

— Pelo menos alguém que a apoiou energeticamente.

— Como assim?

— Alguma macumbeira.

— Você acredita nisso?

— Acredito. Da mesma forma como nos juntamos aos espíritos superiores em busca do bem, há os que se unem aos espíritos perturbadores a serviço de seus interesses.

— Custo a crer!

— Por que duvida? Não é isso o que acontece em nossa sociedade? As pessoas se unem pela afinidade, tanto para o bem quanto para o mal.

— É difícil entender como pessoas ignorantes, através de práticas primitivas, têm esse poder. A macumba usa objetos, rituais, e isso para mim é superstição, crendice. Não tem efeito algum.

— Se estudasse o mundo da energia, não diria isso. Um bom magnetizador consegue imantar um objeto e transformá-lo num retransmissor das energias que ele colocou ali. Enquanto não for desmagnetizado ou retirado do local, esse objeto as espalhará à sua volta. Quando querem atingir uma pessoa, os espíritos usam esse recurso para sugar as energias da sua vítima a fim de melhor dominá-las.

— Isso é assustador, pois nos coloca à mercê de pessoas inescrupulosas!

— Estamos apenas começando nossos estudos sobre isso. Entretanto, sabemos que nem tudo quanto eles fazem atingem as pessoas. É interessante observar que nem sempre funciona. Isso nos tem intrigado e feito pensar. Em que condições uma macumba "pega"? Por que algumas pessoas nunca são atingidas, enquanto outras quase vão à loucura?

— Deve ser por merecimento.

— Foi o que pensei a princípio, mas isso não é verdade. Conheço pessoas honestas, bondosas e cheias de qualidades que passaram maus bocados com espíritos perturbadores. Enquanto outras, maldosas e problemáticas, parecem imunes a esses ataques.

— É intrigante mesmo! Tanto Martinez quanto Doroteia são pessoas honestas, educadas e inteligentes. E, ao que parece, foram vitimadas por eles!

— Para você ver. Nesses assuntos, estamos todos engatinhando. Com exceção de alguns corajosos cientistas que, no passado, se dedicaram a pesquisar, nada tem sido feito. Hoje em dia, raros vão fundo nessa questão. Só conheço o nosso grupo, ainda assim muito modesto diante da importância que isso representa para todos nós. Trata-se de conhecer o ar que respiramos, as forças que nos sustentam, enfim, o que é a própria vida. Esse tema deveria ter prioridade em nossa sociedade, uma vez que interessa profundamente à nossa sobrevivência! Estou convencido de que conhecer o mundo das energias será encontrar a chave para resolver os grandes problemas que afligem a humanidade.

— Por que diz isso?

— Porque tudo começa com a movimentação delas. O sopro da vida, a formação de um corpo, sua manutenção, sua saúde, a doença, a morte.

A natureza, a atmosfera, enfim, tudo depende da circulação energética. Conhecendo como elas atuam, as leis a que estão sujeitas, nos será fácil encontrar respostas melhores para nossos problemas.

— É um mundo novo e fascinante!

— Que está à nossa volta, atuando de todas as formas em nossas vidas, sem nos darmos conta.

— Mas o Centro do doutor Celso está pesquisando.

— Sim. Lá todos nós estamos muito interessados, mas, diante da complexidade do assunto, nossos recursos ainda são insignificantes. Contudo, eu estou disposto a fazer o que puder para prosseguir.

— Pode contar comigo. Sempre gostei de entender como as coisas acontecem. Começo a perceber que ainda sou preconceituoso e que posso estar enganado sobre muitas coisas.

Walter sorriu.

— Descobrir isso é um bom começo. A cultura acadêmica colocou tantas regras em minha cabeça que até agora, depois de verificar que muitas não são verdadeiras, ainda me surpreendo agindo como se elas funcionassem. Aliás, em pesquisa, se você pretende encontrar algo verdadeiro, precisa despir-se de quaisquer regras ou conceitos estabelecidos. Por isso, eu não quero interpretar. Quando você interpreta um fato, já o adulterou de acordo com suas crenças, e essas crenças nem sempre são verdadeiras. Um acontecimento é só aquilo que aconteceu e pronto. O resto corre por conta da fantasia.

Haviam chegado em casa, e Flávio, ao despedir-se do amigo, combinou o jantar para a noite do sábado. Lá iriam descobrir se fora mesmo Flora quem fizera o depósito na conta de Sérgio. Se as suspeitas se confirmassem, eles colocariam Arlete a par do acontecido e estudariam um plano para colocar tudo nos devidos lugares.

CAPÍTULO 15

Flora chegou em casa cansada e irritada. Flávio a convidara para jantar, e ela saíra para comprar um vestido novo. Sentia que estava perdendo terreno e que Flávio esfriara na forma de tratá-la. Não era isso o que esperava. Talvez se houvesse precipitado tentando forçar uma situação. Arrependera-se de haver discutido com ele e precisava desfazer a má impressão.

Precisava da ajuda de Joana e fora procurá-la, mas não tinha encontrado ninguém. Perguntando a uma vizinha, descobriu que ela se mudara sem deixar o novo endereço.

Mal conseguia conter a raiva. Aquela traidora! Levara seu dinheiro e agora que as coisas iam mal ela a abandonara! Flora precisava mais do que nunca de ajuda! Saiu de lá preocupada. Nas lojas em que esteve não encontrou o que a agradasse, e nada comprou. Além disso, estava com dor de cabeça.

Resolveu reagir. Não podia deixar-se dominar pelo desânimo. Deitou-se um pouco para descansar. Tinha bastante tempo até a noite e pretendia estar mais bonita do que nunca. Flávio haveria de notar. Não podia demonstrar sua irritação.

Deitou-se, mas não conseguia esquecer Joana. Um dia, ainda ajustaria contas com ela, mas no momento precisava encontrar outra pessoa que a ajudasse no que pretendia. Tinha de ser alguém melhor e mais poderosa do que Joana. As coisas não continuaram indo bem porque ela fraquejara. Não fora forte o bastante. Pensando bem, talvez fosse melhor mesmo que ela houvesse desaparecido. Teria que descobrir alguém melhor. Mas como?

Não podia perguntar a ninguém. Teria que fazer isso sozinha. Fechou os olhos e tentou relaxar para ver se a dor de cabeça passava. Nisso gastou o resto da tarde, sem conseguir melhorar. Levantou-se e tomou outro comprimido. Estava na hora de preparar-se. Iria ao jantar de qualquer forma e estaria mais bonita do que nunca.

Flávio a convidara e não lhe dera detalhes, mas ela suspeitava de que não estariam a sós. Ultimamente, ele voltara a reunir os amigos e não saíam mais sozinhos. Mesmo assim, era uma boa chance que não queria perder. Escolheu um lindo vestido, fez tudo quanto sabia para melhorar a aparência e, quando faltavam alguns minutos para Flávio apanhá-la, já estava pronta.

Olhou-se no espelho satisfeita. Conseguira dissimular a palidez, e, vendo-a, ninguém diria que não estava feliz e disposta.

Flávio chegou pontualmente com Walter e Arlete. Vendo-os, Flora dissimulou a contrariedade e cumprimentou-os, fingindo alegria e disposição. Sentada no banco traseiro com Walter, Flora tentou mostrar-se bem-humorada, conversando com ele sobre assuntos do momento.

No restaurante, esperava-os um casal que Flávio apresentou aos demais.

— Este é Paulo, meu amigo de muitos anos.

Depois de cumprimentar a todos, Paulo apresentou-lhes Joice, sua namorada, e sentaram-se à mesa que lhes estava reservada.

— Eu me recordo! Você e Flávio não se largavam! Depois desapareceu. Por onde tem andado? — disse Arlete.

— Trabalhando e cuidando da vida. Foi um prazer reencontrar Flávio e recordar nossos bons tempos.

— É verdade.

A conversa continuou agradável, e Flora, apesar de não se interessar nem um pouco pelas pessoas que estavam ali, tentava ser atenciosa e delicada. Conseguira sentar-se ao lado de Flávio e não perdia ocasião de mostrar-se espirituosa e inteligente. Sabia que era desse tipo de mulher que ele gostava.

Quando as moças foram ao toalete, Flávio não se conteve:

— E então, Paulo? Foi ela?

— Foi. Embora estivesse com óculos escuros, tenho certeza de que era ela.

— Então não há mais dúvidas! — disse Walter.

Flávio ficou pensativo durante alguns segundos e depois disse:

— Diante das evidências, não podemos duvidar. Teremos que encontrar uma forma de desmascará-la. No momento, é melhor fingirmos que não sabemos nada.

— O que pretende fazer? — indagou Paulo.

— Ainda não sei. Falarei com Arlete e com meu tio, e veremos como tirar isso a limpo. Seu funcionário se lembraria dela também?

— No dia seguinte ao de nossa conversa, falei com ele sobre isso. Lembrou-se imediatamente dela.

— Acha que a identificaria se o chamássemos? — tornou Flávio.

— Expliquei a situação, e ele está disposto a colaborar.

— Nesse caso, teremos como pressioná-la e fazê-la confessar. Falarei com Arlete ainda hoje, e veremos como fazer isso.

Elas estavam voltando, e os rapazes mudaram de assunto. Passava da uma quando deixaram o restaurante e levaram Flora para casa. Uma vez sozinhos, no carro, Flávio resolveu:

— Vamos para minha casa. Temos um assunto urgente a tratar.

Sentados na sala de estar, ele foi direto ao assunto dirigindo-se a Arlete.

— Preciso fazer-lhe uma confissão. O assunto é grave, e, se não falei antes, foi porque estava impedido.

— Trata-se de Sérgio? — indagou ela, ansiosa.

— Sim. Antes de mais nada, quero que saiba que queria contar-lhe tudo desde o começo, mas tio Anselmo fez-me prometer que não o faria. Agora, diante dos fatos novos, acho que não posso mais omitir-me.

— Por favor, fale logo! Sempre desconfiei de que me escondia alguma coisa! O que sabe?

— Sérgio não desapareceu; ele foi forçado a ir embora.

Flávio descreveu tudo quanto havia acontecido até a vinda do irmão de Sérgio para buscá-lo.

Arlete, pálida, bebia-lhe as palavras enquanto lágrimas rolavam por suas faces. Quando ele fez uma pausa, ela disse com tristeza:

— E vocês acreditaram? Como puderam fazer isso com ele? Depois de tantos anos de trabalho honesto e dedicado, deixaram-se envolver por uma história mal contada e o destruíram dessa forma? Não lhe deram nenhuma chance de provar que era inocente! Como puderam ser tão cruéis?

— Tem razão em nos culpar. Entretanto, a polícia tinha todas as provas e garantia que ele era o culpado. Ficamos em uma situação muito delicada. Chegamos a pensar que ele tinha feito tudo na tentativa de conseguir o dinheiro para pagar as despesas do casamento.

— Sérgio nunca faria isso! Ele era ambicioso, sim, mas pretendia subir na vida com trabalho e honestidade. Nunca faria uma coisa dessas! Meu Deus! O que estará pensando de mim? Que o abandonei? Que acreditei nessa história toda e o deixei? Vocês não tinham o direito de fazer isso comigo! Não podiam decidir minha vida! Logo você, que sempre foi meu amigo e em quem eu confiava mais do que em mim mesma!

Arlete chorava desconsolada, e Walter abraçou-a com carinho dizendo:

— É preciso ter calma, Arlete. Em tal situação, não é fácil saber como agir. Seus pais sabiam que você não iria acreditar na culpa de Sérgio. Temiam que o procurasse e se casasse com ele assim mesmo.

— Claro que eu faria isso! Tenho certeza de que ele é inocente!

— Pense um pouco. E se ele fosse culpado? Seus pais não tinham sua certeza. Eles queriam preservar sua felicidade. E se Sérgio fosse um mau caráter?

— Ele não é. Eles sabiam disso. Conheciam-no há anos.

— Diante de um fato como aquele, tinham todo direito de duvidar.

— Lamento, Arlete. Várias vezes, tentei convencer tio Anselmo de que devíamos contar-lhe a verdade, mas ele ficava furioso e me proibia terminantemente.

— Nesse caso, por que está me contando tudo isso agora? Ele permitiu?

— Não. Mas aconteceram fatos novos, e eu não posso mais calar-me. Confesso que me custou crer que Sérgio houvesse cometido aquele desfalque. Você sabe que dificilmente me engano com as pessoas. Sempre confiei nele e, quando tudo aconteceu, fiquei perplexo. Mas como eu disse, a polícia, as provas, tudo estava contra Sérgio. Acabei por acreditar. Embora, no centro houvessem dito que ele fora vítima de uma calúnia, que havia uma mulher interessada em destruí-lo, eu duvidei, porque as provas eram todas contra ele. Entretanto, talvez por ajuda de Deus, encontrei Paulo, que casualmente me perguntou sobre o desfalque.

— Como ele sabia?

— Fiz-lhe a mesma pergunta. Ele é gerente do banco onde foi encontrada uma conta em nome de Sérgio com vultosa quantia.

Flávio relatou minuciosamente tudo quanto Paulo lhe contara, finalizando:

— Em vista disso, combinei com ele o jantar dessa noite para saber a verdade. Ele confirmou tudo. Foi Flora quem abriu a conta em nome de Sérgio e depositou o dinheiro.

Arlete levantou-se nervosa.

— Eu sabia! Desde o começo, quando os espíritos descreveram aquela mulher, deduzi que havia sido ela!

— Diante desse fato, acredito que Sérgio possa mesmo ser inocente — concluiu Flávio.

— Ainda tem alguma dúvida? Essa mulher precisa ser desmascarada! Já fez estragos demais em nossas vidas!

— Calma — ponderou Walter. — Trata-se de uma mulher sem escrúpulos e muito inteligente. Além disso, tenho certeza de que ela se valeu de espíritos perturbadores para conseguir seus fins. Acredito que, desde o primeiro dia em que você pediu ajuda para Sérgio, os espíritos estejam trabalhando a favor dele. Por isso, as coisas estão sendo esclarecidas.

— Como me pede calma, enquanto Sérgio continua responsável por um crime que não praticou? Como pensa que ele está se sentindo, abandonado e só? Não quero que ele pense nem mais um dia que eu o desprezei ou que acreditei que ele fosse capaz de roubar. Não compreendem isso?

— Compreendo. Por isso, estamos reunidos aqui: para encontrarmos uma forma de desmascarar essa mulher o quanto antes e reabilitarmos Sérgio. Mas teremos que fazer isso de forma que nenhuma dúvida paire sobre o assunto — ponderou Flávio.

— Eu não tenho nenhuma dúvida!

— Você não, mas seus pais precisam dessas provas.

— Você também ainda duvida!

— Não, Arlete. Tenho certeza de que Sérgio é inocente, mas desejo que isso fique claro para todos. Será importante para ele também.

— Flávio tem razão — aduziu Walter. — Vamos até o fim para esclarecer o caso completamente. Será melhor.

— Quero ver Sérgio o quanto antes! Ele está com a família?

— Creio que sim. Pelo menos, Rubens nos disse que o levaria para casa. Se ainda está lá, não posso afirmar.

— Irei amanhã cedo!

— Sei que você está ansiosa — ponderou Walter —, mas gostaria que esperasse mais alguns dias.

Arlete abanou a cabeça.

— Não posso. Agora que sei o que aconteceu, preciso ir o quanto antes desfazer toda essa trama. Nós já sofremos demais.

— Precisamos traçar um plano para desmascarar Flora, e quero contar com sua ajuda! — argumentou Flávio.

— É difícil fazer o que pede. Não vê que estou aflita? Se pudesse, iria agora mesmo!

— Calma, Arlete. Amanhã procuraremos saber se Sérgio ainda está com a família. Temos o endereço deles no escritório. Não adianta você ir lá, se ele não estiver — disse Flávio.

— Está bem. Terei que esperar até saber onde ele está, mas deixarei a mala pronta. Assim que souber, irei ao encontro dele.

— Está bem. Agora vamos pensar em uma forma de resolver o caso.

— Você pode chamar o caixa do banco no escritório e colocá-lo frente a frente com Flora, acusando-a formalmente — sugeriu Walter.

— Ela vai negar, com certeza. Será a palavra dele contra a dela! — ponderou Flávio. — Preciso forçá-la a confessar.

— Ela nunca confessará — disse Arlete. — É esperta e não se deixará apanhar com facilidade.

— Por isso, preciso conseguir mais provas. Ninguém comete um ato desses sem deixar vestígios. O dinheiro roubado foi depositado em três bancos diferentes. Vou investigar. Pode ser que os outros caixas também se lembrem dela — considerou Flávio.

— Depois de tanto tempo decorrido, é provável que eles não se recordem, mas ainda que consigam, ela poderá negar e sempre haverá dúvidas. Não sei se a polícia aceitará esses depoimentos — ponderou Walter.

— É por isso que precisamos de um plano. Criar uma situação em que ela acabe confessando — respondeu Flávio.

— Talvez o doutor Martinez e a dona Doroteia possam ajudar-nos. Se ela foi capaz de fazer o que fez com Sérgio, certamente também foi responsável pelo afastamento deles do trabalho — concluiu Arlete.

— Hum! Não sei. Você está indo longe demais — disse Flávio. — Para isso, seria preciso que ela tivesse imenso poder.

— Arlete está certa. É fora de dúvida que havia uma trama dos espíritos perturbadores criada para ajudar Flora a alcançar seus fins. Para isso, ela não precisava de tanto poder assim. Valeu-se de uma médium sem escrúpulos que, acumpliciada com espíritos primitivos, se prestou a fazer esse trabalho. Ela só conseguiu, porque os envolvidos facilitaram.

— Como assim? — indagou Flávio.

— Os espíritos perturbadores se valem de nossas fraquezas. Eles envolveram Martinez e Doroteia com energias negativas. Como eles temiam perder a lucidez com a idade e acreditavam que a velhice os tornaria senis, foi fácil impressioná-los, induzindo-os a pensar que não tinham mais condições de trabalhar. Bastaram alguns enganos e poucas dificuldades para que eles próprios pensassem que estavam acabados.

— Parece simples do jeito que você explica — tornou Flávio.

— A crença de que a velhice traz a limitação da capacidade é responsável pela infelicidade dos que chegam à idade avançada. Tenho observado que quem se aposenta e assume esse papel estabelece o próprio limite, negando-se a participar ativamente da vida social e do mundo dos negócios. Fechando-se ao progresso, a pessoa acaba acelerando o processo da morte por absoluta falta da vontade de viver. Tanto Martinez como Doroteia, quando sentiram alguma dificuldade de raciocínio, pensaram logo que estavam deficientes. Ela pediu demissão, e ele adoeceu e precisou ser afastado.

— Se eles não acreditassem que a idade limita, teriam sido atingidos? — indagou Flávio.

— Seria mais difícil. Sentiriam o problema, porém, se conhecessem os assuntos espirituais, perceberiam logo que estavam sendo envolvidos por energias negativas, não teriam dado importância aos sintomas e procurariam manter pensamentos positivos. Caso não conseguissem resolver o assunto sozinhos, teriam procurado a ajuda adequada em um centro espírita. Dessa forma, seriam libertados dessa influência e nada de ruim lhes teria acontecido. O grau de influência dessas energias sobre as pessoas é determinado pelo grau de sua fé no próprio equilíbrio. Quanto mais impressionáveis e inseguras, mais absorvem as energias negativas — esclareceu Walter.

— Quer dizer que quanto mais impressionável, mais frágil? — indagou Arlete.

— Com certeza. A pessoa impressionável é voltada para o negativo. Em qualquer circunstância, ela sempre pensa primeiro no pior. Acha que está sendo prudente, mas está alimentando justamente aquilo que teme e acaba atraindo esse fato para si. Tais pessoas são muito vulneráveis aos espíritos perturbadores. Basta que eles sussurrem em seus ouvidos algumas ideias que elas temem e lancem ao mesmo tempo um pouco de energias negativas, para que elas logo comecem a passar mal e entrem por si mesmas pelos caminhos da depressão e do temor.

— É incrível! Quer dizer que eles apenas empurram e esperam. Nesse caso, os atingidos são vitimados por si mesmos — concluiu Flávio, admirado.

— A própria pessoa facilita, entretanto, isso não tira a responsabilidade deles. Quem procura atingir os outros, seja como for, é o primeiro a envolver-se com as energias que emite — disse Walter.

— Tem certeza disso? Flora não parece estar mal. Ao contrário. Está linda, bem-disposta e usufruindo da posição que ocupa na nossa empresa, enquanto Sérgio, Doroteia e Martinez estão sofrendo.

Walter abanou a cabeça negativamente.

— Não se iluda com as aparências. Tenho certeza de que ela não está tão bem quanto deseja aparentar. Nessa noite mesmo, notei a raiva e a insatisfação que sentia, embora dissimulasse muito bem.

— Por que estaria com raiva se conseguiu o que queria? — disse Arlete.

— Ela queria mais. Tenho certeza de que pretendia um casamento vantajoso com Flávio. Houve tempo em que pensei que ela fosse conseguir.

Flávio levantou-se assustado.

— Você está enganado! Tal coisa nunca me passou pela cabeça. Confesso que ela é atraente e deu em cima de mim, mas consegui controlar-me o suficiente para não me envolver.

— Eu também pensei o mesmo. Houve tempo em que você deixou a companhia dos amigos e saía apenas com ela! — tornou Arlete.

— Nem sei por que fiz isso. Talvez porque ela sempre me convidava para teatros, concertos, coisas assim. Mandava comprar os ingressos, reservava mesas para o jantar depois dos espetáculos, e eu concordava. Ela era companhia bonita e agradável. Provocava admiração e cobiça por onde passávamos. Confesso que me deixei levar, talvez até pela vaidade de acompanhar uma bela mulher. Mas, quanto a casamento, nunca pensei.

— Você estava encantado com ela, sentia prazer em sua companhia, achava natural acompanhá-la por toda parte. De repente, esse encantamento acabou, e você começou a notar algumas particularidades que o desagradaram — tornou Walter.

— Foi isso mesmo. Como sabe?

— Desde o começo, ficou claro para mim que Flora foi auxiliada por alguma macumbeira sem escrúpulos. Assim, apoiada por alguns espíritos perturbadores com os quais fez um pacto, pôs seus planos em prática. Eles trabalham no sentido de que as pessoas interessadas não percebam o que está acontecendo. Você, seus tios e até Arlete foram envolvidos por eles.

— Isso, não — protestou Flávio. — Não me deixo impressionar nem influenciar pelas pessoas. Desde que os fatos começaram a acontecer, sempre tive a cabeça muito clara e o raciocínio lúcido. A mim eles não conseguiram perturbar!

Walter sorriu levemente ao dizer:

— Tem certeza disso? Então, por que acreditou em tudo quanto a polícia disse, mesmo sendo contrário ao que pensava de Sérgio? Bastou que eles o julgassem culpado para você aceitar o fato como verdadeiro, sem questionar nem investigar nada. Nem sequer o procurou depois para ouvi-lo. Vocês eram tão amigos! E fez mais: concordou em ocultar tudo de Arlete, atitude contrária à conduta que sempre teve para com ela.

Flávio ouviu pensativo. Começou a desconfiar que, de alguma forma, ele se omitira quanto à apuração dos fatos. Walter prosseguiu:

— Há espíritos desencarnados muito hábeis na forma de envolver as pessoas. Interferem no raciocínio de cada um, sugerindo-lhes frases, levantando suspeitas, torcendo os fatos de acordo com seus interesses, fazendo com que pareçam exatamente como eles desejam. Infelizmente, ainda há muita ignorância sobre as leis de influências. É preciso muita atenção para perceber quando um pensamento é seu ou quando ele está sendo sugerido por terceiros. Os estudiosos do assunto conhecem bem como eles funcionam, e os médiuns equilibrados percebem essas interferências.

— O que me diz é revelador. Ainda assim, custa-me crer — disse Flávio. — Tudo em minha vida está bem, e em nenhum momento senti qualquer influência negativa. Você sabe que sou muito positivo e esse é meu natural.

— Eles não estavam interessados em atingi-lo energeticamente. Pretendiam apenas que não percebesse o que estava acontecendo com Sérgio e Flora. Quando nós pedimos ajuda no centro, os espíritos amigos nos informaram que Sérgio estava sendo vítima de uma injustiça e que havia espíritos perturbadores interessados em destruí-lo. Começaram a trabalhar para ajudá-lo e, aos poucos, como eu havia dito no início, os fatos foram sendo esclarecidos. Por essa razão é que eu não gosto de me adiantar, de supor qualquer coisa. Em um processo como este, os espíritos perturbadores reagem e procuram envolver-nos, enganar-nos, e podemos acabar fazendo exatamente o jogo deles. É mais seguro que nos atenhamos somente aos fatos, deixando as providências essenciais nas mãos de Deus e dos espíritos superiores.

— Você acredita mesmo que eles me envolveram? — insistiu Flávio, com ar preocupado.

— Acredito. Se analisar suas atitudes com sinceridade, perceberá que em muitos momentos agiu de maneira diferente do seu natural. Os espíritos prometeram ajudar. Tenho certeza de que foi a partir daí que você começou a enxergar certas particularidades desagradáveis em Flora que antes não notava.

— É verdade! — disse Arlete. — Eu me lembro. Na semana seguinte, você nos convidou a todos para jantar, lembra-se? Fazia meses que não se reunia com os amigos!

— Do jeito que vocês falam, até parece verdade!

— Não seja resistente, homem! — disse Walter. — Admita. Sei que é difícil para você aceitar que foi enganado. Isso acontece a qualquer um!

— Ainda não estou convencido. Em todo caso, é uma hipótese a observar. Prometo estudar o assunto. Agora, quanto à Flora, o que vamos fazer?

— Estou mais interessada em procurar Sérgio! Ele precisa conhecer a verdade! Já pensaram no quanto deve ter sofrido esse tempo todo, humilhado, ferido, abandonado? Quanto a ela, você sabe que não sou vingativa. Ficarei satisfeita se você a demitir da empresa e a riscar do grupo de nossos amigos.

Flávio meneou a cabeça dizendo:

— Não pode ser assim. O que ela fez foi muito grave. Não se trata de vingança. Também não sou vingativo. Mas precisamos esclarecer definitivamente este assunto para reabilitar Sérgio. Trazê-lo de volta, devolver-lhe tudo o que tinha não será suficiente para apagar a humilhação que ele sofreu. Diante da polícia, ele continuará sendo um ladrão, e é preciso que a verdade apareça.

— Flávio está certo, Arlete. Nós sabemos que ele é inocente, mas, para a polícia, ele continua sendo culpado. Não podemos deixar a criminosa impune, enquanto ele aparece como responsável. Ela cometeu um crime e terá de responder por ele na Justiça.

— Nós sabemos disso. Mas como provar?

— Só há um jeito: fazê-la confessar — disse Flávio.

— Flora nunca fará isso! — tornou Arlete. — Mesmo pressionada pelos funcionários do banco, vai negar até o fim.

— Eu também acho — concordou Walter.

— Por isso penso que devamos elaborar um plano que a faça trair-se.

Arlete pensou alguns instantes e disse:

— Não vamos decidir nada antes de falar com Sérgio. Ele tem direito de opinar. Amanhã mesmo viajarei para Barretos. Se ele não estiver lá, sua família deve saber onde ele está. Preciso encontrá-lo, desfazer todo esse mal-entendido, contar-lhe como tudo aconteceu. Pretendo trazê-lo de volta. Juntos, resolveremos o que fazer.

— Eu preferia ir ter com ele quando tudo estivesse provado — disse Flávio.

— Você ainda tem alguma dúvida? — inquiriu Arlete.

— Não, mas penso que é nosso dever reabilitá-lo.

— Concordo, mas desejo que ele saiba que nunca acreditei nesta história. Se eu for procurá-lo depois de tudo esclarecido, ele pensará que o procurei só quando tive certeza de que não havia sido ele. É importante que ele acredite que eu nunca duvidei de sua honestidade.

— Arlete tem razão — declarou Walter. — Do modo como os fatos aconteceram, ele deve estar pensando que Arlete o julgou culpado.

— Está certo. Nesse caso irei com você — disse Flávio.

— Não é preciso. Eu resolverei tudo e telefonarei.

— Eu irei. Também quero que ele saiba que estou arrependido por haver acreditado em sua culpa. Logo cedo passarei para apanhá-la.

Arlete aproximou-se de Flávio e beijou-o na face.

— Eu sabia que poderia contar com você! Mal posso esperar! Só em pensar que irei abraçá-lo, sinto meu coração disparar...

— O que é o amor! — disse Walter com um sorriso.

CAPÍTULO 16

Sentado sob uma árvore, Sérgio pensava. Precisava dar um rumo à sua vida, não podia ficar mais encostado na família. Tinha de encontrar trabalho, porém, não sentia nenhum entusiasmo. Deixava-se ficar recordando os momentos bons que vivera com Arlete. Ele não sabia o que mais o magoava, se sua ausência ou o fato de ela haver acreditado que ele fora capaz de roubar. Não tinha dúvidas quanto a isso. Ela não viera porque o julgava culpado.

Nas últimas semanas, voltara várias vezes à casa de seu Ramiro, de quem se fizera muito amigo. Sempre recebido com carinho, Sérgio sentia-se bem lá, permanecendo largo tempo sentado na sala simples, conversando com Maria ou com o próprio Ramiro, que lhe falava das coisas espirituais, ensinando-o a defender-se das energias negativas.

— Você precisa deixar as mágoas de lado. Pra ficar bom mesmo, tem de perdoar. Quem faz o mal é pessoa que não tem senso. Cedo ou tarde, ela pagará por isso. A vida devolve tudinho. Por isso, meu filho, limpe seu coração e trate de pensar que tudo vai melhorar, que vai ser melhor do que antes!

Sérgio suspirava. Era-lhe difícil esquecer. A bondade de Ramiro o comovia, mas ele ainda se sentia muito humilhado, ferido. A injustiça doía fundo, e a tristeza era constante. Mas, apesar disso, sentia-se mais forte. Não podia deixar-se abater. Haveria de reconstruir sua vida. Não pensava em ir mais para a cidade. Procuraria um emprego em Barretos, um apartamento pequeno para morar e tentaria tocar a vida. Pensava, mas não decidia.

Rubens convidara-o a trabalhar com ele na granja, mas Sérgio não sentia vontade. Preferia outro tipo de atividade. Não tinha jeito para cuidar da criação.

A tarde ia acabando, e Sérgio levantou-se caminhando devagar. Os pássaros cantavam alegres, mas ele nem os ouvia, imerso que estava em seus pensamentos íntimos. Ao chegar em casa, os cachorros aproximaram-se abanando a cauda, e ele deteve-se para alisar-lhes a cabeça distraidamente. Entrou, sentiu o cheiro gostoso que chegava da cozinha e pensou na mãe com ternura. Ela desdobrava-se para agradar-lhe, fazendo guloseimas de que ele gostava, conversando com alegria, tentando interessá-lo na vida da vila. Se dependesse dela, ele seria o homem mais feliz do mundo! Procurou disfarçar a tristeza para que ela não se aborrecesse. Todos em sua família faziam o possível para alegrá-lo, e ele queria retribuir de alguma forma, tentando aparentar boa disposição.

O nascimento da filha de Rubens e Antônia trouxera momentos de alegria para todos. Com a menina nos braços, Sérgio pensava em seus sonhos desfeitos. Ele nunca seria pai. Jamais se casaria. Arlete fora a única, e em seu coração não havia lugar para ninguém mais.

Os cães começaram a latir, e Sérgio olhou para trás, pois ouvira o ruído de um carro. Quando saiu, empalideceu. Reconheceu o carro de Flávio. Estaria vendo bem? Sua vista turvou-se, e ele apoiou-se na parede da casa com o coração batendo descompassado.

A porta do carro abriu-se, e Flávio desceu. Foi então que ele viu Arlete. Ela descera pelo outro lado e seguiu à sua frente, com braços estendidos, dizendo com voz que a emoção enrouquecia:

— Sérgio! É você. Finalmente!

Ele queria correr, tomá-la nos braços, gritar sua alegria, mas não teve forças. Ficou parado, pernas trêmulas, pálido, fazendo enorme esforço para manter-se de pé. Foi ela quem se aproximou e, abraçando-o, disse emocionada:

— Sérgio! Graças a Deus que o encontrei! Você não sabe o quanto sofri sem saber onde estava nem por que desapareceu.

Sérgio abraçou-a com força, e suas lágrimas misturaram-se enquanto se beijavam efusivamente. Flávio observava-os, emocionado. Quando se acalmaram, Arlete disse:

— Eu não sabia de nada! Você desapareceu, e ninguém me contou o que havia acontecido.

Sérgio olhou-a nos olhos dizendo com voz que procurou tornar firme:

— Não fui eu quem deu aquele desfalque. Juro que sou inocente!

— Eu sei disso. Se houvessem me contado tudo, há muito teria vindo à sua procura.

Flávio aproximou-se dizendo:

— Eu me deixei envolver pelas evidências. Espero que me perdoe.

— Não o culpo. Afinal, as provas eram contra mim.

— Sei que não foi você. Estou empenhado em provar sua inocência.

— Encontrou o culpado? — indagou Sérgio ansioso.

— Sabemos quem foi, mas não temos provas.

Os pais e as irmãs de Sérgio aproximaram-se.

— Vamos entrar — disse Rita. — Lá dentro, conversaremos melhor.

Entraram, e na sala, depois das apresentações, enquanto Rita servia um gostoso café com bolo, Arlete contou tudo quanto acontecera desde o desaparecimento dele. Sérgio, conservando a mão de Arlete entre as suas, ouvia atentamente.

— Achei que você me julgasse culpado e não quisesse me ver. Seu pai me proibiu de procurá-la, e eu nem tentei. Não tinha como provar minha inocência.

Arlete sacudiu a cabeça negativamente.

— Sei que você não seria capaz de um ato desses.

— Eu quis contar tudo a ela, mas tio Anselmo fez-me prometer que não o faria. Ele temia que ela viesse à sua procura. Ele pensa que foi você.

— É isso o que me incomoda. Preciso provar minha inocência. Mas como? Os depoimentos dos funcionários do banco serão suficientes para inocentar-me?

— Diante da polícia, não. Eles podem pensar que ela era sua cúmplice. Nós precisamos de algo mais. Temos que obrigá-la a confessar!

— Ela nunca fará isso! — disse Sérgio convicto. — Eu a conheço o suficiente para saber.

— Foi o que eu disse! — afirmou Arlete.

— Temos que pensar, encontrar uma forma, fazer um plano para desmascará-la. Eu queria tentar alguma coisa antes de vir aqui, mas Arlete estava muito ansiosa para vê-lo e saber sua opinião. Não descansarei enquanto não esclarecer definitivamente esse caso — disse Flávio com firmeza.

— Obrigado — respondeu Sérgio comovido. — O apoio de vocês me faz bem.

— Eu sabia que alguma coisa iria acontecer! — disse Rita com olhos brilhantes de emoção. — Não aguentava mais ver a tristeza de Sérgio e rezava todos os dias pedindo a ajuda de Deus.

— Vocês foram ao centro espírita, mas nós, aqui, quando precisamos de ajuda, vamos a seu Ramiro. Ele é um curandeiro de primeira. Homem santo e bondoso como ele só. Tem nos ajudado muito — esclareceu Vicente com seriedade. — Sérgio melhorou muito depois que foi lá. Vocês precisavam ver como ele chegou aqui! Estava abobado. Não entendia direito o que nós dizíamos. Ficava horas estirado na cama, quase não comia, parecia um bicho. Dava pena ver.

— É mesmo — disse Diva. — Eu tentava falar com Sérgio, contar coisas para ver se ele se animava, mas que nada, parecia nem ouvir. Pálido, triste, calado.

— Logo ele, sempre tão alegre e brincalhão! — ajuntou Dirce.

— Vocês estão exagerando — disse Sérgio.

— Exagerando? Até para tomar banho a mãe precisava brigar! Você, que sempre foi como um pato, tomando banho até duas vezes por dia! E a comida, então? A mãe caprichava, fazia tudo quanto você gostava, mas era inútil. Você nem olhava para o prato. Era preciso insistir e brigar para você comer um pouco!

— Isso já passou — disse Sérgio envergonhado. — Já estou melhor.

— Depois que foi no seu Ramiro, sabem o que ele fez? — questionou Diva. Vendo que os dois sacudiram a cabeça negativamente, ela prosseguiu: — Ele não queria ir ver Seu Ramiro de jeito nenhum. Disse que iria, mas enganou o Rubens. Quando ele chegou com a Antônia para buscá-lo, ele havia saído com a charrete e se escondido no meio do mato. Estava lá, estirado no chão, parecendo desmaiado. Rubens carregou-o assim mesmo até a casa do seu Ramiro, que fez as rezas. Quando Sérgio acordou, já estava melhor.

Sérgio estava acanhado. Apesar de eles haverem contado que estavam frequentando um centro espírita, pelo jeito, era um lugar de gente instruída. Não sabia o que pensariam de um curandeiro simples da roça. Mas, para sua surpresa, Flávio observou:

— Ele deve ser um médium muito bom.

Rita esclareceu:

— É o melhor curandeiro que nós já vimos. Tem ajudado muita gente. Atende a todos com bondade e alegria. Em sua casa há sempre um prato de comida para quem tem fome e um alívio para quem está desesperado.

— Gostaria de conhecê-lo — tornou Flávio, interessado.

— É um santo homem. Posso levá-los lá. Ficamos amigos. Quando eu me sentia aflito e triste, ia até lá conversar um pouco. Sua mulher, dona Maria, também é muito boa. Quando vocês chegaram, eu tinha acabado de vir de lá. Passei boa parte da tarde com eles — esclareceu Sérgio com prazer.

— Precisamos resolver o que faremos — disse Flávio.

— Sérgio irá conosco para São Paulo — disse Arlete.

— Infelizmente, não tenho condições de ir agora. Estou desempregado. Arranjarei um emprego em Barretos e irei assim que puder.

— De forma alguma! — disse Arlete. — Você irá conosco, sim. Ficará em nossa casa.

— Seus pais não iriam gostar. Eles ainda pensam que fui eu!

— Não estou mais morando com eles. Quando nossa casa ficou pronta, mesmo sem o casamento, eu me mudei para lá. Eu sentia que era lá, na casa que preparamos com tanto amor, que eu deveria esperá-lo. Todas as noites eu pensava em você e pedia a Deus para tê-lo de volta!

Sérgio emocionou-se e abraçou Arlete, beijando-a delicadamente na face.

— Você fez isso? E eu não sabia! Perdoe-me por haver duvidado do seu amor!

— Você não sabe como essa menina nos deu trabalho! — disse Flávio, tentando esconder a emoção que envolvia a todos os presentes. — Tia Nora chorou, pediu. Tio Anselmo ordenou, implorou, ofereceu várias coisas para ela desistir, mas não houve jeito. Quando chegou o dia, ela saiu de casa e mudou-se para lá.

— É que lá, em meio às coisas que compramos juntos, eu me sentia mais perto de você. Por isso, você vai comigo. Lá é sua casa também.

— Eu adoraria ir, você sabe. Nada me faria mais feliz. Entretanto, não desejo causar-lhe problemas. Iria comprometer sua reputação, e seus pais me odiariam. Não quero que seja dessa forma. Eu a amo e quero que tudo entre nós seja feito às claras, do jeito que tem de ser. Quero me reabilitar, poder oferecer-lhe um nome limpo de qualquer suspeita. Encontrar um trabalho, ter uma vida decente novamente. Só então nos casaremos e irei para nossa casa.

Arlete ia protestar, mas Flávio interveio:

— Sérgio está certo. É dessa forma que as coisas deverão ser feitas. Mas você pode voltar conosco. Ficará em minha casa. Será meu hóspede.

Quanto à questão financeira, não precisa preocupar-se. Assim que resolvermos tudo, você voltará para a empresa da qual nunca deveria ter saído.

— O doutor Anselmo não vai querer — retrucou Sérgio preocupado.

— Meu tio é homem correto e o apreciava muito. Sofreu dura perda com o que aconteceu. Tenho certeza de que, quando for informado da verdade, será o primeiro a querer readmiti-lo. Bem que eu queria contar-lhe, mas Arlete não me deu tempo. Ontem à noite, quando descobriu tudo, quis vir imediatamente para cá.

— Eu não suportaria esperar nem mais um dia!

Sérgio abraçou-a novamente e beijou seu rosto com amor.

— É que você sabia que eu estava sofrendo muito — disse ele.

— Eu não via a hora de abraçá-lo. De dizer-lhe que o amo e que sempre o amei!

— Desse jeito ele ficou até corado! Já se recuperou de tudo! — disse Diva com alegria.

— Não há nada como o amor para curar as pessoas! — ajuntou Dirce, bem-humorada.

— Enquanto vocês conversam e combinam tudo, vou cuidar do jantar — disse Rita.

— Não se preocupe conosco — pediu Flávio. — Depois comeremos em algum lugar.

— De forma alguma, doutor Flávio. Vir à minha casa e não experimentar meu feijão é um desperdício! Vai se arrepender com certeza! Sérgio não lhe contou que eu faço o melhor arroz com feijão do mundo? Vê lá que eu ia deixar vocês comerem em qualquer lugar! Podem esperar que não vai demorar nada!

Flávio sorriu bem-disposto. Sentia-se bem naquela casa simples. Gostou da maneira franca e honesta como haviam sido recebidos. Havia muita dignidade na postura dos pais de Sérgio e muita simpatia das moças. Afinal, eles poderiam estar indignados com o que ele e o tio haviam feito, pois sabiam que o filho era inocente. Essa era uma das razões pelas quais acompanhara Arlete. Temia que ela fosse maltratada pela família quando ali chegasse. Entretanto, eles os ouviram atenciosos e os receberam de braços abertos.

O jantar decorreu alegre, e Flávio reconheceu que a comida de Rita era deliciosa. Não só o feijão com arroz, mas o lombo de porco, a verdura refogada, o doce de leite feito em casa e o queijo branco eram deliciosos.

Estavam terminando o jantar, quando Rubens e Antônia chegaram com a pequena Andreia nos braços. Alguns vizinhos lhe haviam contado terem visto um carro de São Paulo na casa dos seus pais. Eles queriam saber do que se tratava. Vendo Flávio, Rubens sentiu-se um pouco preocupado, mas seu rosto logo se desanuviou notando o ambiente de franca alegria.

— Chegaram a tempo de comer — disse Rita.

— Obrigada, dona Rita. Nós já jantamos — respondeu Antônia, olhando curiosa para os visitantes.

— Nesse caso, vou trazer o café.

Posto a par do que acontecera, Rubens não se conteve:

— Aí teve o dedo de Deus e do seu Ramiro! Bem que ele falou que tudo iria se resolver!

— Esse curandeiro deve ser muito bom mesmo — disse Flávio, com interesse. — Pena que não posso me demorar por aqui. Teria muito gosto em conhecê-lo.

— Eu poderia lhe contar muitos casos que ele resolveu, mas o do Sérgio foi impressionante.

— Soube que ele não queria ir até lá.

— É verdade. Ele me disse que iria, mas, quando eu e Antônia viemos buscá-lo, ele havia saído. Não me conformei e fui atrás dele. Foi Antônia quem viu a charrete abandonada na estrada. Paramos e entramos no mato. Encontramos o Sérgio dormindo estendido embaixo de uma árvore. Sacudi meu irmão para ver se acordava, mas qual o quê. Era um sono esquisito, diferente, e nós logo deduzimos que era alguma coisa especial. Levamos ele assim mesmo e, quando chegamos à casa do seu Ramiro, entramos e colocamos Sérgio estendido no chão na sala dos trabalhos. Ele tem uma sala onde faz as rezas, há velas, ervas de remédio e garrafadas que ele mesmo prepara e dá para as pessoas.

Rubens fez ligeira pausa e, vendo que todos o ouviam com atenção, continuou:

— Ele rezou, depois disse que Sérgio estava com um feitiço e que ele tentaria ajudar. Fez a dona Maria se sentar e disse para ela se preparar para receber. Então, aconteceu uma coisa que nunca mais esquecerei: ela estremeceu e depois recebeu o espírito da pessoa que fez a macumba para o Sérgio.

— Da mulher que fez a macumba? — indagou Flávio admirado. — Do espírito que ajudou a macumbeira a fazer?

— Não. Aí é que está. Ele trouxe o espírito da macumbeira mesmo. Ela é uma pessoa como nós. Ele tirou o espírito dela e o trouxe na dona Maria para conversar. Vocês precisavam ver. Ela estava apavorada. Pensou que iria morrer, que não poderia mais voltar para o corpo. Aí, ele conversou com ela e disse que se não deixasse de fazer esses trabalhos para perturbar a vida das pessoas, ela iria sofrer muito e até morrer. Ela implorou para ir embora, mas ele só a deixou ir depois que ela desfez toda a macumba que havia feito para Sérgio e prometeu que iria se retirar daquela vida e nunca mais iria prejudicar ninguém.

— O que nos conta é espantoso! — disse Flávio, admirado. — Tenho um amigo médium, o Walter, que adoraria ter visto isso!

— Se ele quiser, pode vir, e nós o levaremos até lá. Seu Ramiro é muito bom e recebe todo mundo.

— Mas e depois? O que aconteceu?

— Bem, o Sérgio acordou e estava muito melhor. Nunca mais ficou jogado na cama daquele jeito. Estava triste, deprimido, é verdade. Estava magoado, com saudade da Arlete, machucado. Ele afirmou que tudo voltaria a ser como antes. Sérgio não acreditou que isso fosse possível, mas eu sabia que ele iria conseguir. Agora, vocês estão aqui. Isso já é um milagre, depois do que eu vi em São Paulo.

— Está fora de dúvida que tivemos muita ajuda espiritual — considerou Arlete. — Quando tia Amélia me mandou procurar um centro, as coisas começaram a mudar.

— Tem razão — concordou Flávio. — Nós lá e vocês aqui, tudo ao mesmo tempo.

— Uma coisa completa a outra — disse Rubens, convicto. — Tenho muita fé e sei que Deus trabalha em todo lugar. Do jeito que Sérgio estava, só um santo homem como seu Ramiro poderia dar jeito.

— Agora está na hora de irmos embora. Vamos procurar um hotel em Barretos. Acho que é perto — disse Flávio, levantando-se.

— Dez minutos de carro — esclareceu Diva.

— De jeito nenhum — disse Rita. — Minha casa é de pobre, mas sempre tem lugar para mais um. Arlete pode dormir aqui com as meninas, e o doutor Flávio fica na casa de Rubens. Ele tem um bom quarto lá.

— É muita bondade sua, mas não queremos dar trabalho. Ficaremos no hotel mesmo e amanhã cedo voltaremos para buscar Sérgio — replicou Flávio.

— Deixe a moça ficar aqui — pediu Vicente. — Tomaremos conta dela direitinho.

— Fique, Arlete! — pediu Dirce abraçando-a.

— Depois de tudo o que aconteceu, não devemos separá-los nem por algumas horas. Tenho certeza de que ela prefere ficar! Nós temos muito que conversar!

Flávio olhava para Arlete, que, corada, não sentia vontade de ir embora.

— Seja. Arlete fica, mas eu vou.

— Gostaria muito que aceitasse nossa hospitalidade — disse Antônia. — Teremos imenso prazer em hospedá-lo.

— Está certo. Aceito. — Voltarei amanhã cedo para buscá-los.

Quando eles saíram e enquanto as duas moças ajudavam a mãe a pôr a cozinha em ordem, Arlete e Sérgio sentaram-se, abraçados, no banco da varanda para conversar. Ela quis saber o que tinha acontecido desde o dia em que foi levado à delegacia.

Ele fez o possível para contar tudo, mas momentos houve em que ele não se lembrava do que havia acontecido. Comovida com o sofrimento dele, Arlete segurava sua mão, apertando-a carinhosamente de vez em quando. Sentindo o carinho dela, Sérgio abriu o coração, confidenciando toda a sua tristeza, sua vergonha e a consciência de que nada podia fazer para provar que era inocente. Esse era o ponto mais dolorido.

— Só Deus mesmo para me ajudar! Eu fui envolvido, sem saber de onde nem de quem partiu o golpe que me derrubou. Como me defender? Como provar que era inocente? Onde encontrar a chave desse mistério?

— Você não pensou em Flora?

— Pensei, mas não tinha certeza de nada. Suspeitar não era o bastante. Precisava ter provas. Antônia achava que eu deveria ter ido à sua procura, porém, Rubens afirmava haver prometido à sua família que não faríamos isso.

— Deveriam ter ido assim mesmo. Eles não tinham o direito de decidir por mim. Você sabia que eu o amava. Por que não confiou?

— Pensei que você tivesse acreditado na minha culpa. Senti vergonha. Temia que me desprezasse. Não suportaria isso. Mas durante muito tempo esperei que viesse. Achava que, se não me julgasse culpado, você me procuraria. Como não veio, deduzi que não me queria mais.

— Como pôde pensar isso? Não lhe ocorreu que eles pudessem ter-me ocultado a verdade?

— Diva e Antônia sempre me diziam isso, mas eu sentia medo. Depois, naqueles dias me sentia muito mal. Vivia sem forças, sem ânimo para levantar-me da cama, sem alegria ou entusiasmo para nada. Suava frio a qualquer esforço, a comida dava-me náuseas, a cabeça rodava.

— Felizmente, tudo passou. Amanhã, voltaremos a São Paulo e faremos um plano para que Flora confesse. Assim, tudo irá para os devidos lugares.

— Ela não confessará. É hábil, esperta. Se quisermos pegá-la, precisaremos ser mais astutos do que ela.

— Você esquece que o mal tem pernas curtas? Depois, contamos com a ajuda espiritual. Os espíritos superiores saberão encaminhar os fatos de maneira satisfatória.

— Você está muito confiante.

— Estou. Depois do que nos aconteceu, descobri que a vida é mais do que o presente. Nós já vivemos outras vidas e, depois de morrermos, continuaremos a viver em outras dimensões.

— Você conhece a reencarnação? Seu Ramiro me falou sobre isso. Pediu-me que eu perdoasse Flora e me explicou que, embora ela tenha tramado tudo quanto me aconteceu, se eu não tivesse necessidade de passar por essa experiência, ela não teria conseguido atingir-me.

— Walter já me falou sobre isso. Afirma que tudo quanto nos acontece é para desenvolver nosso espírito e nos tornar mais lúcidos. Que, quando estamos maduros para aprender, a vida manda a lição.

— Seu Ramiro disse que estava na hora de todos nós conhecermos as coisas espirituais. Que, se eu já tivesse algum conhecimento desse assunto, teria notado o assédio dos espíritos perturbadores, teria procurado ajuda e não teria sido tão atingido. Para viver na Terra, onde estamos rodeados por pessoas cheias de ilusões e de malícia, temos que conhecer o mundo das energias. Além das pessoas, ainda há os espíritos sofredores que nos rodeiam e que pretendem influenciar-nos.

— Pelo jeito, seu Ramiro conhece mesmo! Ele disse a mesma coisa que o doutor Celso tem dito em nossas sessões!

— Ele é um sábio. Tem me ajudado muito. Com simplicidade, bondade e conhecimento, vai explicando as coisas de um jeito que fica tudo fácil e claro na minha cabeça!

— Gostaria muito de ir até lá antes de irmos embora! Abraçá-lo e agradecer o que fez por nós. Tenho certeza de que se estamos aqui juntos foi porque ele nos ajudou.

— Se Flávio quiser, poderemos passar por lá antes de ir. Ele se levanta muito cedo. Eu gostaria de contar-lhe o que aconteceu e pedir que nos ajude a encontrar as provas de que precisamos.

— Iremos, sim. Flávio também está ansioso para conhecê-lo.

— Agora, fale-me da nossa casa!

Arlete sorriu alegre. Com olhos brilhantes, contou-lhe o que havia feito na casa, descreveu como o jardim estava bonito e cheio de flores, como sonhara com ele e pedira a Deus que o trouxesse de volta.

Diva apareceu na varanda dizendo:

— Venha, Arlete. Sei que vocês ficariam conversando a noite toda, mas é tarde. O doutor Flávio disse que viria bem cedo, porque tem compromissos em São Paulo. Vocês precisam descansar para estarem muito bem amanhã.

— Tem razão. Já é tarde — disse Arlete, levantando-se.

— Vou arrumar a cama — disse Diva, retirando-se.

Vendo Diva afastar-se, Sérgio abraçou Arlete e beijou-a demoradamente. Seu coração batia forte, e, naquele instante ele esqueceu todos os sofrimentos por que passara. Tendo-a nos braços, sentindo que Arlete ainda o amava, todos os medos e todas as dúvidas desapareceram.

E quando finalmente ela entrou para dormir, ele ficou um pouco mais. Olhando o céu cheio de estrelas, sentiu forte emoção. Sem poder conter a alegria que lhe inundava o coração, pensou em Deus e mentalmente começou a rezar!

CAPÍTULO 17

Passava das dez, quando Rubens e Flávio chegaram à casa do sítio na manhã seguinte. Apesar de terem se deitado tarde, Arlete e Sérgio haviam acordado às sete. A emoção e a excitação não os deixaram dormir mais. Vicente já saíra para cuidar dos seus afazeres, e as duas moças ajudavam a mãe nas atividades da casa.

A mesa posta para o café estava convidativa, e todos sentaram-se conversando animadamente.

— Adoro ver a família reunida em volta da mesa! — disse Rita com satisfação.

— O que você gosta mais é de ver a cara do Sérgio! Nunca o vi tão alegre! — aduziu Dirce.

— Também, com Arlete perto! — Brincou Diva.

— Podem falar à vontade — retrucou ele. — Quero ver quando vocês encontrarem um namorado. Aí é que vamos conversar!

— A Dirce está apaixonada pelo Zé das Conchas! — atalhou Diva. — Ele já está quase fisgado. Na festa do seu Onofre só dançou com ela!

— O nome dele é Zé das Neves!

— Não vão começar essa discussão de novo — atalhou Sérgio. — Ele falou em namoro?

— Não — respondeu Dirce corada. — Somos amigos.

— Mas você está apaixonada por ele! — insistiu Diva.

— Se eu estou, você não tem nada com isso! — respondeu Dirce.

— O amor é uma coisa boa — disse Arlete. — Se ele é um moço bom, e você gosta dele, não perca tempo. Conquiste-o.

Dirce interessou-se.

— Bem que eu gostaria, mas não sei como!

— É melhor não entusiasmá-la. Não conhecemos o moço — alegou Sérgio.

— Você não conhece, porque nunca saía de casa. Mas o pai e o Rubens gostam dele. O doutor Bastos confia nele. Ele faz e desfaz na fazenda. Se ele me quisesse, eu seria muito feliz!

— Pelo ardor com que o defende, dá para notar que está amando mesmo! — tornou Arlete. — Nesse caso, faça o que seu coração pede. Não escute ninguém.

— Ela agora vai ficar impossível! — concluiu Sérgio.

— Sua irmã é uma moça ajuizada e sabe decidir o que é melhor para ela. Tem todo o direito de procurar a felicidade.

— Eu gostei de você logo que a vi — declarou Dirce com satisfação. — Sabia que nos entenderíamos bem.

— Depois do café, vamos conversar no quarto. Só nós duas. Tenho certeza de que você vai gostar — prometeu Arlete, sorrindo. — E você, Diva, também está apaixonada?

— Não. Eu quero ir para a cidade, quando Sérgio puder me levar. Sonho em estudar e aprender como se vive na cidade.

— De todos aqui, Diva é a única que realmente deseja ir para São Paulo. Quando eu estiver em condições, virei buscá-la.

— Ela conta os dias para nos deixar! — disse Rita.

— Não diga isso, mamãe. Eu adoro vocês, mas tenho sede de conhecer outras coisas, saber como é a vida em outros lugares. Eu vou, mas, sempre que puder, virei aqui ver vocês.

— Deixe comigo — disse Arlete com ar misterioso. — Quando menos esperar, estará lá.

Os olhos de Diva brilharam de alegria.

— Eu contava os dias que faltavam para seu casamento. Era minha chance de conhecer São Paulo. Vocês vão casar logo?

— Por mim, casaria amanhã mesmo — disse Arlete. — Mas Sérgio prefere esclarecer tudo primeiro.

— Não posso me casar com você nessa situação.

— Para mim, não seria necessário esperar. Mas ele insiste, e Flávio o apoia.

— Ele tem razão — disse Rita. — Ele se sentirá melhor em casar quando as coisas estiverem resolvidas.

Enquanto Sérgio arrumava sua mala, preocupando-se com o estado de suas roupas que a mãe conservara o melhor que podia, Arlete e Dirce fecharam-se no quarto para conversar.

Arlete a fizera contar como estava seu relacionamento com o Zé, o que eles haviam conversado.

— Quando nós estávamos dançando, ele me segurava de um jeito! Meu coração disparava, e eu sentia que ele estava com a respiração agitada.

— É um bom sinal. Ele não disse nada, não a convidou para sair?

— Não. É estranho. Não sei o que acontece com ele. Quando ele me olha, percebo um brilho de interesse em seus olhos. Sinto que sente alguma coisa por mim, mas ele não fala nada. Por que será?

— Você sabe se ele tem outras namoradas ou sai com mulheres?

— Não. Nunca ninguém o viu com mulher. Não namora nem demonstra interesse por mulher alguma. Anda uma história na vila que ele tem um mistério na vida, porém, ninguém sabe do que se trata.

— Hum! Seria bom você saber se ele tem alguma complicação. Sabe se ele tem família em algum lugar?

— Não. Pelo que sei, ele não tem ninguém.

— O dono da fazenda mora no Rio de Janeiro?

— Não. Mora em São Paulo. Ele morava no Rio e veio para cá.

— Vamos fazer o seguinte. Escreva o nome do patrão dele. Sabe onde ele mora?

— Não. Só sei que é em São Paulo.

— Bom. Eu descobrirei. Dê-me o nome dele e verei o que posso saber.

— Faria isso por mim?

— Claro. Precisamos saber com quem estamos lidando. Se vale a pena você envolver-se mais com ele.

— É assim que se faz na cidade?

— É assim que eu faço. Você gosta dele, deseja conquistá-lo. Eu aconselhei a ir em frente. Preciso saber se vale a pena. Se ele é digno do seu amor.

— Puxa, Arlete! Nunca ninguém fez isso por mim! O que posso fazer para retribuir o que você está fazendo?

Arlete beijou-a na face delicadamente.

— Você é irmã de Sérgio e é como se fosse minha irmã. Farei tudo que puder para vê-la feliz.

Quando as duas saíram do quarto, vendo o brilho dos olhos de Dirce, Sérgio comentou:

— Arlete é como a luz! Por onde passa deixa brilho!

— Você é que tem sorte por se casar com ela! — disse Dirce.

— Não tem mais jeito. Você já conquistou toda a família! — disse ele com um brilho emocionado no olhar.

Quando Flávio e Rubens retornaram do passeio pela propriedade, Sérgio e Arlete já estavam prontos. A moça comentou:

— Podemos ir quando quiser.

— Iremos no fim da tarde. Telefonei para o escritório e avisei que só estarei lá amanhã cedo. Antônia nos convidou para almoçar, e não pude recusar. Ela gostaria muito que você conhecesse sua casa.

— É muita gentileza. Irei com prazer.

— Tenho certeza de que vai gostar. Depois, estou curioso para conhecer seu Ramiro.

— Nós iríamos pedir-lhe isso — tornou Arlete com satisfação.

— Eu não gostaria de ir embora sem falar com ele, contar-lhe a novidade e pedir-lhe que nos abençoe. Tenho certeza de que, com isso, tudo se tornará mais fácil — disse Sérgio.

— Ótimo. Podemos ir agora. Depois, almoçaremos na casa de Antônia e iremos embora.

— Antônia mandou convidar todos para o almoço. Ela quer ter a alegria de ver nossa família reunida lá em casa — disse Rubens com satisfação.

— É muito trabalho para ela! — disse Rita.

— Ela tem prazer. Vocês vão direto, e nós vamos ver seu Ramiro — decidiu ele.

Rita concordou alegre. Enquanto eles saíam, ela mandou Dirce avisar o marido para ir almoçar na casa do filho e foi com Diva para a casa da nora a fim de ajudá-la.

❧

Chegando à casa de Ramiro, todos foram recebidos por Maria, que os convidou a entrar. Ramiro estava ocupado em sua sala de orações, atendendo uma pessoa. Enquanto esperavam sentados na sala, Sérgio contou-lhe que estava de partida para São Paulo e finalizou:

— Vou sentir saudades das nossas conversas e das suas broas de milho!

— Nós também, meu filho, sentiremos sua falta. Suas visitas alegraram nosso coração. Sabemos que seu destino é viver lá, mas nossa casa estará sempre aberta para você. Quando vier ver sua família, não se esqueça de nós.

— Nunca esquecerei o que fizeram por mim! — respondeu ele.

Ramiro abriu a porta da sala, e um homem de meia-idade saiu carregando uma garrafa cheia de ervas num líquido amarelado.

— Deus lhe pague, seu Ramiro — foi dizendo enquanto saía. Cumprimentou os presentes, e Maria acompanhou-o até a porta.

Ramiro abraçou Rubens e depois Sérgio, que lhe apresentou Arlete e Flávio. Os olhos dele fixaram-se em Arlete por alguns segundos e depois sorriu com satisfação.

— Seja bem-vinda, minha filha. Há muito eu a esperava — disse ele apertando a mão que ela lhe estendia. Depois, fixou Flávio nos olhos e continuou: — É uma honra receber vocês em minha casa.

— Sérgio contou-me como você o ajudou. Fiquei muito interessado em conhecê-lo. Ultimamente, venho estudando os fenômenos espirituais.

— Faz bem. A alma precisa de alimento tanto quanto o corpo.

Acomodados na sala, Sérgio colocou-os a par do que estava acontecendo. Explicou que estava voltando para São Paulo e que não queria partir sem conversar com ele e pedir-lhe que o abençoasse.

— O senhor me ajudou muito. Sem suas orações, eu estaria ainda naquele sofrimento.

— Agradeça a Deus, meu filho! Foi Ele quem fez tudo. Eu sou só um telefone. Não faço nada a não ser servir de ligação.

— Um telefone inteligente e bondoso — comentou Flávio.

— Estou muito contente com sua felicidade — comentou Ramiro. — Agradeço terem vindo dividir essa felicidade comigo. Vamos celebrar esse acontecimento. É preciso dar graças pelo bem que recebemos. Gostaria que passassem para minha sala de orações.

Eles acompanharam-no, e Flávio sentiu que o ar naquele compartimento era mais leve e agradável. Ficou emocionado. Pensou em Walter e tratou de observar todos os detalhes para contar-lhe. Arlete sentia-se leve e serena.

Fazendo-os sentarem-se em círculo, ele também sentou-se e proferiu singela oração para agradecer a Deus e aos bons espíritos a ajuda recebida. Quando acabou, o silêncio se fez por alguns instantes. Depois, Maria suspirou levemente e disse com voz suave e um pouco modificada:

— Finalmente, minha querida, podemos conversar de novo! Tenho acompanhado seu sofrimento e, por tudo quanto passei, posso compreender o que sofreu. Obrigada por haver cuidado tão bem das minhas coisas!

Arlete estremeceu. Aquela maneira doce de falar e aquelas palavras a fizeram dizer emocionada:

— Tia Amélia!

— Sim, minha querida. Sou eu. Vim porque está na hora de vocês conhecerem a verdade. A morte é uma viagem. A vida continua e é tão rica que não tenho palavras para descrever o mundo espiritual. Flávio, você tem compromisso com o trabalho do doutor Celso. Precisa interessar-se mais, tirar todas as dúvidas. Ele, dentro de mais alguns anos, estará de volta ao nosso lado, e você e Walter terão que continuar sua obra. O momento é de crescimento no planeta, e é preciso esclarecer as pessoas para que se liguem com a espiritualidade. Só quem ouve os valores eternos da alma poderá vencer essa etapa de transição que a Terra vive.

Arlete chorava emocionada, e Flávio, pálido, sentia que cada palavra dela tocava sua alma, fazendo-a vibrar. Era como se ele estivesse vivendo um momento muito esperado, pelo qual ansiara toda a sua vida, sem saber quando e como aconteceria.

Maria continuou:

— Arlete e Sérgio também precisam integrar-se a esse trabalho. Antes de reencarnar, vocês programaram com nossos superiores fazer isso. Cooperar com a obra divina é uma aspiração ardente da alma de vocês. Realizando-a, sentirão grande bem-estar e terão muito progresso. Lembrem-se de que a fé é uma conquista a ser desenvolvida passo a passo, buscando observar e ir muito além das aparências.

Fez ligeira pausa e continuou:

— A maldade não tem consistência. Não devem preocupar-se com ela. Pensando no bem e procurando a harmonia interior, todas as coisas irão para os devidos lugares. Não precisam temer. A ajuda só foi possível porque vocês não entraram na faixa do ódio. Continuem assim e tudo ficará bem.

— Obrigada, tia, por me haver ajudado. Gostaria que estivesse tão feliz como eu estou agora!

— Hoje, minha vida está muito diferente. Um dia, voltarei para contar-lhes toda a verdade. Agora preciso ir. Vão em paz.

Maria suspirou e de repente abriu os olhos sobressaltada, olhando ao redor como para tomar consciência de onde se encontrava.

Ramiro colocou a mão sobre a cabeça dela e disse com voz calma:

— Volta, Maria. Já passou — disse ele e, vendo que ela se tranquilizara, fez ligeira prece. Quando terminou, levantou-se e escolheu uma das garrafas da prateleira e entregou-a a Sérgio dizendo:

— Tome um cálice de manhã em jejum e outro antes de dormir. Quando acabar, me avise que mando outra. Vai precisar de mais uma, mas tem que ser depois desta. Terei que preparar quando chegar a hora. É para acabar com o veneno que ficou no seu corpo. Vai ficar tudo bem.

Flávio não sabia o que dizer. Quando incorporada pelo espírito de Amélia, Maria modificara seu modo de falar e perdera o forte sotaque interiorano que ele notara ao chegar.

Ramiro olhou-o e esclareceu:

— Maria é inconsciente. Quando recebe um espírito, muda completamente. Agora não se lembra de nada. É muito engraçado. No começo, ela brigava comigo dizendo que eu estava mentindo, mas, quando as pessoas começaram a contar o que ela falava, acabou acreditando.

— É uma mediunidade maravilhosa! — observou Flávio.

— Logo reconheci tia Amélia. Ela falava daquele jeito mesmo. Até a posição em que ela ficou na cadeira era igualzinha. Nunca esquecerei esse encontro — comentou Arlete com entusiasmo.

— Agora tenho certeza de que conseguiremos esclarecer meu caso — afirmou Sérgio. — Com tanta proteção, vai dar certo. Meus amigos falavam, mas eu não levava a sério. Nunca havia pensado na vida espiritual. Agora, depois de tudo pelo que passei, percebo que estava enganado. Se não tivesse sido tão cego, talvez nada disso houvesse acontecido.

— Você fez o que pensava ser melhor, mas agora já sabe. Pode se prevenir para não acontecer de novo — disse Ramiro.

— Quer dizer que nosso comportamento influi nos acontecimentos? — indagou Flávio, querendo conhecer-lhe a opinião.

— Decerto. Se ele conhecesse os fenômenos, as energias, teria percebido que estava sob o assédio de espíritos perturbadores e procurado ajuda. A macumba podia até não ter "pegado" se Sérgio estivesse harmonizado e ligado com os espíritos de luz.

— Walter também diz isso. Que, quando "pega", é porque nós demos uma brecha de alguma forma.

— Isso mesmo. Se não fosse assim, não haveria defesa nem justiça. Desse modo, dá para entender que tudo está certo. No caso de Sérgio, foi a forma de fazê-lo conhecer essas coisas. Vocês têm compromisso com a espiritualidade feito antes de nascer. Estava na hora de começar, e vocês não sabiam. Foi preciso acontecer o que aconteceu para que despertassem.

— Nesse caso, Flora não é culpada. Não foi um instrumento dos espíritos para nosso bem? — indagou Arlete.

— Não, minha filha. Deus não precisa da maldade das pessoas para ensinar suas leis. Porém, quando alguém age mal, Ele aproveita os acontecimentos para torná-los proveitosos a todos. Essa moça também vai perceber que suas atitudes não deram os resultados que esperava e acabará por mudar, por agir diferente. Assim, todos lucram.

— É isso que me entusiasma — disse Flávio. — Vistos dessa forma, os sofrimentos humanos perdem o lado trágico. O conceito de Deus cresce infinitamente e nos dá forte sensação de segurança. Seja o que for que nos aconteça, Deus nos levará para o melhor.

— É isso, Flávio. Você entendeu. Sua missão é esclarecer as pessoas, fazê-las despertar pela inteligência. Já percebeu que, quando isso acontece, o sofrimento perde a finalidade? Essa é a ciência do futuro. Quando o homem aprender isso, a dor será banida, e tudo se transformará no planeta!

A voz de Ramiro estava ligeiramente modificada, e sua linguagem, mais correta do que o habitual. Eles perceberam que ele não falava por si e não ousaram interrompê-lo. Ele continuou:

— Daqui em diante, vai aumentar a procura de conhecimento espiritual. A humanidade já está madura para dar um passo à frente e acabar com a dor. Para tanto, só precisa acreditar que isso é possível. Há também que jogar fora velhas crenças que podem ter sido úteis antigamente, mas que agora não servem mais. É um trabalho interior que cada um precisa fazer. Será necessário certo tempo para que as antigas crenças sejam definitivamente abandonadas. Há que perseverar, insistir. Quem fizer isso vai perceber que tudo em sua vida estará mudando para melhor. Dessa forma, sua força interior aumentará apressando o progresso. Vocês, naquela sociedade, serão o canal de ligação espiritual, esclarecendo e fortalecendo as pessoas que estão nesse caminho, facilitando-lhes a tarefa. Através desse canal, os espíritos superiores os inspirarão, orientando-os, fortalecendo-os, ajudando-os. Fiquem firmes e não temam. Estão muito bem-amparados. Abracem o Celso por mim e digam que é do Gualberto.

Ramiro calou-se. Emocionados, os presentes permaneceram silenciosos. Depois de alguns segundos, ele sorriu e disse:

— Maria, tá na hora do café.

— Não se incomode, dona Maria. Antônia está nos esperando para o almoço — interveio Rubens.

— Que nada, seu Rubens! Um cafezinho e umas broas não vão tirar o apetite. Vocês não vão me fazer a desfeita de recusar.

Resolveram esperar. Tomaram o café, experimentaram as broas e despediram-se. Ramiro acompanhou-os até o portão de entrada.

— Vão com Deus. Estou muito feliz em conhecê-los.

Depois de vários acenos, já no carro, Flávio comentou:

— Que gente boa! Que mediunidade! Walter vai querer conhecê-los, tenho certeza.

— Não podemos nos esquecer de dar o recado para o doutor Celso — lembrou-se Arlete. — Quem será esse Gualberto?

— Não sei. Nunca ouvi falar dele — respondeu Flávio.

— Ele não nos disse o que fazer com relação à Flora — disse Sérgio. — Esperava que nos aconselhasse.

— Depois do que ouvimos, não precisamos preocupar-nos — respondeu Arlete.

— Não sei o que faremos para obter as provas de que precisamos. Chegando a São Paulo, teremos de pensar em alguma coisa — disse Sérgio.

— Quando tudo estava ruim — eu sem saber de nada e você desorientado — os bons espíritos vieram em nosso socorro, e tomaram as providências necessárias. Se hoje estamos aqui juntos, devemos à ajuda deles. Por que agora não confiar? Tia Amélia nos disse isso. Eles por certo planejaram tudo para que as coisas se esclarecessem. Vai acontecer naturalmente. Não vamos precisar fazer nada. Só teremos que agir dentro do que acontecer.

Flávio olhou-a admirado:

— Você tem fé!

— Você não? Depois de tudo o que aconteceu?

— Tem razão. Não dá mais para duvidar — reconheceu Flávio. — Daqui para frente, pretendo estudar mais e dedicar-me ao trabalho com o doutor Celso. Se me aceitarem, desejo começar o quanto antes.

— Eu também — disse Sérgio. — Quero conhecer a espiritualidade. Sei que me fará muito bem. Quando penso nisso, sinto grande bem-estar.

— Você foi muito feliz por encontrar alguém como Ramiro. Ele tem muita sabedoria — considerou Flávio.

— A vida faz tudo certo. Colocou um homem como ele junto às pessoas que não dispõem de muitos recursos financeiros. Além do mais, ele conforta, incentiva e ajuda — tornou Arlete.

— A fama dele corre de boca em boca. Mesmo as pessoas da cidade têm vindo tratar-se com ele. É muito procurado.

— Ele é instrumento dos espíritos superiores — esclareceu Flávio. — Seu poder vai além do das pessoas comuns.

— Antes, eu não pensava nessas coisas. Minha mãe me ensinou que deveria respeitar todas as crenças e ter aquela com que eu me sentisse melhor. Essa coisa de espíritos me parecia um pouco fantasiosa, mas nunca abusei. Quando éramos crianças, meu pai nos contava casos de assombração. Minhas irmãs morriam de medo, porém, eu achava natural. No interior, quando o povo se reúne, cada um tem uma história dessas para contar. Uns acreditam, outros não levam a sério, no entanto, todos ouvem com muito interesse. Agora, penso que muitas delas aconteceram mesmo. Se eu contasse para um descrente o que aconteceu comigo, ele também não acreditaria.

— É verdade — concordou Arlete. — No começo, você, Flávio, custou a acreditar.

— Não queria iludir-me. É preciso ter bom senso. Depois, quando uma coisa é verdadeira, ela se repete e aparece mais a cada dia. Foi o que aconteceu. Diante de tantos fatos, não podia mais duvidar.

— Já eu sempre acreditei — disse Rubens.

— É mesmo. Eu me lembro de que você, quando era pequeno, dizia que tinha gente no quarto à noite. Era verdade mesmo? — perguntou Sérgio.

— Era. Eu via mesmo. Quando eu era bem pequeno. Depois, a mãe me levou ao seu Ramiro. Ele rezava na minha cabeça, mas a dona Maria me benzia e melhorou. Contudo, de tempos em tempos, eu tinha que ir lá para ela benzer. Ficava mal, com febre, o estômago embrulhado, triste. A mãe dizia que era quebranto. Seu Ramiro rezava, e a dona Maria colocava água em um prato fundo e pingava óleo. Se ele misturasse com a água, era quebranto mesmo. O meu sempre era. O óleo desmanchava tudinho. Ela benzia, e eu sarava. Chegava em casa sem febre e com fome.

— Os mistérios da natureza! Walter comentou comigo que benzimento cura mesmo. Ele viu casos de erisipela sararem com benzimento. Ele, como médico, não os conseguiu curar — opinou Flávio admirado.

— Aqui o povo usa muito. Benze erisipela, espinhela, bucho virado, cobreiro, bicheira nos animais. Eu já vi um benzedor benzer uma vaca cheia de berne. No dia seguinte, os bichos estavam mortos e caindo todos de uma vez. É impressionante! Por tudo isso, eu nunca duvidei — disse Rubens.

— Você ainda vê espíritos? — perguntou Flávio.

— Não tanto como naquele tempo. Quando Sérgio estava mal, muitas vezes vi vultos em volta dele. Quando tentava ver mais claro, eles desapareciam.

— Você tem mediunidade! — disse Arlete.

— Seu Ramiro já me disse, mas não sou curandeiro como ele. Quando pego o violão, faço música na hora, sinto que tem mais alguém comigo.

— Você nunca me contou! — reclamou Sérgio.

— Você nunca perguntou. Pensei que não se interessasse por essas coisas.

— Não me interessava, mas agora quero saber mais.

O almoço na casa de Rubens decorreu com alegria. Arlete sentia-se à vontade com os familiares de Sérgio. O amor e o respeito com que se tratavam criavam um ambiente descontraído, muito agradável e acolhedor.

Depois das despedidas, já na viagem de volta, Arlete não se conteve:

— Você tem uma família privilegiada. Não me espanta o Rubens desejar ficar ao lado deles.

Sérgio sorriu.

— Quer dizer que eu deveria ter ficado aqui?

— Isso não. Se tivesse feito isso, como iríamos nos encontrar?

— Por isso, eu estava ansioso em ir para lá. Sabia que você estava me esperando!

— Não seja mentiroso! Você se demorou para resolver!

— Arlete tem razão — ajuntou Flávio. — Tem uma família maravilhosa.

— Sei disso. Infelizmente, não pude dar-lhes o conforto que gostaria. Saí de casa sonhando em levá-los para a cidade, mas não consegui.

— Eles são muito felizes. Penso até que seria um crime tirá-los de onde estão. Têm tudo de que precisam, gostam do que fazem, têm amigos, são conhecidos, respeitados. Na cidade, teriam a mesma felicidade? — argumentou Flávio.

— É... pode ser. Hoje, vejo as coisas de forma diferente.

— A vida sempre faz o melhor. Você não conseguiu porque, para eles, o melhor era ficar onde estão.

— Pode ser. Eles não queriam mesmo ir. Só Diva. Ela sonha em estudar, ver coisas novas, mudar. Era a única que sempre me escrevia interessada em saber quando pretendia vir buscá-la.

— Se ela deseja isso, por que não a levamos logo? Ela poderia ficar em nossa casa desde agora. Eu teria muito prazer em tê-la conosco.

— Ela adoraria, mas eu não sei... Do jeito que as coisas estão, não seria oportuno. Estou desempregado, minha situação ainda não está esclarecida... Depois, quando tudo estiver bem, veremos.

— Não precisa preocupar-se — atalhou Flávio. — Você ficará em minha casa até o casamento. Arlete está lá sozinha, e Diva lhe faria companhia.

— Ajudaria nos preparativos do casamento! — disse Arlete entusiasmada. Poderia ter vindo conosco!

— Poderia — concordou Flávio. — Mas nada nos impede de, amanhã ou depois, mandar a passagem e irmos esperá-la na estação. Se Sérgio concordar e seus pais também, faremos isso.

Arlete sorriu, respondendo com olhos brilhantes de alegria:

— Está resolvido. Flávio é o chefe. Quando ele decide, não adianta argumentar.

Sérgio abanou a cabeça e não encontrou palavras para responder. O sofrimento recente tornara-o sensível, e ele emocionava-se com facilidade. Apertou a mão de Arlete com força e beijou-a delicadamente na face. Apesar de ainda não saber como conseguiria esclarecer o engano de que fora vítima, sentiu que agora, contando novamente com o amor de Arlete, nada no mundo teria força suficiente para afastá-lo dela outra vez.

CAPÍTULO 18

Flora estugou o passo consultando, de quando em vez, o pequeno papel que segurava. Procurava o número e finalmente o achou.

Estava numa rua da periferia, diante de uma casa antiga e malconservada. O lugar não era dos mais agradáveis, mas ela estava decidida a encontrar o que queria.

Fazia alguns meses que procurava alguém que pudesse ajudá-la a conquistar Flávio. Desde que Joana sumiu, ela buscara outra pessoa inutilmente. Fora a vários terreiros de umbanda e de candomblé, mas eles recusaram-se a atendê-la, respondendo que só faziam trabalhos de cura e de limpeza. Mesmo assim, ela continuou procurando.

Tocou a campainha e esperou. Vários cachorros surgiram latindo, e ela encolheu-se receosa. Uma mulher de meia-idade apareceu ordenando aos cães que se calassem e se aproximou, olhando-a com curiosidade.

— Aqui é a casa do senhor José?

— É.

— Ele está? Preciso falar-lhe com urgência.

— Sobre o quê?

— Disseram-me que ele dá consultas espirituais e ajuda as pessoas.

— Quem mandou a senhora?

— Ninguém. Vi o anúncio no jornal.

A mulher sorriu.

— Está bem. Vou prender os cachorros. Espere um momento.

Saiu, e os cães acompanharam-na. Momentos depois ela voltou, abriu o portão e disse:

— Pode entrar.

Flora obedeceu e acompanhou-a sustendo a respiração. A casa cheirava mal, era úmida e mal-arrumada. Flora teve ímpetos de sair imediatamente, mas aguentou firme. O que lhe importava a casa e as pessoas desde que conseguisse o que pretendia? Prendeu a respiração e sentou-se na ponta do sofá, esperando com impaciência que o senhor José aparecesse.

A mulher voltou e abriu uma porta da sala e disse:

— Pode entrar, moça. Ele está esperando.

Flora obedeceu. Diante de uma mesa onde havia uma cruz e algumas velas estava sentado um homem de meia-idade, moreno e forte, cujos olhos a fixaram com curiosidade. Apesar da penumbra da sala, Flora percebeu que eles refletiam força e determinação. Era uma sala simples, e a um canto viu um altar com várias imagens de santos, algumas velas e objetos que ela não sabia o que significavam.

— Seu José?

— Sim. Sente-se.

Flora sentou-se diante dele. Quando a viu acomodada, perguntou:

— O que deseja de mim?

— Preciso saber se o senhor é bom mesmo. Pago bem e desejo uma pessoa competente. Afirmo que não estou disposta a ser enganada.

Ele sorriu mostrando uma fileira de dentes amarelados e desiguais.

— Trabalho meu é garantido. Não engano ninguém. Vamos ver o seu caso.

Segurou a mão dela e fechou os olhos respirando forte por alguns segundos. Depois disse:

— Veio aqui por um caso de amor. Quer se casar com um homem rico e bonito.

Flora interessou-se vivamente. Ele não a conhecia. Como sabia o que ela queria? Ele continuou:

— Ele não está interessado em você. É um caso difícil. É melhor desistir.

Flora irritou-se.

— Isso não! Você não tem poderes? Pode fazê-lo gostar de mim.

— Posso fazer ele pensar que gosta, é diferente.

Flora deu de ombros.

— Isso não me importa. O que quero mesmo é me casar com ele. Não é amor que eu procuro.

Ele sorriu maneiroso.

— É dinheiro, posição, segurança.

— É. Se me ajudar, não vai arrepender-se. Sei recompensar os que me servem.

Ele balançou a cabeça pensativo durante alguns segundos e disse:

— Vai ser difícil. Vai custar muito caro.

— Não importa quanto. Agora não posso dar muito, mas, assim que conseguir o que quero, darei o que pedir.

— Para começar, preciso de um bom dinheiro. Não dá para convencer os guias com poucas oferendas. Tenho que comprar muitas coisas, fazer um trabalho grande.

— Quanto seria?

Ele olhou-a, levantou-se, foi até o altar, ficou lá alguns minutos, depois voltou dizendo a quantia.

— Tudo isso?

— Para começar...

— É muito dinheiro.

— O caso é difícil, e, para conseguir, preciso fazer tudo.

— E o resultado?

— É garantido. Dentro de pouco tempo, ele estará caidinho. Além do dinheiro, vou precisar de algumas peças de roupa dele.

— Vou conseguir. O que mais você vê?

Ele segurou novamente a mão dela, fechou os olhos durante alguns minutos e depois disse:

— Vejo um perigo grande. Você está correndo perigo. Precisa de proteção.

— Que espécie de perigo?

— Alguém que você pensa que destruiu se prepara para vingar-se.

Ela estremeceu.

— Afaste isso do meu caminho!

— Vou tentar. Preciso de dinheiro para o material.

Flora tirou o dinheiro e colocou-o sobre a mesa. Ele apanhou-o e guardou no bolso. Depois disse:

Escreva seu nome e endereço neste papel. Vai levar esta vela e acender esta noite, chamando pelos meus guias. Vou escrever os nomes para se lembrar.

Quando Flora saiu, estava muito impressionada. Ele parecia dos bons. Adivinhara tudo sem que ela precisasse falar muito. Era melhor do que Joana. Que perigo ela estaria correndo? Tudo parecia em paz.

De repente, um pensamento a assaltou: ele teria dito isso apenas para arrancar-lhe mais dinheiro? Se fosse isso, iria arrepender-se. Ela não era nenhuma tola. Estava disposta a pagar o que ele pedira, mas depois de ver pelo menos algumas mudanças na situação. Flávio estava difícil, desinteressado mesmo, isso era verdade, contudo, seu José podia ter inventado para obter mais dinheiro. Ele tinha poderes, provara isso, mas ela não confiava nem um pouco nele.

Foi para casa e durante aquele dia não pôde esquecer o encontro. Era sábado, e Flora esperou em vão que um dos amigos ligasse para os encontros da noite. Vendo que ninguém entraria em contato, apanhou o telefone e ligou para a casa de Flávio. A empregada lhe disse que ele havia viajado. Aonde teria ido? Ligou para a casa de Arlete e obteve a mesma informação. Haviam viajado juntos, mas para onde? Ligou para Walter, e ele atendeu-a:

— Estou me sentindo solitária — disse ela fingindo-se triste. — Ninguém me ligou. — Calou-se esperando que ele dissesse o que desejava saber, porém, ele respondeu:

— Eu também. Infelizmente, tenho um caso urgente no hospital e terei de ir para lá daqui a pouco.

— É pena. Poderíamos dividir nossa solidão jantando juntos.

— Eu gostaria muito. O caso que vou atender é grave, e devo demorar-me por lá. Em todo caso, se tiver chance de sair, ligarei para você.

Flora desligou o telefone com raiva. Ela detestava ficar em casa. Resolveu ir até a casa dos pais. Fazia muito tempo que não aparecia por lá. Enquanto se arrumava para sair, não conseguia disfarçar o mau humor.

Essa situação não podia continuar. Ela daria um jeito de arranjar o dinheiro o mais breve possível. Pensava em um plano que, se desse certo, lhe daria mais do que isso. Ninguém na empresa descobriria. Por que não pensara nisso antes? Não seria difícil arranjá-lo. Sabia de alguém que lhe daria o que pedisse para que o favorecesse, incluindo algumas pequenas mudanças em alguns contratos. Ela sabia muito bem como fazer isso sem que ninguém descobrisse.

Precisava arranjar algumas peças de roupas de Flávio. Não confiava em ninguém. Se ao menos ele a convidasse para ir à sua casa, ela poderia dar um jeito. Mas teria de esperar, e isso a irritava. Estava cansada da indiferença dele e da sua postura autossuficiente. Teria prazer em acabar com isso e dominá-lo.

Teve uma ideia e resolveu agir imediatamente. Iria à casa de Flávio e tentaria conseguir o que desejava. Foi até lá, e, no portão principal, um empregado aproximou-se do seu carro cumprimentando-a.

— Estava passando e resolvi visitar o doutor Flávio.

— Sinto muito, dona Flora, mas ele está viajando.

Ela fez um gesto de contrariedade.

— Para onde foi?

— Não sei. Mas a senhora telefona que ele deverá estar de volta na segunda-feira.

— Que pena. A Marisa está?

— Sim, senhora.

— Eu gostaria de lhe falar. Posso entrar?

— Vou abrir o portão.

Ele abriu, e ela entrou até a porta principal. A empregada abriu, e Flora disse com ar confidencial:

— Estava passando por aqui e senti necessidade de ir ao toalete. Por aqui não há outro lugar onde possa ir. Infelizmente, o doutor Flávio não está. Você me permitiria usar o toalete?

— Certamente, dona Flora. Entre, por favor.

Ela entrou e foi ao lavabo, onde permaneceu por alguns minutos. Quando saiu, Marisa esperava-a na sala. Flora pediu-lhe:

— Você me arranjaria um copo com água? Não estou me sentindo bem.

Enquanto a empregada saiu, ela correu o olhar pela casa. Onde encontrar o que procurava? Marisa voltou, e ela apanhou o copo com água e tomou alguns goles. Depois, passou a mão pela testa dizendo:

— Não estou me sentindo bem!

Sentou-se no sofá, passando a mão pela testa.

— O que a senhora está sentindo? Quer que eu chame o doutor Walter?

— Não é preciso. Vai passar logo. Todos os meses, tenho isso. Já tomei remédio, mas sabe como é... não tem jeito mesmo.

— Se a senhora quiser, posso fazer um chá de louro! É tiro e queda!

— Vai dar trabalho!

— De forma alguma! Farei num instante!

Ela foi para a cozinha, e Flora não perdeu tempo. Subiu as escadas rapidamente, foi ao quarto de Flávio e apanhou uma camisa de seda, dobrou-a e guardou na bolsa. Depois, desceu e sentou-se novamente no sofá.

Marisa trouxe o chá, e ela tomou alguns goles. Levantou-se em seguida:

— Estou me sentindo melhor. Obrigada. Desculpe-me pelo trabalho.

Ela saiu procurando disfarçar a satisfação. Na manhã do dia seguinte, levaria a camisa para José. Resolveu voltar para casa. Queria acender as velas e fazer os pedidos conforme ele indicara. Desta vez, teria que dar certo! Flávio seria seu!

⚜

Na segunda-feira, ao chegar ao escritório, soube que Flávio continuava viajando. Aonde teria ido? Walter não aparecera no domingo, e ela passara o fim de semana sozinha e mal-humorada. Confortava-a a ideia de alcançar seus objetivos. No fim da tarde, procurou novamente a casa de José para entregar-lhe a camisa de Flávio.

— Tem alguma notícia para mim? — indagou logo ao chegar.

— Já lhe disse que o caso é difícil. Preciso de mais dinheiro. Você trouxe?

— Já lhe dei o bastante. Só lhe darei mais quando vir algum resultado. Por enquanto, nada aconteceu.

José abanou a cabeça.

— Desse jeito, não dá para fazer o trabalho. Se não me der mais dinheiro, como comprarei o que preciso? Sou pobre e não posso financiar a vida dos outros. Ou me dá mais dinheiro ou nada feito.

Flora suspirou resignada:

— Vou ver o que posso fazer. Quanto mais?

— Pelo menos a metade do que lhe pedi.

— Isso é impossível!

— Nesse caso, leve a camisa e fica o dito pelo não dito.

— Eu trago daqui a alguns dias. Enquanto isso, não poderia começar?

— Não. Como vou comprar o material?

— Eu tenho pressa!

— Traga o dinheiro, e eu farei tudo. Vou ficar esperando.

Flora saiu irritada. Ele era mais difícil do que ela esperava. Tinha que arranjar o dinheiro! Tratava-se do seu futuro!

⚜

Já era noite, quando Flávio parou o carro em frente à casa de Arlete.

— Vamos entrar — disse ela. — Gostaria que Sérgio visse como a casa ficou!

228

— É melhor não, Arlete — replicou Flávio. — Ainda não fizemos nossos planos, e, por enquanto, é melhor que ninguém saiba que Sérgio voltou.

— Os empregados são de confiança.

— Mesmo assim. Vamos decidir o que fazer, e então ele verá tudo.

— Que pena! Eu gostaria tanto!

— Flávio está certo — disse Sérgio. — Temos de agir com cautela. Surpreender Flora.

— Amanhã mesmo falarei com meu tio e contarei tudo. Juntos, haveremos de encontrar solução.

Arlete suspirou.

— Está bem. Mas que seja breve. Não quero ficar separada de Sérgio por muito tempo.

Ele beijou com delicadeza a mão dela que detinha entre as suas.

— Eu também não vejo a hora de esclarecer tudo!

Despediram-se. Quando chegaram à casa de Flávio, passava da meia-noite e os criados dormiam. Flávio instalou Sérgio no quarto de hóspedes.

— Fique à vontade. Vou tomar um banho e descer para fazer um lanche. Espero você para comermos juntos.

— Está bem.

Quando Flávio saiu, Sérgio olhou-se no espelho. Estava magro e feio. Apesar do apoio de Arlete e do amigo, sentia-se nervoso ao pensar que no dia seguinte teria que conversar com o pai de Arlete. O que lhe diria? E se ele não acreditasse em sua inocência? Sentia-se inseguro e preocupado. Como desmascaria Flora? O testemunho do caixa do banco teria validade depois de tanto tempo?

Sentou-se na cama e pensou em seu Ramiro. Precisava confiar em Deus. Lembrou-se de suas palavras e resolveu reagir. Ele era inocente e não deveria temer a maldade. Quando pensava que tudo estava perdido, Deus o ajudara a reencontrar a felicidade e a esperança. Agora, certamente o ajudaria a provar sua inocência.

Tomou um banho e sentiu-se mais disposto, apesar do cansaço da viagem. Desceu. Flávio já se encontrava na cozinha e dispusera na mesa da copa algumas guloseimas e refrigerantes. Comeram com apetite. Vendo que Sérgio estava pensativo, Flávio disse:

— Você está preocupado.

— Estou. Não sei o que o doutor Anselmo vai dizer...

— Vai nos ajudar a encontrar uma solução satisfatória. Tenho certeza de que ele, tanto quanto eu, não vai querer conservar dentro da nossa empresa uma pessoa tão perigosa e sem caráter como Flora. Pode ter feito mais do que sabemos. Ela não é confiável.

— Quanto a isso, tem razão. Flora sempre dizia que o fim justifica os meios. Não tinha nenhum escrúpulo em usar meios desonestos para conseguir o que queria.

— Percebi esse lado dela claramente. Tentou pressionar-me para assumir um compromisso com ela por havermos saído juntos algumas vezes.

— Desde que o conheceu, ela sonha em casar-se com você.

— Isso nunca me passou pela cabeça. Meu tipo de mulher é o oposto dela. Nem sei por que andei saindo a sós com ela.

— Ela é manipuladora. Fez tudo para envolvê-lo, e você nem notou. Quando percebeu, já estava quase se comprometendo.

— Para você ver. Eu não estava maliciando nada. Ela é provocante, mas não só comigo. Já a vi fazer charme para Walter também. Pensei que fosse o jeito dela. É vaidosa, gosta de ser notada, admirada.

— Como agiremos para fazê-la confessar?

— Vamos armar uma cilada. Tem que ser muito bem-feito para não lhe deixar nenhuma chance.

— Não vejo a hora de esclarecer tudo.

— Temos que contar com a polícia. Seu nome está lá ainda, apesar de havermos retirado a queixa. Para eles, você cometeu esse crime. Faço questão de esclarecer isso para que nenhuma dúvida paire sobre você.

— Nunca poderei pagar o que está fazendo por mim!

— Você é inocente. Sofreu demais. Foi humilhado injustamente, e eu não fiz nada. Quero que retome seu emprego e seja indenizado pelo que aconteceu.

— Você é mesmo meu amigo!

— Além disso, a felicidade de Arlete é muito importante para mim.

— Para mim também. Nunca se arrependerá de me haver ajudado. Farei tudo para que Arlete seja muito feliz. Ela merece!

Na manhã seguinte, Flávio foi para o escritório no horário habitual, enquanto Sérgio ficou em casa aguardando. O empresário telefonou para o tio, combinando ir almoçar em sua casa para falar-lhe.

Anselmo e Nora receberam-no com o carinho de sempre. Depois do almoço, Flávio pediu-lhes para conversarem em algum lugar discreto. Conduzido ao escritório do tio, Flávio colocou-os a par de todos os acontecimentos que culminaram com a descoberta da inocência de Sérgio.

Nora não se conteve:

— Bem me pareceu estranho que ele houvesse cometido esse erro. Ele iria se casar com Arlete. Não teria nenhuma vantagem em dar esse desfalque. Não tinha nenhuma lógica!

— A mim impressionou muito, porque ele sempre foi um ótimo funcionário. Durante anos, foi íntegro. Isso demonstra honestidade, caráter. Ninguém muda de uma hora para outra. O que está me assustando é essa história de espíritos. Logo você, metido nisso com Arlete. Não é perigoso? — perguntou Anselmo.

— Não, meu tio. Walter é pessoa equilibrada, e o grupo que estamos frequentando é dirigido pelo professor Celso. Eles não se prestariam a brincar com um assunto tão sério!

— Isso é verdade. Walter é médico respeitado, e o doutor Celso é um homem culto e de bem. Ele é muito querido por gente muito famosa e importante. É um benemérito.

— Reconheça que, se não fosse pela ajuda que tivemos deles, dificilmente descobriríamos a verdade. Desde a primeira consulta que Walter fez, os espíritos disseram que Sérgio estava sendo vítima de uma calúnia armada por uma mulher. Chegaram a descrever o tipo dela. Arlete imediatamente reconheceu Flora, mas eu não aceitei e até a repreendi. Os fatos provaram que ela estava certa.

— É inacreditável! Nunca pensei que essa história de espíritos funcionasse! — comentou Nora.

— Veja, tia, como eles sabem fazer as coisas. Enquanto nós recebíamos ajuda aqui, Sérgio era conduzido a um curandeiro. Homem simples, bondoso, que tem o dom da mediunidade e ajuda as pessoas. Não cobra nada de ninguém e ainda lhes dá remédios de ervas que ele mesmo prepara. É muito querido em Barretos. Pude conhecê-lo. Não tem nenhuma instrução escolar, mas é profundamente sábio. Em sua casa há uma atmosfera agradável que nos dá vontade de ir ficando. Sua conversa é alegre, e sua esposa recebe as pessoas com invejável simpatia.

— Pelo jeito, eles o conquistaram! — tornou Anselmo sorrindo.

— Gente boa, tio, que sabe das coisas. Um dia, ainda quero levar o Walter. Tenho certeza de que ele encontrará informações importantes para suas pesquisas. Foi com a ajuda dele que Sérgio conseguiu levantar-se da cama e, apesar da depressão que ainda sente, encontrar coragem para reagir.

— Se ele é mesmo inocente, sofreu um golpe duro! — considerou Anselmo.

— Ele é inocente! Tenho certeza. Paulo reconheceu Flora. Outra coisa importante é que ela usou de magia não só contra o Sérgio como contra dona Doroteia e o doutor Martinez. Eles estavam sofrendo de obsessão e estão se tratando no centro do doutor Celso.

— Será mesmo? Acha que ela teria tanto poder? — perguntou Anselmo, admirado.

— Ainda não sei o bastante para dizer como ela conseguiu, mas não tenho mais dúvidas de que, em alguns casos, essas coisas "pegam". Como explicar o que aconteceu com eles? Dona Doroteia foi durante anos uma excelente secretária, e o doutor Martinez, um homem lúcido, equilibrado.

— Eles envelheceram, tornaram-se cansados com a idade — disse Nora.

— Os médicos não encontraram nenhuma causa física que justificasse o que eles sentiam. Eles se demitiram, e, se dona Doroteia não tivesse ido ao centro, onde nos encontrou, nunca saberíamos a verdade.

— É muita coincidência! Ir ao mesmo lugar, no mesmo dia, na mesma hora que vocês! — disse Nora.

— Para você ver, tia. Ela pediu demissão porque se sentia mal, sentia a cabeça confusa. Julgou-se doente e, como não queria prejudicar a empresa, decidiu sair.

— Como está ela agora? — perguntou Anselmo.

— Muito bem. Tanto que pretende voltar ao trabalho, se lhe dermos oportunidade.

— E o Martinez? O que houve com ele? — perguntou Anselmo.

— Quase a mesma coisa. Dona Doroteia nos contou que ele estava mal, mas os médicos não encontravam nada que justificasse seu estado. Fomos visitá-lo, e ele estava mesmo muito mal. Walter examinou-o meticulosamente e não encontrou nenhuma doença. Está recebendo ajuda espiritual no centro e melhorando. Dizem que ficará completamente bom.

Anselmo passou a mão pelos cabelos, pensativo. Depois, disse:

— O que me conta é de espantar. Sinceramente, se não fosse você a nos contar, dificilmente eu acreditaria.

— O assunto é sério, mas as pessoas criam tantas fantasias em torno dele que a desconfiança é natural. Por isso, para estudarmos esses fenômenos e nos aprofundarmos, precisamos rodear-nos de pessoas sinceras e sem preconceitos.

— Você parece muito interessado.

— Estou mesmo. Encontrar soluções para os problemas humanos, explicações para a desigualdade no mundo, saber o que acontece com quem morre, descobrir os segredos do universo são temas que me fascinam. Acredito haver encontrado a porta que, uma vez aberta, poderá dar-me muitas respostas.

— Você e Arlete sempre buscaram entender a vida — disse Nora.

— O espiritual é mais do que isso, tia. É a chave que nos leva a um conhecimento superior e nos mostra que a vida é muito mais do que imaginamos. É saber que, acima das nossas limitações, uma força maior determina com sabedoria e acerto as experiências humanas, ensinando-nos a viver.

— Você acredita mesmo nisso? — indagou Nora com interesse. — Acha que é possível conhecermos o que acontece depois da morte? Que os que morreram podem voltar e conversar conosco?

— Acredito. Quando fomos ao centro a primeira vez, só Walter nos conhecia e sabia de tia Amélia. Até o doutor Celso ignorava esse detalhe. Entretanto, um dos médiuns presentes recebeu uma mensagem endereçada a Arlete e assinada por ela. Além disso, suas palavras não deixaram dúvida quanto à sua identidade. Foi ela quem se aproximou de Arlete e a inspirou a procurar ajuda espiritual. Como duvidar?

— Tia Amélia aproximou-se dela? De que forma? Ela sonhou? — indagou Nora.

— Não. Ela estava em casa muito triste. Rezou, chorou e pediu ajuda para solucionar o problema do desaparecimento de Sérgio. Então, ouviu distintamente uma voz dizer-lhe que deveria procurar ajuda espiritual. A princípio, Arlete não entendeu. Mais tarde, conversando comigo, quando mencionei que Walter me convidara para ir a um centro espírita, ela juntou as duas coisas.

— Como ela sabe que foi Amélia? — disse Nora.

— Ela sentiu seu perfume e ouviu distintamente sua voz.

Anselmo ficou pensativo durante alguns instantes e depois disse:

— Arlete deve estar feliz.

— Muito. Queria que Sérgio já fosse para casa com ela, o que ele recusou. Deseja primeiro resolver seu caso antes de se casar.

— Ainda bem que ele tem mais juízo do que ela! Essa menina não tem jeito mesmo! — disse Anselmo, nervoso.

— Sérgio ainda está muito traumatizado. Quer fazer tudo direito. Foi bom eu ter ido com Arlete. Conheci a família dele e gostei. Gente simples, boa, honesta. Eu tinha receio de que eles estivessem revoltados conosco. Afinal, Sérgio foi injustiçado.

— Nós não podíamos saber! — justificou-se Anselmo.

— É verdade, mas a família poderia estar com raiva. Entretanto, eles mostraram-se compreensivos, atenciosos. Receberam-nos com carinho. Dona Rita não nos deixou ir para um hotel. Eu fiquei na casa de Rubens, que tem uma esposa bonita, educada e gentil. Arlete ficou com as irmãs de Sérgio, com as quais se deu muito bem.

— Quer dizer que você tem mesmo certeza do que afirma? Sérgio é inocente, e nós vamos tentar provar — disse Anselmo. — Como pensa em fazer isso?

— Ainda não sei, tio. Sérgio está em minha casa. Por enquanto, não contamos a ninguém que ele voltou. Vim aqui para traçarmos um plano a fim de desmascarar Flora e fazê-la confessar.

— Acho difícil — disse Nora. — Uma mulher astuciosa como ela, que foi capaz de engendrar todo esse drama, que deu o desfalque sem ser descoberta e se valeu até de macumba, não vai abrir-se com facilidade.

— Contamos com a surpresa. Ela não pode saber que descobrimos a verdade.

— Devemos reabrir o caso, procurar um advogado e levar o rapaz do banco para depor. Depois, ela será intimada.

— Isso não basta, tio. Com certeza, ela negará. Temos que obter provas mais concretas.

— Teremos que correr o risco. A polícia terá que decidir.

— Isso é muito vago. O inquérito foi encerrado, e a polícia pode não estar disposta a reabri-lo. Precisamos ir à polícia com a confissão.

— Isso seria ideal, mas como conseguir? Ela não vai querer confessar — disse Anselmo.

— Vamos fazer uma reunião em casa hoje à noite. Estaremos nós, Arlete, Sérgio. Juntos, tentaremos encontrar um meio.

— A que horas? — perguntou Nora.

— Às vinte.

— Estaremos lá — prometeu Anselmo.

Flávio despediu-se e foi para o escritório. De lá ligou para sua casa. Arlete já estava lá, e ele colocou-a a par da conversa que tivera com seus pais.

Quando desligou o telefone, Arlete voltou-se para Sérgio, que ansioso esperava.

— E então? — indagou ele.

— Tudo combinado. Faremos uma reunião hoje à noite com meus pais e o Walter.

— Flávio não disse mais nada? Não falou como seus pais receberam a notícia da minha volta?

— Receberam muito bem. Ficaram surpreendidos, mas desejam cooperar. Virão para ajudar.

Sérgio suspirou aliviado.

— Ainda bem. Estava com receio de que não acreditassem.

Arlete abraçou-o e beijou-o delicadamente no rosto.

— Não se torture mais com essa história. Está provado que não foi você. Seu drama acabou. Daqui para frente, tudo vai mudar. Flora será responsabilizada e nós retomaremos nossa vida. Não vejo a hora de podermos ficar juntos em nossa casa. Tudo lá está tão lindo, tão aconchegante! Só falta você!

Sérgio apertou-a nos braços e beijou-a nos lábios demoradamente. Depois disse:

— Deus sabe o quanto sonhei com este dia, mas quero que ele seja completo, sem nada que possa empanar o brilho da nossa felicidade.

— Eu queria que você já estivesse lá. O resto não me importa.

— Para mim, sim. Não posso iniciar nossa vida, começar uma família com essa suspeita entre nós. Sei que você acredita em mim, sabe que sou inocente. Não tenho posição nem fortuna para lhe oferecer, mas me orgulho muito do nome honrado de minha família. Não posso abrir mão do único bem que eu possuo para lhe dar. Faço questão absoluta disso.

— Respeito seus sentimentos. Sei como se sente. Vamos encontrar um jeito, você vai ver.

— Tenho pedido a ajuda de Deus. Assim como Ele me tirou do abismo, levantou-me e a trouxe de novo aos meus braços, vai nos mostrar a solução.

— Tem razão. Vejo que você se tornou um homem de fé.

— Depois do que passei, como não confiar? Quando pensei que minha vida estava acabada, houve a mudança, e eu renasci. Todas as vezes em que penso em tudo, sinto dentro de mim a certeza de que, sem a ajuda espiritual, eu ainda estaria lá, como um morto-vivo, desesperado, sem forças para reagir.

— É verdade, Sérgio. Estamos cercados por espíritos amigos que velam por nós. Ligando-nos com eles, nos protegermos da maldade daqueles que ainda se iludem, acreditando que o mal pode dar-lhes o que desejam. Você está certo. Hoje à noite, encontraremos o melhor caminho para nós!

CAPÍTULO 19

Flora chegou em casa cansada, mas satisfeita. Tudo estava correndo bem. Fizera tudo como José ensinara. Acendera a vela e tratara de arranjar mais dinheiro, uma vez que ele insistia que sem isso nada poderia fazer.

Obter o dinheiro fora mais fácil do que imaginara. Um jantar com o presidente de uma empresa, uma proposta de modificação de um item do contrato a ser assinado no dia seguinte, e pronto. Ela redigiu-o novamente, conforme o combinado, e Flávio assinou sem perceber a diferença. Naquele mesmo dia, o dinheiro foi depositado em sua conta bancária.

Claro que ela pedira mais. Não queria apenas a quantia de José. No dia seguinte, entregara-lhe o dinheiro com satisfação. Agora, era só esperar. Se tudo desse certo, Flávio iria procurá-la.

Enquanto esperava, deveria cuidar de sua aparência. Desta vez, ele não iria resistir. Estava preparando o banho com sais perfumados quando o telefone tocou.

— Alô, Flávio! Como vai?

— Bem. Você tem compromisso para hoje à noite?

— Não.

— Queria convidá-la para jantar. Passarei para apanhá-la às oito.

— Estarei pronta.

Desligou o telefone, excitada. O trabalho do José começara a dar resultado. Flávio nunca a convidara para sair no meio da semana.

Preparou-se com esmero. Sentia-se irresistível. Ficou ainda mais alegre ao perceber que Flávio estava só e ninguém no restaurante os esperava. Estavam voltando aos bons tempos.

Radiante, Flora era toda sorrisos para ele. Em meio ao jantar, Flávio foi chamado ao telefone. Pediu licença, foi atender. Alguns instantes depois que ele saiu, um rapaz aproximou-se de Flora e sentou-se a seu lado.

Ela fixou-o, surpreendida.

— O que significa isso? — perguntou irritada. Era muito atrevimento dele. Flávio poderia interpretar mal.

— Serei breve — disse ele em voz baixa, mas firme. — Sei de tudo o que você fez. Sei que não foi Sérgio quem deu aquele desfalque, foi você!

Flora empalideceu, fixando-o apavorada.

— O que está dizendo? Não sei nada disso.

— Tenho provas suficientes para mandá-la para a cadeia, contudo, estou disposto a cooperar. Amanhã, telefonarei para seu escritório.

— Não. Não faça isso. Dê-me seu endereço. Irei procurá-lo.

— Nada disso. Aguarde meu telefonema. Tenho certeza de que Arlete me daria bom dinheiro para conseguir essas provas. Se não quiser, falarei com ela.

— Não, por favor. Não se precipite. Vamos conversar. Saberei recompensar sua lealdade. Não vai arrepender-se.

— Preciso ir. Aguarde meu telefonema.

Levantou-se e saiu. Flora, trêmula, pálida, apanhou a bolsa e dirigiu-se ao toalete. Precisava recompor-se. Enquanto procurava disfarçar a palidez com maquiagem, tentava acalmar-se. Nunca imaginara que alguém pudesse ter alguma prova contra ela. Como as obtivera?

Fora imprudente indo pessoalmente fazer aqueles depósitos. Mas em quem confiaria para uma empreitada dessas? Lembrou-se de que José a prevenira sobre o perigo que estava correndo. Certamente, referia-se a esse homem. O fato de procurá-la antes de dirigir-se a Arlete ou a Flávio era um trunfo a seu favor. Dar-lhe-ia o dinheiro e pronto. Tudo estaria resolvido.

Não a agradava ser chantageada, mas, no momento, não tinha escolha. Mais tarde, pensaria em uma maneira de livrar-se daquele malandro.

Ao voltar para a mesa, já encontrou Flávio.

— Alguma coisa importante? — indagou com naturalidade.

— Não. Aliás, não sei como me descobriram aqui. Não tinha dito a ninguém onde estaria. A pessoa contou uma história complicada que não entendi bem. Acho que foi um trote.

Flora respirou fundo tentando encobrir o mal-estar. O homem que a abordara tinha algum cúmplice. Fora ele quem chamara Flávio ao telefone para que ela pudesse ser abordada. Eles os haviam seguido. Como não notara isso?

Discretamente, passou os olhos pelo salão, mas o rapaz que a abordara não estava ali. Teria ido embora?

— Você não parece muito bem — disse Flávio fixando-a.

Ela sorriu, tentando aparentar tranquilidade.

— Engano seu. Estou ótima. Adoro sair com você sem ter que dividi-lo com os demais.

— Gosto de estar com meus amigos. Não pensei que isso a aborrecesse.

— Não aborrece. Também gosto de estar com eles, mas é com você que me sinto melhor.

Flávio sorriu e não respondeu. Sentia que ela estava tentando envolvê-lo e procurou dar à conversa um tom impessoal. Depois do jantar, levou-a para casa e despediu-se.

— Não quer entrar um pouco? — convidou ela. — Tomar um licor, conversar mais um pouco. É cedo ainda e está tão agradável!

— Obrigado, Flora. Fica para outro dia. Amanhã preciso acordar muito cedo.

— É pena. Fiquei muito feliz com seu convite. Ultimamente, venho me sentindo muito só.

— Por que não volta a viver com sua família?

— Não me acostumaria mais. Sabe como é... depois de experimentar a independência, fica difícil. Aprecio minha liberdade, mas uma companhia como a sua só a valoriza. Quisera poder contar com ela em todos os instantes.

— Obrigado, Flora. É muito gentil. Boa noite.

— Boa noite. Quando desejar sair, conte comigo.

Flávio saiu, e Flora entrou em casa satisfeita. Flávio estava arredio, sentira isso. Era natural em quem receava assumir qualquer compromisso. Sabia que casamento não estava nos planos dele por enquanto, porém, o fato de tê-la procurado significava que sentira necessidade da sua companhia. Com a ajuda de José ou não, o fato era que ele estava caindo na rede.

Logo estaria dando ordens naquela mansão, rodeada de criados, com chofer e muito dinheiro. Claro que, como esposa dele, ela não deveria mais trabalhar. Não ficaria bem. Teria tempo para viajar, comprar joias, frequentar os clubes da moda.

De repente, lembrou-se do rapaz que a abordara e teve medo. Ele poderia estragar tudo. Se lhe tivesse dado o telefone, iria procurá-lo naquela noite mesmo. Ele, contudo, preferira ficar incógnito. Como tomara conhecimento do que ela fizera? Não se lembrava de tê-lo visto antes. Teria Joana dado com a língua nos dentes?

Claro. Por que não pensara nisso antes? Ela era a única pessoa que conhecia todo o plano. Aliás, fora cúmplice e agora pretendia tirar vantagem. Aquela conversa de doença, de não poder mais fazer aqueles trabalhos fora só para ver-se livre dela.

À medida que pensava no assunto, mais Flora acreditava nessa hipótese. Se ao menos soubesse onde encontrá-la! Irritava-a ter que esperar. O assunto era perigoso demais para perder tempo. Sentia-se insegura. Queria resolvê-lo o quanto antes.

Flávio deixou Flora e foi para casa. Arlete e Sérgio esperavam-no ansiosos.

— E então? — perguntou Sérgio logo que ele entrou.

— Tudo aconteceu como planejamos. Marcos fez tudo direitinho. Ela não desconfiou de nada. Ficou muito perturbada. Quando voltei para a mesa, ela tinha ido ao toalete.

— Com certeza para refazer-se — comentou Arlete.

— Também acho. Voltou com a maquiagem refeita, mas percebi que estava inquieta. Quando sugeri que ela não estava bem, tentou dissimular.

— Ela é boa nisso — tornou Sérgio.

— É, mas pude notar que ela estava muito nervosa. Ainda assim, tentou envolver-me com uma conversa de que se sente só etc.

— Continuou com o jogo. Ela pretende casar-se com você! — disse Arlete.

— Vamos ver o que ela pensará de mim quando for desmascarada — rebateu Flávio.

— Pelo que conheço dela, vai querer matá-lo. Quando se enfurece, chega a ser perigosa.

— Nessas alturas, estará presa e deverá ocupar-se em prestar contas à Justiça. Marcos está chegando. Vamos ver o que ele diz.

O rapaz que abordara Flora entrou, e os três voltaram-se para ele esperando.

— Não vim antes porque dei um tempo para o doutor Flávio chegar.

— E então, como foi? Queremos saber os detalhes — disse Flávio.

— A fera mordeu a isca. Vocês precisavam ver. Quando falei que sabia de tudo sobre o desfalque, ela quase desmaiou. Ficou branca e tremendo. Quando mencionei que Arlete pagaria bom dinheiro pelas provas, pensei que ela fosse desabar. Disse logo que eu não procurasse ninguém, porque ela faria qualquer negócio que eu quisesse. Fiquei de telefonar. Tudo saiu conforme planejamos.

— Você foi ótimo. Ela acreditou mesmo — disse Flávio.

— Pois é, doutor Flávio. Já trabalhei em teatro em meus tempos de faculdade. Gostei de fazer esse papel. Vou gostar ainda mais quando conseguirmos as provas de que precisamos para inocentar Sérgio.

— O primeiro passo foi dado. Agora precisamos cuidar do resto.

— O segundo passo será assustá-la durante alguns dias. Sei como fazer isso. Telefonarei, farei ameaças, mas não marcarei o encontro.

— Esse será o terceiro passo — disse Flávio.

— É. Quando ela estiver muito ansiosa e assustada, prepararemos a armadilha. Dará certo, pode crer.

— Seu pai nos ajudou muito, Marcos.

— Advogando, temos conhecido muitos malandros. Aprendemos a lidar com eles. Vocês são nossos clientes há muitos anos. É um prazer prestar-lhes esse serviço. Fazer justiça é nossa função.

— Seja como for — disse Arlete —, somos muito gratos.

— É verdade — concordou Sérgio. — Para mim, principalmente, desfazer esse engano é fundamental.

Marcos aproximou-se de Sérgio e colocou a mão em seu braço dizendo:

— Quando papai voltou da delegacia, onde foi retirar a queixa do doutor Anselmo para poder libertá-lo e me relatou os fatos, lembro-me de haver-lhe dito: "Não acredito que Sérgio tenha feito isso!"

"As provas são contra ele", rebateu papai.

"Provas muito evidentes que subestimam a inteligência de Sérgio. Se ele houvesse cometido esse desfalque, certamente não teria deixado pistas tão claras. Para mim, deveriam investigar melhor. Um moço de comportamento exemplar não iria fazer uma coisa dessas."

"Lembro-me de que papai concordou comigo."

Sérgio olhou-o comovido.

— Vocês acreditaram na minha inocência! — disse confortado.

— Estivemos próximos da verdade. Agora sabemos disso. Se naquela ocasião não pudemos fazer nada, agora nos sentimos felizes em cooperar.

Depois que Marcos se despediu, Arlete disse com satisfação:

— Diva chegará amanhã. Iremos buscá-la.

Sérgio olhou-a admirado e objetou:

— Não seria melhor ela esperar? Não estou em condições de cuidar dela.

— Não precisa. Eu a convidei. Ficará comigo. Pode ter certeza de que estará bem.

— Ainda assim, preferia que viesse depois de resolvermos meu caso.

— Diva desejava tanto vir! Ficou muito feliz com meu convite.

— A que horas iremos buscá-la?

Flávio interveio:

— Não acho prudente você ser visto por enquanto. Se Flora souber que está aqui conosco, desconfiará.

— Ele não pode ficar preso em casa — tornou Arlete.

— Por enquanto, precisa. Só mais alguns dias. Nosso plano está bem-feito e não podemos agora correr o risco de fracassar.

— Sei que tem razão — concordou Sérgio. — Entretanto, sinto-me mal por ter de ficar escondido aqui, sem poder fazer nada.

— Avalio como se sente, mas não temos outra opção. Ela precisa acreditar que não sabemos de nada.

— Nesse caso, irei sozinha esperar Diva e levá-la para casa. Mais tarde, viremos aqui para vê-lo.

— Você acha mesmo bom que ela venha?

Foi Flávio quem respondeu:

— Eu acho ótimo. Arlete precisa de companhia. Ocupando-se com Diva, ficará menos ansiosa com relação a você e manterá a calma suficiente para esperar.

— Espero que não seja por muito tempo — disse ela. — Por mim, Sérgio já estaria em casa e pronto.

Sérgio abraçou-a com carinho.

— Espero esse dia ansiosamente, mas quero ir de cabeça erguida e entrar pela porta da frente. Entendeu?

— Entendi. Até parece que você conversou com papai. Fala como ele! Flávio sorriu.

— O tempo passará depressa. Não convém que Sérgio saia, mas amanhã convidarei Walter para jantar aqui. Ainda não nos encontramos e temos muito que conversar. Você e Diva virão, e teremos uma reunião agradável.

— Isso mesmo — concordou Arlete, alegre.

— Você dorme aqui esta noite. É tarde para ir sozinha — resolveu Flávio.

— Está bem, mas amanhã quero ir para casa cedo. Preciso preparar algumas coisas. Desejo que Diva se sinta muito bem.

— Você vai mimá-la, e isso não é bom — disse Sérgio, procurando ocultar a emoção. — Vai estragá-la.

— Qual nada. Ela me parece ser bem sensata. Sempre desejei ter uma irmã. Alegra-me poder mostrar-lhe a cidade e ajudá-la a descobrir o que deseja ser no futuro. Vê-la desabrochar. Sua família é feliz, a vida lá é muito boa, mas Diva tem muita energia e precisa de mais espaço. Não pertence àquele mundo e não se sente satisfeita com ele. Ela quer mais.

— Em tão pouco tempo, você conseguiu perceber isso. Em minha família é a única que deseja progredir, crescer. Os outros estão bem e não sentem vontade de mudar.

— As pessoas são diferentes umas das outras — disse Flávio, pensativo. — Arlete está certa. Dar oportunidade a quem tem vocação é maravilhoso. Ela se sairá bem aqui.

— Certamente. Tenho certeza de que em pouco tempo estará integrada à vida da cidade. Vocês vão ver! — disse Arlete com entusiasmo.

— Com sua ajuda, eu acredito. Você tem o dom de transformar as pessoas e torná-las felizes — disse Sérgio, olhando-a com enlevo.

Flávio levantou-se.

— Depois disso, sinto que minha presença é dispensável. Vou dormir. Até amanhã.

Depois que ele se foi, Arlete e Sérgio, abraçados no sofá, conversaram durante muito tempo. Trocaram beijos e juras de amor, sentindo-se felizes traçando planos para o futuro. Só muito tarde se recolheram.

Na manhã seguinte, Arlete acordou assustada. O sol estava alto, e ela levantou-se rapidamente, consultando o relógio. Passava das dez. Aprontou-se e desceu. Sérgio já havia acordado e esperava-a na sala. Depois do café, ela despediu-se. Diva chegaria à tarde, mas ela desejava ultimar algumas compras antes de ir buscá-la. Saiu apressadamente.

Diva chegou emocionada e bem-disposta. Os olhos brilhantes de alegria mostravam seu entusiasmo por realizar um sonho tantas vezes imaginado. Arlete levou-a para sua casa e colocou-a à vontade no quarto lindamente decorado que arrumara carinhosamente para hospedá-la.

— Depois que você se instalar, iremos dar uma volta pela cidade. Mais tarde, iremos à casa de Flávio. Sérgio a espera com ansiedade.

— Tem certeza? Mamãe disse que ele não iria gostar da minha vinda agora, antes de resolver seu caso, mas quando você me convidou, não resisti.

— Ele sente-se ainda muito inseguro, mas eu sei que tudo está praticamente resolvido. Para mim, ele não precisava provar nada.

— Eu o entendo. A honestidade é um princípio muito importante em nossa família. Meus pais fazem questão disso, e todos nós aprendemos assim.

— Posso imaginar o que tem sido essa calúnia na vida de vocês.

— Tem sido horrível, principalmente porque sabíamos que ele era inocente.

— Às vezes, fico pensando por que Sérgio foi envolvido.

— Porque cruzou com uma pessoa de mau caráter como a Flora.

— Isso está claro. Mas por que ele e não outro? Por que Flora conseguiu atingi-lo?

— Foi o acaso. Ela cismou com ele e pronto.

— Não, Diva. Não é assim que a vida funciona. De alguma forma, Sérgio atraiu isso para ele e, já que estamos juntos, eu também.

— Não entendo aonde quer chegar.

— A vida é perfeita e responde a todos os nossos atos. Tudo o que nos acontece é resultado de nossas atitudes.

— Eu não acho. Se fosse assim, nada de mal aconteceria aos bons.

— Nosso conceito de bondade é ainda muito relativo. Quantas vezes acreditamos estar fazendo o bem e as coisas dão errado? Além disso,, na vida não é apenas a bondade que conta. Há muito mais. Precisamos desenvolver nosso senso de realidade.

— Aprender a encarar o sofrimento?

— Aí é que está. Em seu conceito, ser realista é sofrer?

— Bem... basta olhar em volta para perceber que neste mundo há mais sofrimento do que felicidade.

— É verdade. Mas por que isso acontece? Por que as pessoas se iludem, criam problemas, escolhem mal seus caminhos? Há os que vivem felizes e para os quais a vida corre melhor.

— É verdade. Esses têm mais sorte.

— Sorte? Você acredita mesmo nisso?

— Não há outra explicação.

— Acreditar em sorte equivale a dizer que Deus é parcial. Não, Diva. Desde que fomos atingidos, tenho-me perguntado: o que a vida pretende nos ensinar com isso? Tenho certeza de que, se não precisássemos passar por esses problemas, Flora não teria conseguido nada.

— Isso diminui a culpa dela?

— Não. Ela não responde por nossas necessidades. Diante da vida, cada um responde apenas por si. Flora fez tudo para nos prejudicar. Uniu-se ao mal e atraiu energias negativas. Fatalmente, está envolvida com isso. Não desejo tornar-me igual a ela. Entreguei o caso nas mãos de Deus e pronto.

— Não ficou com raiva?

— No começo, fiquei. Depois, pensei melhor e reconheci que ela deu o que tem. Não podemos exigir de alguém o que ainda não pode dar. Estou interessada em descobrir por que nós fomos atingidos, isso sim. Sei que quando isso acontece é porque nós precisamos dessa experiência. O que me assusta é que, enquanto não aprendemos, os fatos se repetem.

— Não diga isso nem por brincadeira!

— Sinto que estamos menos ingênuos e mais maduros. Eu estou mais confiante, enquanto Sérgio ainda se deixa dominar pelo receio. Isso pode dificultar a resolução do caso. Gostaria que ele fosse mais positivo.

— O golpe que ele sofreu foi muito duro.

— Mas a ajuda espiritual que ele recebeu foi muito grande. Sérgio precisa confiar mais na vida.

— Ele já melhorou muito. Seu Ramiro disse que tudo aconteceu porque vocês precisavam conhecer os fatos espirituais. Sérgio mudou muito. Agora ele reza, acredita no seu Ramiro, pensa em Deus. Antes, ele não ligava para nada disso.

— Eu também mudei. Sempre acreditei na vida e nas forças superiores que comandam o universo, mas nunca me detinha a pensar no que acontecia depois da morte. Eu sentia que os espíritos dos que morreram deveriam estar em algum lugar, contudo, ignorava como. Com o que nos aconteceu, descobri que estamos rodeados por energias e pelos espíritos dos que já viveram aqui. É maravilhoso saber que a vida continua e que o corpo material é apenas uma roupa que abandonamos quando não nos serve mais. Você tem razão. Nós precisávamos ter contato com a espiritualidade, e Flora nos ajudou.

— Daqui a pouco, você dirá que está agradecida a ela! Não está exagerando?

— Não. Estou agradecida à vida, não a ela. Nós tínhamos essa necessidade, e Deus usou a maldade dela a nosso favor. Se não fosse ela, teria sido outra pessoa igual. Da mesma forma que aprendemos, um dia ela também aprenderá.

— Você pensa tão diferente! Nunca vi coisa igual.

— Gosto de observar como as coisas acontecem. Eu e Flávio costumamos conversar muito sobre isso.

— Flávio também pensa assim?

— Pensa. Nós temos muita afinidade.

— Gostaria de aprender. Parece que para você as coisas são claras e que sempre sabe o que fazer. Isso me fascina. Em casa, as pessoas são muito diferentes de mim. Adoro todos eles, mas as conversas por lá são só sobre plantação, chuva, boi, galinhas. Eu costumava ficar horas pensando, sozinha, embaixo de uma árvore no pomar, imaginando coisas, querendo descobrir como seriam.

Arlete sorriu alegre:

— Eu sabia que você era diferente. Eles estão bem, gostam da vida que levam, mas você tem sede de coisas novas.

— Tenho mesmo. Sérgio me entende, mas ele estava sempre longe. Quando voltou arrasado, não conversava. Você me compreendeu logo. Sou-lhe muito grata por esta viagem. Nunca vou esquecer o que está fazendo por mim.

— Estou feliz por tê-la aqui comigo. Estava muito só. Se não estiver cansada, poderíamos sair um pouco, dar uma volta pela cidade. Depois, iremos ver Sérgio e jantar na casa de Flávio. Walter também estará lá.

— Estou ansiosa para ver a cidade. — Ficou pensativa por alguns instantes e continuou: — Jantar em casa de Flávio! Vamos ver minhas roupas. Não sei o que se usa na cidade. Tenho medo de não ter um vestido apropriado.

— Veremos isso.

— Rubens me deu dinheiro para comprar o que eu quisesse. Ele agora ganha bem e tem auxiliado muito em casa. Você me ajuda a escolher um vestido bonito para hoje à noite?

— Claro. Vamos cuidar de tudo. Não se preocupe.

Diva sorriu alegre e seus olhos brilharam de satisfação. Arlete continuou:

— Não podemos perder tempo. Não deseja mesmo descansar?

— Não conseguiria. Estou ansiosa.

— Está bem. Então, vá tomar um banho e arrumar-se. Iremos à cidade e, de lá, direto à casa de Flávio.

Enquanto esperava por ela, Arlete telefonou para Sérgio e contou-lhe que Diva chegara bem.

— Gostaria de ter ido buscá-la na estação. Esperei tanto por esse momento e, quando aconteceu estava feito um prisioneiro, sem poder sair.

— Não se queixe, Sérgio. Você está muito bem. Eu fui e fiz tudo direitinho. Hoje à noite, estaremos aí, e você poderá vê-la. Ela está radiante.

— Posso imaginar. Era seu maior sonho!

— Estou feliz por poder dar-lhe essa alegria.

Continuaram conversando, e, quando Diva apareceu, Arlete despediu-se de Sérgio.

— E então? Como estou? Não quero envergonhá-la. Acha que minha roupa é muito fora de moda? — indagou ela ansiosa.

Arlete olhou-a com atenção. Ela usava um vestido estampado, saia franzida, presa na cintura com uma faixa e um laço atrás. Sem mangas, decote redondo com um laço sobre o peito.

— É um vestido de menina. Vamos melhorá-lo. Vamos ao meu quarto.

Lá, tirou a faixa, escolheu um cinto de couro combinando e colocou-o na cintura de Diva. Depois, arrancou o laço do peito, escolheu um colar e um par de brincos.

— Ponha isso. Acho que ficou melhor, mais próprio para uma moça.

Diva obedeceu e olhou-se no espelho.

— Ficou muito melhor.

— Você é muito bonita. Precisa aprender a valorizar sua beleza. Amanhã, iremos a um salão para fazer uma pequena mudança em você.

Os olhos dela brilharam.

— Que bom! Acha que posso ficar como as moças das revistas?

Arlete riu bem-humorada.

— Não quero transformá-la num manequim, apenas ressaltar o que tem de bonito. E, para isso, não deve perder sua essência. Tem uma espontaneidade encantadora e um sorriso iluminado que a tornam linda.

— Você acha mesmo?

— Acho. Agora vamos embora. Temos muito que fazer.

As duas saíram conversando com entusiasmo e fazendo planos para os próximos dias, dispostas a aproveitar tudo o que pudessem.

CAPÍTULO 20

Sérgio esperava ansiosamente as duas moças. Marisa mandara seu terno ao tintureiro, lavara e passara suas melhores roupas de quando estava na cidade e nunca mais usara. Fez o que pôde para melhorar sua aparência.

Quando Arlete chegou, abraçou-o carinhosamente e disse:

— Estava com saudades!

Ele beijou-a com carinho. Depois, deu as boas-vindas a Diva. Ela estava radiante. Ficara deslumbrada com as lojas da cidade e o movimento das ruas. Seu rosto estava corado e em seus olhos havia um brilho de prazer que ela, apesar do seu acanhamento por estar ali pela primeira vez, não conseguia esconder.

Flávio, depois de cumprimentá-la, observou:

— O que aconteceu com as duas? Estão radiantes!

— Estamos felizes. A felicidade faz maravilhas! — respondeu Arlete.

— Estou vendo! — tornou Flávio.

— Onde Arlete aparece tudo se transforma. Ela tem esse poder — aduziu Sérgio, olhando-a com amor.

Flávio sorriu, malicioso.

— Desse jeito, ela ficará mimada e impossível.

Diva olhou-o séria quando disse:

— Ele tem razão. Arlete leva a alegria e o entusiasmo aonde vai. Nossa casa estava triste, e, quando ela chegou, tudo se modificou. Estou aqui vivendo este conto de fadas!

Nos olhos de Flávio havia um brilho indefinível quando disse:

— Espero que continue assim.

Walter entrou e, depois dos cumprimentos, quis saber os detalhes de tudo quanto havia acontecido. À medida que Flávio, Arlete e Sérgio relatavam, cada um por sua vez, os acontecimentos, Walter não continha as exclamações de entusiasmo. Ao final, comentou:

— Se eu soubesse, teria ido com vocês! Gostaria muito de conhecer seu Ramiro. Deve ser um médium excepcional.

— É autêntico. Sua naturalidade no trato com os fenômenos espirituais encanta e convence.

— Gostaria imensamente de conhecê-lo!

— Poderemos visitá-lo! Tenho certeza de que ele também gostaria. Tenho sentido falta dele. Sempre que eu ficava inseguro, preocupado, ia lá, conversava com seu Ramiro, e voltava melhor — tornou Sérgio emocionado.

— O que prova que ninguém está só. Mesmo longe daqui, Deus colocou a seu lado um dos seus mensageiros para aliviar sua dor.

— Seu Ramiro disse que tudo nos aconteceu porque estava na hora de tomarmos conhecimento da vida espiritual. Um espírito se comunicou através dele, mandou um abraço ao doutor Celso e nos convocou para trabalhar na divulgação dos trabalhos dos espíritos, no esclarecimento e no conforto das pessoas. Foi a despedida — lembrou Flávio.

— Interessante! Deu o nome?

— Disse chamar-se Gualberto.

— Falaremos com Celso e veremos se ele o conhece.

O jantar decorreu agradável. Colocado a par do plano deles para induzir Flora a confessar, Walter afirmou:

— Foi uma ótima ideia. Seria bom que vocês fossem ao centro amanhã à noite. Nunca é demais pedir proteção.

— É verdade — concordou Flávio. — Depois, eu quero conversar com o doutor Celso, contar-lhe o que aconteceu e dar-lhe o abraço do Gualberto.

— Você acha que eu deveria ir também? — indagou Sérgio.

— Seria bom — disse Walter.

— Tenho receio de que Flora descubra que Sérgio está aqui e escape da armadilha — esclareceu Flávio.

— Saber que ele voltou pode ser uma forma de deixá-la mais apavorada — sugeriu Walter.

— Preferia que ela ignorasse — opinou Flávio. — Enquanto ela pensar que Sérgio continua como culpado, terá todo o interesse em esconder a verdade. Se suspeitar que descobrimos, ela poderá escapar-nos, resolver fugir, viajar, e então perderemos sua confissão.

— Você pode estar certo. Nesse caso, é melhor que Sérgio não saia de casa. Nós pediremos ajuda assim mesmo. Arlete poderá ir.

— Eu também gostaria de ir — disse Diva. — Sempre fui fascinada pelos mistérios da vida e da morte.

— Iremos todos — decidiu Flávio.

— Menos eu! — lamentou-se Sérgio.

— Por enquanto. Depois da ajuda espiritual que você recebeu, tenho certeza de que será um assíduo frequentador.

— Por que diz isso, doutor Walter? — perguntou Sérgio.

— Primeiro porque, agora que descobriu esse lado da vida, vai querer saber mais. Depois, porque vocês tiveram um chamamento espiritual. Vocês estavam maduros e, então, atraíram esses fatos em suas vidas.

— Poderia ser por carma. Nesse caso, nós estaríamos colhendo os resultados de coisas que fizemos em outras vidas — disse Arlete.

— Se fosse carma, os espíritos não teriam lhes mostrado a verdade. Vocês estariam ainda separados, sofrendo essas consequências. Mas eles interferiram e só o fazem quando têm permissão dos espíritos superiores — esclareceu Walter.

Arlete ficou calada por alguns instantes e depois disse:

— O caso de tia Amélia seria um carma? Seu marido foi embora, e ela morreu sem saber o porquê.

— Creio que sim. Quando as pessoas envolvidas têm necessidade de passar por uma experiência, os espíritos não têm permissão de intervir, a não ser para dar forças, ajudar a suportar.

— Pobre tia Amélia. Sofreu muito! — considerou Arlete.

— Já passou. Ela deve estar muito bem agora — tornou Walter.

— Será que ela já sabe o que aconteceu?

— Quero crer que sim.

— Por que ele, que dizia amá-la tanto, fez aquilo? Gostaria que ela, um dia, viesse para contar. Acha possível? — indagou Arlete.

— Claro. Se ela quiser e achar que pode, certamente o fará.

— Arlete sempre teve muita afinidade com tia Amélia — interveio Flávio.

— Isso pode facilitar o contato. Aliás, foi ela quem ajudou no caso de Sérgio, lembra-se, Arlete?

— Lembro-me, Walter. Espero que ela continue a nos ajudar até o fim. Sérgio só se casará comigo quando resolver esse caso. Quanto tempo teremos ainda que esperar?

O jantar decorreu alegre. Eles faziam perguntas sobre os fenômenos da mediunidade, e Walter esclarecia, contando as pesquisas de famosos cientistas de outras partes do mundo.

⚘

No dia seguinte pela manhã, a pretexto de uma consulta ao dentista, Flora não compareceu ao escritório. Foi à procura de José. Estava inquieta. O rapaz do restaurante não voltara a procurá-la. Teria pensado em falar com Arlete? Se isso acontecesse, ela estaria perdida. Não podia permitir que ele fizesse isso. Estava disposta a pagar quanto fosse. Naqueles cinco dias, ela esperara ansiosamente que ele se comunicasse. Cada vez que o telefone tocava, no escritório ou em sua casa, o coração disparava, e ela a custo controlava seu nervosismo. Não aguentava mais essa incerteza.

Diante de José contou o que lhe acontecera, e ele coçou a cabeça pensativo.

— Isso é o diabo! Eu avisei que você estava correndo perigo.

— Eu sei e por isso vim aqui hoje. Você precisa fazer alguma coisa. Ele não pode deixar de me procurar.

— Vou ver o que posso fazer. Sua situação está mesmo difícil.

— Está? — disse ela, empalidecendo. — Você está vendo alguma coisa? Sabe o que está acontecendo com aquele moço?

— Meu guia está me dizendo que você está em perigo e que ele pode mesmo fazer o que disse.

— Mas eu prometi o dinheiro! Ele não seria tão burro de perder essa oportunidade.

— Ele vai telefonar.

— Tem certeza?

— Tenho. Cuidado com o que diz a ele. Sinto que esse moço não é de confiança.

— Acha que ele pode pegar meu dinheiro e não cumprir a parte dele?

— Acho.

— É um risco que terei de correr. Se eu recusar, ele oferecerá ao outro lado e isso seria minha ruína. Você precisa ajudar-me. Fazer alguma coisa. Não posso ficar à mercê dele.

— Fica difícil. Sabe o nome dele?

— Não.

— Está me pedindo um trabalho forte. Vou precisar de dinheiro.

— Se der resultado, estou disposta a pagar. No entanto, preciso ter a certeza de que funcionará.

José sorriu com ar de superioridade, mostrando os dentes amarelados de fumo.

— Trabalho meu é garantido. Nunca falha.

— Você podia dar um jeito nele. Se lhe acontecesse algum acidente, alguma doença grave, talvez ele esquecesse esse golpe que quer me dar. Só que eu preciso saber como localizá-lo para acompanhar o que vai lhe acontecer.

José olhou-a sério, fechou os olhos durante alguns segundos e depois disse:

— Ele vai aparecer. Posso tirá-lo do seu caminho, mas, para isso, você precisa ir comigo à mata à meia-noite. Tem coragem?

Flora empalideceu, mordeu os lábios nervosamente e por fim decidiu:

— Tenho. Quando se trata de resolver meus problemas, vou até o fim.

— Está bem. Vamos combinar tudo.

José marcou para a sexta-feira seguinte. Ela teria que trazer o dinheiro um dia antes. Ele convocaria algumas pessoas que costumavam ajudá-lo e prepararia tudo.

Ao despedir-se, Flora ainda perguntou:

— Tem certeza de que preciso ir? Não poderia fazer sozinho?

— Não. Quero fechar seu corpo, e para isso você precisa ir. Também não tenho o nome dele. Preciso que pense nele para que possamos localizá-lo.

Ao deixar a casa de José, Flora tentava acalmar-se, pensando que tudo iria acabar bem. Ele demonstrara seu poder. Era questão de tempo.

Apesar dessa disposição, continuava nervosa e inquieta. Passou em uma farmácia e comprou um vidro de pílulas calmantes. Não queria que na empresa os outros notassem seu nervosismo.

Teria também de arranjar mais dinheiro. Tinha um pouco, mas agora, além de José, teria que estar prevenida. Não sabia quanto o chantagista iria pedir. Poderia pechinchar, mas temia que ele fosse à procura de Arlete, que daria qualquer soma para inocentar Sérgio. O melhor seria pagar o que ele pedisse.

Foi ao escritório e consultou os arquivos para ver onde poderia mexer para conseguir mais dinheiro. Anotou alguns telefones. No fim do expediente, quando se preparava para sair, o telefone tocou. Ela atendeu imediatamente.

— Alô.

— Como é? Pensou no que conversamos no restaurante?

— Pensei. Precisamos conversar pessoalmente. Vamos marcar um encontro.

Silêncio.

Nervosa, Flora prosseguiu:

— Não gosto que ligue aqui para o escritório. Preferia que ligasse para minha casa. Tem o telefone?

— Tenho todas as informações sobre você.

— Vamos marcar um encontro.

— Está providenciando o dinheiro?

— Você não disse quanto.

— Estou pensando ainda sobre isso.

— Dê-me seu telefone ou endereço. Assim que eu arranjar dinheiro, entrarei em contato com você.

Ele riu:

— Espertinha, hein? Vou procurá-la na hora que achar conveniente. Pode esperar.

— Não gosto de esperar. Isso me deixa nervosa. Quero resolver isso logo. Nem sei se você tem mesmo as provas que diz ter.

— Está duvidando? Nesse caso, posso procurar outra pessoa...

— Não. Por favor. Não faça isso! Vamos marcar um encontro e resolver isso logo. Você não quer dinheiro? Pois vou lhe dar. Não há nada para esperar. É só marcar e pronto.

— Vou pensar.

Disse isso e desligou. Flora ficou chamando, mas foi inútil. A ligação fora cortada. Ela deixou-se cair em uma poltrona. Felizmente, seus auxiliares já haviam saído e ela estava sozinha. Aquele maluco poderia arruinar tudo se alguém ouvisse na extensão. Flora sabia que não era apreciada pelos funcionários de seu departamento. Era exigente e não gostava de misturar-se. Sabia que a odiavam e iriam gostar de descobrir algo que pudesse prejudicá-la. Principalmente os mais antigos. Estavam sempre suspirando de saudades de Doroteia, do doutor Martinez, dizendo que no tempo deles as coisas eram diferentes.

Mas ela não ligava. O que importava era que o serviço estava sendo bem-feito. Seu orgulho não deixava por menos. Além disso, queria mostrar capacidade para Flávio. Quando se casasse com ele e fosse presidente daquela empresa, teria tudo que desejasse. Poderia até deixar que Flávio trabalhasse, enquanto ela levaria a vida de luxo e ociosidade com que sempre sonhara.

O importante era se casar com Flávio. Depois, aos poucos, conseguiria realizar todos os seus planos. José iria ajudá-la, com certeza. Quando chegasse aonde pretendia, ela lhe daria dinheiro suficiente para que ele ficasse só trabalhando para ela. Então, seria poderosa e ninguém ousaria enfrentá-la.

Quando pensava nisso, sentia-se orgulhosa da própria inteligência. Entretanto, naquela tarde, por mais que se esforçasse, não conseguia acalmar-se. O que aquele idiota pretendia? Tentava irritá-la para arrancar-lhe mais dinheiro. Ela estava nas mãos dele. Por que não marcava logo esse encontro para acabar de vez com aquilo?

Flora trincou os dentes com raiva. Ele não perdia por esperar. Haveria de pagar por todos os minutos de angústia que ela estava sofrendo.

Naquela noite, enquanto se preparava para ir ao centro espírita, Flávio atendeu o telefone:

— Marcos? Como vai?

— Bem. Hoje à tarde, telefonei para Flora. Ela ficou mais nervosa.

— O que você lhe disse?

Marcos contou sua conversa com ela e finalizou:

— Ela queria a todo custo marcar já um encontro. Quero que ela fique mais no ponto. Vamos dar-lhe mais alguns dias. Uma semana, talvez.

— Sérgio está inquieto. Gostaria de resolver logo. Não aguenta mais ficar preso em casa. Acha mesmo que precisamos esperar tudo isso ainda?

— Vamos ver. Talvez um pouco menos. Preciso conversar com meu amigo delegado para prepararmos o flagrante. Ela é esperta. Precisamos fazer direito para não pormos tudo a perder. Diga a Sérgio que tenha paciência. Está por pouco.

— Direi.

Quando Marcos desligou, Flávio procurou Sérgio e contou-lhe a novidade.

— Sei que está ansioso — disse —, mas logo tudo estará resolvido.

— Assim espero.

Conforme combinado, Walter chegou, e Flávio saiu com ele para apanhar Arlete e Diva. Quando elas apareceram, os dois não esconderam uma exclamação de surpresa. Aquela não era a moça que haviam visto na véspera. Diva estava completamente diferente. Mudara o penteado, sua forma de vestir, seus olhos pareciam maiores e mais brilhantes, seu corpo mais esguio e elegante, e sua maquiagem discreta realçava a beleza de sua tez delicada.

— O que aconteceu com você? — exclamou Flávio, admirado.

— Arlete ajudou a melhorar minha aparência. Estou bem?

— Eu diria que você floresceu! — disse Walter.

— Ela não é uma beleza? — tornou Arlete, entusiasmada.

Flávio olhou-a como se estivesse vendo-a pela primeira vez.

— Menina, você está linda!

— Hum... desse jeito não vai ficar muito tempo sozinha — tornou Walter.

Diva corou de prazer. Aquela transformação a fizera sentir-se diferente. Mais segura, mais mulher. Havia firmeza em sua voz quando disse:

— Não quero me prender a ninguém. Pretendo estudar, fazer alguma coisa boa que me dê prazer. Quero me profissionalizar, tornar-me independente. Para isso, preciso ganhar dinheiro.

— Um casamento rico é um emprego para o resto da vida — disse Walter.

— Sou uma pessoa livre. Estou a passeio, mas quero procurar um emprego. Se puder ficar aqui, ficarei.

— Você pode ficar morando comigo para sempre — disse Arlete.

— Sei disso, mas vocês vão se casar. Precisam viver sozinhos, ter garantida a privacidade do casal. Até lá, vou arranjar uma maneira de trabalhar.

— Você não pensa em se casar? — indagou Flávio.

— Não. Tenho outros interesses. Nunca tive oportunidade de fazer aquilo de que gosto. Agora que estou tendo, pretendo aproveitar. Quero viver, conhecer coisas, aprender e desfrutar da minha liberdade.

— Você é diferente das moças que conheço — disse Walter. — Elas só pensam em casamento. É uma tristeza. Você sai duas vezes com uma delas e pronto: lá vem ela querendo pendurar-se, arranjar compromisso. Às vezes, é difícil escapar desse cerco.

Flávio riu bem-humorado.

— Até agora você tem se saído muito bem.

— Porque não encontrou ainda a mulher que vai amarrá-lo. — Brincou Arlete. — Do amor ninguém escapa. Um dia a casa cai.

Nesse tom de brincadeira, eles foram conversando alegremente até o centro. Uma vez lá, Flávio foi cumprimentar o doutor Celso. Abraçou-o, dizendo:

— Este abraço foi mandado pelo Gualberto.

Celso emocionou-se:

— Você disse Gualberto?

— Sim. Foi esse o nome que o espírito deu. Você o conhece?

— Foi meu companheiro de universidade. É um dos responsáveis pela fundação desta casa.

Foi a vez de Flávio se emocionar. Celso prosseguiu:

— Fomos muito amigos. Ele morreu cedo, e eu fiquei muito chocado com sua doença. Anos mais tarde, foi ele quem me despertou para a mediunidade. É um espírito muito evoluído, que nos tem ajudado muito aqui. Trabalha com cura. Quando pode, cura o corpo, mas sempre vai além, tentando curar a alma. Costuma dizer que, quando o corpo adoece, é a alma que está doente. Só curando a alma é que o paciente pode recuperar a saúde.

Walter interveio:

— Essa cura é a mais difícil!

— É porque as pessoas não gostam de mudar. Sentem-se seguras agarrando-se às coisas materiais. Ignoram as necessidades da alma. Até que um dia a vida as empurra, modificando tudo, e elas, a contragosto, veem-se forçadas a andar.

— Nesse jogo, o sofrimento sempre aparece — tornou Walter. — No hospital, tenho visto coisas terríveis.

— Do ponto de vista humano, sim. Mas, olhando além do mundo material, representam o remédio que as levará à cura da alma. Nenhuma dor, por maior que seja, é inútil. Ela derruba as barreiras da resistência, arranca ilusões, mostra a verdade. Quando a tempestade passa, a pessoa junta os pedaços do que sobrou, renova as ideias e segue em frente em melhores condições espirituais. Neste trabalho de socorro às almas de espíritos que viveram no mundo e desencarnaram em condições de sofrimento, o quadro é sempre o mesmo. A surpresa da sobrevivência para os que duvidavam, a visão mais realista da própria situação, a libertação das formas de pensamentos que criaram durante a vida terrena e, por fim, com a ajuda dos atendentes do astral, a abertura da visão maravilhosa da espiritualidade.

— Nesse caso, a morte é uma abertura para uma vida melhor — afirmou Flávio.

— É verdade. Todas as histórias tristes que acompanhamos nos leitos dos hospitais têm um desfecho feliz. Ninguém fica desamparado. É verdade que alguns teimam, pois, precisam de mais tempo. Mas aqueles que compreendem passam a viver muito melhor do que quando estavam na Terra.

— A vida no astral deve ser maravilhosa! — exclamou Walter com entusiasmo.

— Depende. Para quem coopera, sim. Mas, para quem prefere as trevas, o sofrimento continua. Afinal, a escolha é de cada um. — Depois de uma rápida consulta ao relógio, ele pediu: — Vamos nos acomodar que está na hora.

Celso pediu a Flávio que se sentasse ao redor da mesa. Walter levou Arlete à sala de tratamentos para continuar o atendimento ao caso de Sérgio. Quando chegou a vez dela, foi colocada no meio de um grupo de médiuns, e Walter pediu ajuda para Sérgio, dando o endereço de onde ele se encontrava.

O dirigente do trabalho aproximou-se dizendo:

— Foi bom terem vindo. Está havendo uma interferência para impedir que o caso dele se esclareça. Vocês precisam manter a fé. Não podem vacilar agora.

— É a mesma mulher que você descreveu da outra vez?

— É. Ela está se comprometendo com espíritos ignorantes, pedindo-lhes favores. Está com medo e julga estar se defendendo. Está criando vínculos com esses espíritos, não sabe as consequências que isso lhe trará e nem as dificuldades que terá de enfrentar quando pretender livrar-se deles.

— Já vi alguns casos assim — respondeu Walter. — Eles prestam alguns favores e se julgam no direito de dominar a vida da pessoa, sugando suas energias, usando-a sem nenhum respeito, invadindo sua privacidade.

— É isso mesmo, meu filho. Estou falando sobre o assunto, porque é preciso que vocês não entrem na energia deles. Você sabe como é isso, mas seus amigos, não. Precisa explicar-lhes.

— Eu sei. Apesar do que ela está fazendo, não devemos nos impressionar. É preciso confiar em Deus e ligar-nos com o bem.

— Isso mesmo. Nesses casos, é preciso cuidado com o julgamento, com a própria opinião. Quando você julga o outro, embora tenha razão, e ele está ligado ao mal, está dando espaço para a raiva, a revolta, a crítica, mesmo que mascare essa atitude dizendo que está só "analisando". Cuidado com seu lado justiceiro. Só Deus pode ser justo, porque ele tem a visão completa de tudo. Qualquer atitude negativa abre as portas para que o mal penetre. Para que ele não tenha nenhuma ação sobre você, é preciso conservar seu estado de bondade, de ligação com o bem, com a luz, com Deus. Fazendo isso, nada de mal o atingirá.

— Eu entendo isso — disse Arlete emocionada. — Contudo, peço que ajude Sérgio. Tenho receio de que ele não consiga fazer isso.

O dirigente ficou calado por alguns segundos e depois disse:

— Ajude-o a compreender. Converse com ele. Quando você fala, ele ouve. Há outra pessoa que também precisa ser alertada. Quem é?

— Flávio? — perguntou Arlete.

— Não. Esse está muito bem. É um moço que está ajudando no caso. Ele precisa vir aqui também.

— Marcos! — disse Walter.

— Esse. Vamos ficar ao lado dele. Diga-lhe que venha.

— Darei o recado.

— Agora, vamos mentalizar luz, harmonia, paz e agradecer a Deus pelo dom da vida e pela oportunidade de aprender.

Ele murmurou sentida prece, e Arlete notou que uma brisa suave e delicada a envolveu. Sentiu grande bem-estar e o leve perfume de tia Amélia. Ela estava por perto. Emocionada, mandou-lhe pensamentos de amor e saudade, desejando que estivesse feliz.

Quando saíram, esperaram por Flávio, que apareceu meia hora depois, entusiasmado, conversando com Diva, que ficara na mesma sala que ele, sentada entre as pessoas da plateia.

Assim que os viu, Flávio não se conteve:

— Eu não esperava, mas o doutor Celso me colocou ao redor da mesa, deu-me o texto de um livro para ler e depois me convidou para falar.

— Vocês precisavam ver como ele falou bem! Foi lindo! Depois, só disse verdades, coisas que eu nunca tinha pensado, mas que são assim mesmo! — ajuntou Diva.

— Seu Ramiro disse que você ia trabalhar com o doutor Celso, esclarecer pessoas, lembra-se? — perguntou Arlete.

— É mesmo! Mas eu não contei isso ao doutor Celso!

— Nem precisava — tornou Walter. — Isso estava programado com os espíritos. Quando é assim, dá tudo certo. Você nem precisa procurar que as coisas acontecem naturalmente.

Arlete, por sua vez, contou-lhes o que acontecera na sala de tratamento e as recomendações que foram feitas.

— Marcos precisa vir. Temos que conversar com ele — disse Walter.

— Não sei se ele concordará — respondeu Flávio. — Não sei o que ele pensa sobre o assunto.

— Mendes, que dirige o tratamento, trabalha com um mentor muito eficiente e discreto. Pelo que tenho visto, quando ele fala, é melhor atender. Se eu fosse você, amanhã mesmo falaria com ele.

— Vou fazer isso.

Eles saíram conversando animadamente e foram a um restaurante onde continuaram o assunto com entusiasmo. Ao sair, Arlete comprou um saco de bombons, escreveu um bilhete carinhoso e pediu:

— Antes de ir para casa, quero ver Sérgio.

— Ele pode estar dormindo! — disse Flávio.

— Tenho certeza de que não está.

— Vamos lá — interveio Walter com um sorriso. — Tenho que ir até lá para apanhar meu carro e as levarei em casa.

Arlete sorriu contente. No caminho de volta, continuaram comentando o que haviam presenciado naquela noite. Flávio discorreu com entusiasmo sobre o tema que abordara, ouvindo atentamente as opiniões dos demais.

Na casa de Flávio, Arlete conversou com Sérgio, contando tudo e fazendo-lhe as recomendações que foram pedidas. Passava de uma hora da manhã quando se despediram e Walter as levou para casa.

CAPÍTULO 21

Na manhã seguinte, Flávio combinou de encontrar-se com Marcos em um restaurante discreto para almoçar. Pretendia conversar sobre os assuntos da véspera.

Sentados em lugar tranquilo, Flávio começou:

— Tenho um recado para você, mas antes devo dar-lhe algumas explicações.

Marcos olhou-o curioso:

— Do que se trata? Tem a ver com o caso de Flora?

— Tem. Antes, preciso saber se você acredita em espíritos.

— Espíritos? Como assim? Almas do outro mundo?

— É. Pessoas que morreram e continuam vivendo em outros mundos.

— Não sei. Nunca dei muita atenção a essas coisas... Se quer saber, acho que quem morre não volta mais. Acaba.

— Eu também nunca havia pensado seriamente nessa possibilidade, mas, depois do que nos aconteceu, passei a acreditar.

Marcos olhou-o admirado.

— Você?! Um homem de negócios, moderno, culto. É surpreendente!

— Nunca falamos sobre este assunto, mas eu sempre gostei de estudar a vida, de descobrir como ela funciona. Tenho minhas dúvidas e ideias sobre o universo e tenho motivos para pensar que quem morre continua vivendo em outro lugar.

— Não sei, não. É difícil acreditar.

— Muitos cientistas famosos estudaram certos fenômenos e afirmaram que a vida continua depois da morte.

— Nunca ouvi falar disso. Ao contrário, têm aparecido muitos charlatães que exploram a credulidade pública em proveito próprio. Alguns deles estão na cadeia.

— Não nego que existam os aproveitadores. Aliás, não é só nessa área que eles estão. Você os encontra em qualquer lugar. Mas isso não impede que exista o outro lado. As pessoas sérias, os fenômenos verdadeiros e, principalmente, os fatos que os têm demonstrado.

— Pode ser. Mas esse terreno é perigoso. Essa história de fantasmas soa como algo duvidoso. Mexer com essas coisas pode acabar mal.

Flávio olhou-o pensativo. Marcos estava sendo preconceituoso. Mas, ainda assim, o empresário continuou:

— Vou contar-lhe o que nos aconteceu.

Em poucas palavras, Flávio colocou o rapaz a par de tudo quanto lhes acontecera no centro e também de como Sérgio fora socorrido pelo seu Ramiro. Concluiu:

— Bem, estou lhe contando isso porque ontem eles falaram a seu respeito e pediram-lhe para ir até lá. Desejam protegê-lo.

— A mim?

— Dizem que Flora está se envolvendo com espíritos perturbadores. Acham que seria melhor ir e ficar protegido.

Marcos riu bem-disposto.

— Obrigado pelo aviso, mas estou muito bem. Já trabalhei em casos piores, mandei prender macumbeiros, assassinos, fui ameaçado de todas as formas e nunca me aconteceu nada.

Flávio tentou contornar, voltar ao assunto, mas Marcos estava resistente e disposto a não ir ao centro. No fim da tarde, Flávio telefonou a Walter e contou o que acontecera.

— Ele não acredita e não quer ir. Contei tudo o que nos aconteceu, mas ele não aceitou mesmo. Diante disso, calei. Seria desagradável insistir mais.

— Vamos pedir ajuda a distância. É só o que podemos fazer.

— Ele parecia tão seguro! Pode ser que nada lhe aconteça mesmo.

— É. Pensamento positivo ajuda.

— Se não tiver compromisso à noite, venha jantar conosco em casa.

— Se puder, irei.

À noite, após o jantar, Marcos ligou para Flávio.

— Podemos conversar agora? Não tem ninguém aí que possa ouvir?

— Não. Pode falar.

— Os advogados de sua empresa costumam jantar com seus clientes?

— Não. Por que pergunta?

— Como eu lhe disse, coloquei dois vigias seguindo Flora. Hoje, eles trouxeram o relatório, e há coisas muito interessantes. Ela tem jantado com alguns clientes de sua empresa.

— Flora é mulher bonita e interessada em arranjar um marido rico. Pode ser que ela esteja namorando.

— Não é isso, não. Dois deles são velhos, têm família e, pela atitude deles, estavam tratando de negócios.

— De negócios? Hum! Isso é suspeito. Nossos advogados atendem aos clientes na empresa. Salvo algumas exceções, quando vão à empresa deles. Por que iriam jantar para tratar de negócios? A não ser que...

— Que se trate de negócios particulares, por baixo do pano.

— Estou intrigado.

— Precisa ser cauteloso. Não assine nada sem ler muito bem. Essa mulher é perigosa.

— O caixa da empresa está em ordem. Se ela está tramando, ainda não deu o golpe.

— Pode estar recebendo propinas, fazendo chantagem. Tenho visto coisas de arrepiar.

— Precisamos dar um jeito nela logo. Só ficaremos sossegados quando ela estiver fora da empresa e tudo for esclarecido.

— Ah! Ia me esquecendo. Ela tem parentes na periferia?

— Como assim?

— Gente miserável, que mora em um lugar muito perigoso.

— Não sei. Os pais dela moram em um bairro de classe média, têm boa casa. Por quê?

— Porque no começo da semana, pela manhã, ela foi até lá e ficou mais de duas horas.

Depois de conhecer os nomes dos clientes e de dizer que iria adotar algumas precauções, Flávio desligou o telefone e ficou pensativo. Foi para a sala onde Walter, Diva, Arlete e Sérgio conversavam animadamente.

— Tenho novidades! — foi dizendo logo. Vendo que todos se voltaram para ele, esperando, prosseguiu: — Flora está sendo seguida por um detetive que trabalha para Marcos e ela tem saído com alguns clientes nossos para jantar. Ele disse que não era namoro, que estavam tratando de negócios.

— Negócios? Fora da empresa? — estranhou Arlete.

— Sim. Marcos me deu os nomes. Foram quatro ao todo. Isso em uma semana.

— Se eu fosse você, amanhã checaria tudo o que se refere a eles dentro da empresa — tornou Sérgio. — Conheço todos eles e sei que têm vários contratos que se renovam periodicamente.

— É o que pretendo fazer amanhã mesmo. Tem mais. Ela tem ido a uma casa na periferia. Um lugar de aspecto suspeito e miserável. Marcos queria saber se ela teria parentes lá.

— Não creio. Pelo que sei dela, se tivesse parentes pobres em tal lugar, nunca os procuraria. Flora detesta pobreza! — esclareceu Sérgio.

Walter, que ouvira calado, levantou-se dizendo:

— Já sei! Vai ver que é a casa da tal macumbeira que ela frequenta. Apesar de viverem explorando as pessoas, vivem em locais miseráveis e raramente sobem na vida. Ele lhe deu o endereço?

— Não, mas posso pedir. Talvez você esteja certo.

— O detetive, ou mesmo algum de nós, poderá ir lá como quem deseja fazer uma consulta e ver se é verdade. De qualquer forma, darei esse endereço ao centro depois de amanhã, quando eu for lá.

— Marcos não disse quando pretende armar a cilada para Flora? — indagou Sérgio.

— Garantiu que não vai demorar. Pedi-lhe que se apressasse. Fiquei preocupado. Ela pode estar fazendo negócios escusos em nome da empresa.

— Quando se trata de atingir seus objetivos, ela não tem limites. Fará qualquer coisa — tornou Sérgio.

❧

Assim que chegou ao escritório na manhã seguinte, Flávio dirigiu-se ao departamento jurídico. Flora, vendo-o, levantou-se imediatamente, sorrindo com satisfação.

— Que prazer vê-lo logo cedo! Você nunca vem aqui. Algum motivo especial?

Ele tentou despistar.

264

— Estou pensando em reformar as instalações. Vim dar uma olhada antes de o encarregado chegar.

— Ah! Posso ajudar em alguma coisa?

— Por ora, não. Pretendo ampliar este setor. Colocar mais um ou dois funcionários.

— Acha preciso? Nosso serviço está rigorosamente em dia.

— Não se trata disso. Desejo ampliar algumas atividades. O trabalho deste setor vai aumentar.

— A empresa está progredindo. Também, com sua direção!

Ele ignorou a lisonja, andou pelas salas olhando tudo, parando de quando em quando. Depois saiu. Voltaria quando ela não estivesse. Teria que fazer tudo pessoalmente. Não podia correr o risco de ela desconfiar.

No fim da tarde, Flávio saiu no horário costumeiro e voltou uma hora depois. Dirigiu-se ao departamento jurídico e procurou no arquivo as pastas dos clientes cujos nomes anotara. O executivo levou-as à sua sala e fechou a porta à chave. Não queria que os vigias ou as faxineiras vissem o que ele estava fazendo. Sentou-se, apanhou uma pasta e começou a folheá-la, lendo tudo. Não encontrou nada suspeito. Mesmo assim, leu as outras três. Tudo parecia estar em ordem.

Lembrou-se de Renato, seu assessor. Era ele quem negociava os contratos e os levava para que Flávio aprovasse. Só depois é que os dados iam para o departamento jurídico a fim de que a minuta fosse elaborada. Renato era muito organizado e extremamente meticuloso. Costumava guardar cópia de todos os dados dos negócios que fazia. Muitas vezes, Flávio tentara convencê-lo a deixar de fazer isso, mas ele alegava:

— Prefiro ter meu controle em mãos.

— Você pode pedir os contratos e examiná-los sempre que precisar.

— Não. Eu prefiro fazer do meu jeito. Não sei trabalhar de outra forma.

Flávio levantou-se e foi até a sala ao lado e procurou o armário onde Renato tinha seu arquivo. Estava trancado. Ele não queria esperar pelo dia seguinte para que ele o abrisse. Precisava colocar as pastas de volta.

Voltou à sua sala e apanhou algumas chaves de arquivos que ele guardara. Lembrava-se de que Renato lhe entregara algumas para o caso de Flávio precisar. Experimentou uma a uma e finalmente conseguiu abrir.

Começou a pesquisar. Renato conservava tudo na mais perfeita ordem e foi-lhe fácil localizar o que queria. Ao examinar os documentos e compará-los, logo encontrou algumas diferenças. Os números que estavam no contrato eram diferentes dos que haviam sido combinados. Refazendo os cálculos, o cliente levava enorme vantagem em prejuízo da empresa. Ele nunca teria aprovado uma porcentagem como aquela!

Então era isso! O contrato havia sido adulterado depois de conferido! Era isso que Flora estava fazendo. Mas como ela fazia isso se não havia nenhuma rasura? Ele teria se enganado? Aquele contrato teria sido feito errado mesmo?

Flávio continuou examinando os documentos e descobriu que em todos os contratos dos clientes cujos nomes estavam em sua lista acontecia a mesma coisa. Talvez Flora os redigisse novamente, e ele os houvesse assinado junto com outros documentos. Como Renato sempre conferia tudo, Flávio, que já havia lido a minuta, assinava sem ler.

Só podia ser isso.

Flávio passou a mão pelos cabelos, pensativo. Se não houvesse sido alertado, talvez nunca viesse a descobrir a fraude. Do jeito que ela dispusera tudo, ficava impossível provar alguma coisa. O contrato estava sem rasuras e sua assinatura e a do cliente, com firmas reconhecidas, estavam nos devidos lugares. Mesmo tendo em mãos os dados de Renato, seria difícil provar alguma coisa contra ela.

Foi forçado a reconhecer que Flora era mesmo muito hábil e perigosa. Eles estavam lidando com uma vigarista da pior espécie. Ele não hesitaria em entregá-la à polícia. Mais do que nunca, precisava da confissão dela quanto ao desfalque.

Passava da meia-noite quando Flávio, tendo anotado alguns dados e colocado as pastas nos devidos lugares, deixou o escritório. Chegando em casa, procurou por Sérgio e colocou-o a par do que descobrira.

— Ela adultera os contratos depois de conferidos. Ela os leva aos clientes, que leem, assinam e a gratificam.

— Bem que Marcos o alertou para que não assinasse nada sem ler e conferir.

— Ele estava certo. Mas, mesmo que eu lesse, seria difícil lembrar-me dos detalhes da transação.

— Ela contou com isso. Sabe que depois de haver discutido condições, às vezes exaustivamente, haver lido a minuta, nenhum executivo lerá tudo de novo antes de assinar. Geralmente, confia em seus assessores e assina sem checá-los novamente.

— E nessa eu estava dando prejuízo à empresa!

— É verdade. Você não podia saber.

— Amanhã mesmo falarei com Marcos. Ele precisa cuidar disso o quanto antes. Só vimos esses quatro nomes. Sabe Deus desde quando ela vem fazendo isso. Pretendo fazer uma auditoria no departamento jurídico e conferir tudo. Meu tio ficará desolado.

— Vocês terão que resolver o que fazer com esses contratos. Eles estão regularmente assinados e vigentes. Se cancelá-los, terão que pagar as multas contratuais, que são vultosas.

— É verdade. Mas não podemos continuar arcando com os prejuízos. Eles também são grandes.

— O pior é que, mesmo sabendo o que ela está fazendo, teremos que esperar as providências de Marcos. Será difícil provar na Justiça que foi ela quem adulterou esses contratos e o fez de má-fé.

— Renato pode testemunhar.

— É, mas eu assinei! Isso vai pesar.

— O que fará então?

— Bom, amanhã cedo falarei com tio Anselmo. Saber sua opinião. Estou desolado. A responsabilidade é minha! Eu assinei.

— Você foi enganado.

— Seja como for, eu estou à testa dos negócios, e isso nunca poderia ter acontecido.

— Mas aconteceu. Graças à perspicácia de Marcos, você descobriu. Já pensou se ela continuasse por mais tempo?

— Nem quero pensar. Não descansarei enquanto não desmascarar essa mulher. Ela é muito perigosa. Marcos tem que conseguir as provas de que precisamos. Ela tem de ser responsabilizada pelo que tem feito.

— Ele conseguirá. Deus nos ajudará.

— Tem razão. Precisamos mais do que nunca da ajuda espiritual.

Na manhã seguinte, ao acordar, Flávio ligou para Marcos e colocou-o a par do que havia descoberto.

— Isso não me surpreende — comentou ele. — Eu sabia que ela deveria estar aprontando. Agora só nos resta fechar o cerco para que ela não tenha nenhuma possibilidade de escapar.

— Minha esperança é que você consiga uma confissão. Não tenho nenhuma prova que possa incriminá-la na Justiça. Isso tem me preocupado.

— Está na hora de aumentar a pressão. Quero que ela fique desesperada.

— Como fará isso?

— Telefonarei, mostrarei que estou a par de tudo quanto ela anda fazendo. Quando ela estiver pronta, faremos a cilada.

— Gostaria que fosse o mais rápido possível. Não me sinto seguro com essa mulher agindo dentro da nossa empresa.

— Posso entender, mas não podemos facilitar. Temos que ser mais espertos do que ela. Penso que dentro de mais dois ou três dias, resolveremos tudo.

— Faço votos. Hoje mesmo conversarei com tio Anselmo. Ele precisa saber o que está acontecendo.

— Faça isso, mas não o deixe tomar nenhuma medida. Ele pode estragar nosso plano.

— Fique tranquilo. Tenho certeza de que ele também vai querer dar uma lição naquela mulher.

— Um agente meu hoje irá ao endereço da periferia. Veremos o que ele descobre.

— Assim que souber o resultado, avise-me.

Flávio saiu diretamente para a casa do tio e colocou-o a par de tudo. O primeiro impulso de Anselmo foi demitir Flora imediatamente, contudo, Flávio convenceu-o a esperar.

— Estou desolado, tio. A responsabilidade é minha! Estou disposto a assumir o prejuízo. Faremos a auditoria, descobriremos o montante, e eu pagarei. Não posso permitir que a empresa seja prejudicada.

Anselmo colocou a mão no ombro do sobrinho e disse com voz firme:

— Você não teve culpa. Ela nos enganou, abusou da nossa boa-fé. É ela quem precisa ser responsabilizada, não você. E isso nós faremos.

— Marcos garante que será por poucos dias. Combinará tudo com o delegado para armarem a cilada.

— Vamos esperar. Felizmente, temos funcionários honestos e bons. Isso nos conforta.

— Tem razão.

Flávio foi para o escritório e aguardou durante o dia inteiro que Marcos ligasse. Contudo, só à noite, quando já estava em casa, foi que ele telefonou:

— Esperei seu telefonema durante o dia inteiro — disse Flávio.

— Infelizmente, houve um contratempo, e não pude ligar.

— O que foi?

— Sofri um acidente de carro. Escapei por um triz. Meu carro ficou imprestável. Acho que dará perda total.

Flávio assustou-se.

— Você se machucou?

— Nem um arranhão. A polícia diz que foi um verdadeiro milagre, que eu vivi de novo.

— Sinto muito. Posso fazer alguma coisa?

— Obrigado, mas não há nada a fazer. Felizmente, o carro tinha seguro. Mas isso me atrapalhou, porque só consegui me liberar agora à noite. Meu pai ficou muito assustado e não acreditou que eu estivesse bem. Só me deu paz depois de me levar ao hospital e fazer-me passar por vários exames.

— Fez bem.

— Só agora, ao chegar em casa, meu pai concordou em me dar o relatório do nosso agente. Você acertou. Aquele endereço é a casa de um macumbeiro da pior espécie. Mandarei a polícia dar um susto nele. Garanto que ele ficará um bom tempo sem fazer suas bruxarias.

Flávio hesitou um pouco e depois disse:

— Nós fomos avisados pelos espíritos que você estava correndo perigo. Eles disseram que tentariam protegê-lo mesmo a distância. Você pode não acreditar, mas eu penso que foi graças a essa proteção que nada lhe aconteceu.

Marcos ficou silencioso por alguns segundos e depois disse:

— Não sei se foi isso, mas pode estar certo que, cada vez que me recordo daquele caminhão perdendo a direção e vindo em cima de mim, sinto um frio de medo! Nunca mais esquecerei aquele momento. Pensei haver chegado meu último instante. Foi horrível. Seja quem for o anjo bom que me salvou, sou-lhe muito grato.

— Nesse caso, não se esqueça hoje, ao se deitar, de fazer uma prece de agradecimento. É o mínimo que pode fazer!

— Pode ter certeza de que farei de coração. Por causa do que aconteceu, não pude falar com a Flora. Mas amanhã, sem falta, tratarei do assunto. Diga a seu tio que pode deixar comigo. Já tenho tudo esquematizado na cabeça. Ela não escapará.

Quando Flávio desligou o telefone, ficou pensativo. Sérgio, vendo-o, perguntou:

— Você ficou preocupado. Aconteceu alguma coisa?

Flávio contou-lhe o que havia acontecido, e Sérgio comentou:

— Não tenho nenhuma dúvida de que esse acidente foi provocado por algum espírito maldoso.

— Vou ligar para Walter.

Walter atendeu ao telefone, ouviu o que Flávio contou e comentou:

— Fomos avisados.

— Ele não acreditou. Acha que, se ele houvesse dado crédito e ido ao centro, isso não teria acontecido?

— Não sei. A incredulidade muitas vezes fecha a porta, evita que a pessoa seja vulnerável. Se ele houvesse ficado impressionado poderia ter sido pior. Ele foi protegido de alguma forma, porque seu espírito não tinha necessidade de passar pela experiência de ser ferido ou morrer nesse acidente. Não era o destino dele, por isso pôde ser salvo.

— Mas e o carro? Se o protegeram, não poderiam ter evitado o acidente?

— Se pudessem, o teriam feito. Você se esquece de que, para atingir Marcos, esses espíritos e seus médiuns encarnados juntaram energias, programando-as para chegarem a seus objetivos. Embora não possamos vê-las, elas são como uma bomba astral que explodirá de qualquer forma. Eles preferiram que explodisse no carro e não em Marcos. Foi isso. Há momentos em que a única forma de evitar que as energias atinjam pessoas é desviá-las para seres menores ou objetos em volta.

— Seres menores? — estranhou Flávio.

— Animais domésticos. Já vi casos em que eles são fulminados por energias endereçadas aos seus donos.

— É incrível!

— É da natureza. O mundo energético é mais atuante até do que o mundo material. Tem mais penetração. Com o pensamento e a vontade, você manipula energias e as direciona. Estamos fazendo isso constantemente sem nos darmos conta. É por isso que quem vive queixando-se e só olha o lado ruim das coisas acaba atraindo para sua vida somente coisas ruins. É que a pessoa está manipulando energias negativas o tempo todo, e elas ficam a seu lado envolvendo tudo quanto ela fizer.

— É fascinante.

— É, mas mostra que ninguém é vítima a não ser de si mesmo. Que cada um vive no mundo que criou.

— Vou pensar nisso. Gostaria de saber mais. Como poderei fazer isso?

— Vivendo, experimentando, observando. Não há outro jeito. Eu venho fazendo isso há algum tempo e posso afirmar que encontrei a chave para muitas dúvidas.

— É estranho que só agora eu tenha começado a tomar conhecimento desses fatos. Você nunca abordava esse assunto comigo.

— Eu respeito a maneira de pensar de cada um. Não adianta falar com quem ainda não está maduro para compreender.

— Sempre gostei de entender como a vida funciona.

— Mas não sabia nada sobre a vida espiritual. Eu tinha observado que você não levava a mediunidade a sério.

— Estava mal-informado. Nunca havia tido nenhuma experiência verdadeira. Você vai concordar que há muitos aventureiros neste mundo aproveitando-se da credulidade pública.

— Seja como for, quando está na hora, a vida se encarrega de mostrar o que a pessoa precisa saber. Nunca tive a pretensão de querer convencer ninguém. A verdade é bastante forte por si mesma.

— Está certo. Em todo caso, amanhã, quando formos ao centro, vamos agradecer a ajuda dada ao Marcos e pedir-lhes que continuem a nos auxiliar. O caso ainda não está resolvido.

Continuaram conversando por mais alguns minutos, combinando o encontro para a noite seguinte.

CAPÍTULO 22

Flora atendeu ao telefone e empalideceu:

— Eu lhe disse para não ligar para cá! — tornou irritada.

Ele pareceu não ouvir e respondeu:

— Sua hora está chegando! Dei um tempo para você juntar o dinheiro.

— Eu vivo do meu trabalho. Não tenho dinheiro.

— Não minta para mim. Estou sabendo de tudo. Você tem passado a mão no dinheiro do seu patrão.

— Não posso falar agora. Ligue para minha casa à noite e conversaremos.

— Quem dá as ordens sou eu, e você obedecerá. Telefono quando eu quiser. Tenho certeza de que Arlete me dará mais atenção.

— Aqui é muito perigoso, você não entende? Quer pôr tudo a perder? Se quiser dinheiro, tem que respeitar meu trabalho. Se ligar para minha casa à noite, conversaremos melhor.

— Farei isso. Pode esperar.

Flora desligou o telefone. Felizmente, estava sozinha na sala. Se aquele idiota abrisse a boca para algum funcionário, ela estaria perdida. Eles eram invejosos e estavam sempre querendo derrubá-la.

Quando saiu para almoçar, foi direto à casa de José. Fizera tudo quanto ele pedira. Dera-lhe o dinheiro, fora à noite com ele e mais alguns dos seus ajudantes à periferia, entraram no mato, levaram oferendas, velas, vários objetos, cumprira todo o ritual que ele lhe mandara fazer. Ele prometera-lhe que aquele homem não mais a incomodaria. Fora enganada.

Quando se viu sentada na frente dele, Flora afirmou:

— Aquele seu trabalho não valeu nada. O homenzinho tornou a me telefonar. Ligou para o escritório. Você prometeu que ele não iria mais me incomodar.

José olhou-a sério e respondeu:

— O trabalho foi bem-feito. Só se ele tem parte com o diabo. Meu guia garantiu que faria a entrega, e ele não mente. Fez com toda a certeza.

— Então como ele me ligou?

— Garanto que alguma coisa aconteceu. Ele escapou, teve proteção, mas tenho certeza de que alguma coisa aconteceu.

— Não posso confiar em você. Deveria pedir meu dinheiro de volta!

Nos olhos de José havia um brilho rancoroso quando respondeu:

— Se não está contente, pode ir embora. Está ofendendo meus guias, e eles podem se voltar contra você. Se provocar a ira deles, não poderei fazer nada.

Flora engoliu a raiva. Depois do que vira naquela noite, não se atreveria a desafiá-los. Tentou contemporizar:

— Não quero ofender ninguém. Estou muito assustada. Se descobrirem tudo, estou acabada. Por favor, não me deixe sem ajuda.

— Você não entende nada. Acha que podemos tudo. Temos poderes, meus guias são de força, mas há outros elementos que podem intervir. As coisas não acontecem como queremos. Mas você me chamou de desonesto, e isso eu não sou. Peguei seu dinheiro, gastei com o material e fiz todo o trabalho. Acho justo cobrar pela minha parte. Não tenho obrigação de resolver seus problemas. Você arrumou encrenca, me pagou, e eu estou tentando ajudar. Se as coisas não saírem como você quer, não é minha culpa.

— Não se zangue. Não disse por mal. Vim aqui porque quero saber se ele me deixará em paz.

José ficou alguns segundos pensativo e depois disse:

— Se tem dinheiro, é melhor pagar. Mas cuidado, vejo perigo. Tem alguém no seu escritório que está desconfiado de você?

— Acho que não. Lá ninguém sabe de nada.

— Vejo alguém remexendo em alguns papéis, procurando alguma coisa. Tem a ver com o que você faz. Quem poderia ser?

Flora olhou-o surpreendida:

— Não sei.

— Esses dias não notou nada diferente?

— Não. Tudo continua como sempre.

— Preste atenção. Se acontecer alguma coisa diferente, me avise.

— Está bem. Mas o que farei se ele me ligar de novo?

— Converse, ganhe tempo, negocie.

— Se ao menos você me garantisse que ele vai desaparecer.

José sorriu, pondo à mostra seus dentes amarelos, e disse:

— Não dá para garantir nada. Se quer mesmo se livrar desse homem, por que não contrata alguém que dê cabo dele de uma vez?

Flora não pestanejou:

— Se eu soubesse quem é e onde mora, eu mesma faria o serviço.

Quando saiu de lá, Flora sentia-se angustiada. As palavras de José não haviam sido animadoras. Voltou ao escritório e gastou o resto da tarde verificando se haviam mexido em alguma coisa. Não encontrou nada.

Foi para casa pensando em como resolveria a situação. Se ao menos o homem marcasse um encontro onde ela pudesse vê-lo! Mas ele parecia uma sombra. Sabia de coisas que ela nunca contara a ninguém. Como descobrira? Teria alguns dos clientes dado com a língua nos dentes? Não. Isso não. Eles não haveriam de querer incriminar-se. Por mais que tentasse, não conseguia entender.

Em casa, ficou aguardando o telefonema, mas ele não ligou. Por que não resolvia tudo de uma vez? Deitou-se e custou a dormir. Estava amanhecendo, quando Flora finalmente pegou no sono.

Acordou com o toque do telefone.

— Alô! — atendeu meio sonolenta.

— Bom dia, Flora! Não pude ligar ontem à noite. Só cheguei em casa agora.

— O que quer? — indagou ela já bem acordada.

— Perguntar se você já tem o dinheiro.

— Quanto você quer?

O homem deu seu preço, e ela deu um grito de susto.

— Ficou louco? Eu não tenho tanto dinheiro assim.

— Então, nada feito. Arlete me dará com certeza.

— Vamos negociar. Posso dar um quarto disso.

— Quero a quantia total. Reservei uma passagem e pretendo viajar assim que receber o dinheiro. Você ficará livre de mim.

— Não tenho tanto dinheiro. Vou ver o que posso arranjar.

— Você tem, sim. Tirou da empresa.

— Não tanto dinheiro.

— Pretendo viver bem lá fora. Se não puder arranjar, tentarei do outro lado.

— Não faça isso. Estou interessada. Dê-me algum tempo! Tentarei arranjar.

— Não posso esperar. Tem até depois de amanhã.

Quando ele desligou, Flora deixou-se cair em uma poltrona, assustada. Tanto trabalho para conseguir dinheiro e agora tinha de dá-lo àquele chantagista. Não sabia se teria toda essa quantia. Precisaria que verificar. Não tinha alternativa. Por outro lado, ele parecia interessado em sair do país, o que era muito bom.

Apesar de quase não ter dormido, ela não se deitou de novo. Sabia que seria inútil. Com tal preocupação não conseguiria descansar. Tomou um banho e bebeu um café. Afinal, se tudo desse certo, ela se livraria daquele traste e poderia arranjar mais dinheiro. Sentiu-se mais animada. Ela ainda não estava derrotada.

Arlete aproximou-se de Diva, que lia o jornal com atenção.

— Vamos sair um pouco? A tarde está quente. Poderíamos pegar uma matinê e tomar sorvete na confeitaria.

— Vamos — respondeu ela sem desviar os olhos do jornal.

— Você está lendo anúncios? O que está procurando?

— Um emprego.

— Emprego? Não precisa procurar. Eu estou precisando de uma dama de companhia. Está contratada.

Diva sorriu:

— Você não vale, é da família. Nesses dias aqui, tenho pensado muito. Adoro minha família, minha casa no interior, mas a cidade me fascina. Tantas coisas para aprender, uma visão mais ampla do mundo, da vida, das coisas. Não desejo ver a vida passar sem fazer nada. Quero viver! Participar.

— Está falando sério?

— Estou. Se conseguir um emprego, alugarei quarto, irei para um pensionato de moças, mas ficarei em São Paulo de uma vez.

— Se quer trabalhar, é um direito seu, mas não me ofenda procurando outro lugar para morar. Esta casa é grande e dá para todos nós.

— Já lhe disse. Vocês vão se casar e precisarão de privacidade. Por outro lado, quero ficar no meu canto, sem pensar que os estou incomodando.

— Compreendo como se sente, mas há o apartamento de fora, completamente independente. Você poderia ocupá-lo.

— Não sei se Sérgio concordaria.

— Claro que concordará. Ficará feliz em tê-la por perto.

— Vamos ver. Primeiro tenho que encontrar um emprego. Só ficarei se puder custear minhas despesas.

— Que tipo de emprego está procurando?

— Não sei ainda. Só fiz o curso primário. Sei que no começo será difícil e terei de me sujeitar ao que encontrar, mas estudarei à noite para melhorar.

Sem experiência ou formação profissional seria difícil arranjar um emprego que lhe permitisse ganhar o suficiente para sustentar-se. Arlete não quis desanimá-la. Tentaria com os amigos encontrar alguma coisa para ela. Gostava da sua companhia e queria que Diva ficasse morando em São Paulo. Depois, sabia que Sérgio sempre desejara isso.

De repente, Diva deu um pulo.

— Achei alguma coisa que pode servir.

— O que é?

— Uma oficina de costura.

— Sabe costurar?

— Sei. Aprendi com a comadre de minha mãe. Tiro medidas, faço moldes e tudo.

— Você gosta?

— Adoro! Em casa, costuro as roupas da família.

Arlete entusiasmou-se:

— Saberia fazer um vestido como este meu?

Diva olhou e sorriu:

— É fácil. Copio qualquer modelo. Comprei aquele vestido porque queria ver como eles fazem na cidade. Sabe de uma coisa? Está mal-acabado. O corte é elegante, mas os arremates estão péssimos. Eu faria melhor.

— Tem certeza?

— Tenho.

Arlete sorriu com satisfação e seus olhos brilharam.

— Vamos sair para comprar alguns tecidos. Você poderia costurar alguns vestidos para nós duas?

— Claro. Você tem máquina de costura?

— Não se preocupe. Terá todo material de que precisa. Não estou estragando suas férias? Você gosta mesmo de costurar?

— Adoro. Sinto-me feliz por fazer alguma coisa para você. Veja, acha que devo ver esse emprego?

— Acho que deve pensar melhor. Primeiro, deve fazer algumas peças como mostruário. Se nunca trabalhou, como pode mostrar o que sabe fazer?

— É mesmo! Não havia pensado nisso!

— Melhor confeccionar algumas peças e mostrar o que sabe. Depois, será fácil.

Diva beijou Arlete no rosto com satisfação.

— Você pensa em tudo! Tenho algum dinheiro e vou comprar o que é preciso.

— Vai fazer para mim, portanto, eu comprarei tudo.

— Faço qualquer modelo, mas não sou boa para escolher os figurinos. Não sei bem o que está na moda.

— Eu sei. Sou boa nisso. Vou desenhar os modelos, e você os faz.

Diva aprovou com alegria e imediatamente foi se arrumar. As duas saíram, e, no comércio, Arlete comprou alguns figurinos.

— É só para começar. Os meus eu vou desenhar.

Compraram todo o material de que precisavam e voltaram para casa, entusiasmadas. Arlete se dirigiu à edícula. Era lá que ela colocara os objetos de Amélia, entre os quais havia uma máquina de costura e um manequim. Sua tia tinha uma costureira que vinha costurar para ela em casa.

— Está sem uso há muito tempo. Não sei se funciona.

— Funciona, sim, dona Arlete — disse a empregada. — Tenho cuidado bem dela e costurado as coisas da casa. Sabe como é, sempre há alguma coisa para consertar.

— Ainda bem. Que bom. Como não sei costurar, não sei mexer nela.

— Eu sei — garantiu Diva. — Deixe comigo.

Abriu a máquina e examinou-a:

— Tem até motor! — disse com satisfação. — A minha é de mão. Vou arrumar tudo e depois tirar suas medidas. Se desenhar logo os modelos, começarei hoje mesmo.

— Isso não. Já são cinco horas. Quero ir mais cedo para a casa de Flávio para ficar um pouco com Sérgio. Hoje, temos que ir ao centro.

— A que horas quer sair?

— Às seis.

— Está bem. Estarei pronta.

Em poucos minutos, Diva arrumou o material, quis saber onde havia um ferro de passar e testou a máquina. Arlete observava-a admirada. Ela fazia tudo com precisão.

— Dê uma olhada nos figurinos — pediu. — São lindos. Pode ser que escolha algum modelo, e assim tiro as medidas. Amanhã cedo, começarei a trabalhar.

Arlete apanhou um figurino e começou a folhear. Comprara um tecido de seda estampada e pretendia escolher um modelo simples. Não sabia o que Diva podia fazer. Encontrou um.

— Sabe fazer este?

Ela olhou e respondeu:

— Sei esse e todos os outros. Já disse, faço qualquer modelo. Não se preocupe. Escolha o que gostar.

Arlete procurou outro mais clássico.

— Este cairá bem para a seda estampada.

— Que lindo! Vamos tirar as medidas. Levante-se.

Arlete obedeceu. Ela amarrou um cordão em sua cintura dizendo:

— É para marcar bem.

Em poucos minutos, Diva tirou as medidas e anotou-as em um caderno. Depois, apanhou o tecido, passando os dedos sobre ele, estudando-o.

— Este não vai encolher. Não precisaremos molhá-lo.

Arlete olhava Diva admirada. Costura para ela era algo complicado, mas Diva parecia muito à vontade.

Na casa de Flávio, depois dos cumprimentos, Sérgio perguntou:

— O que fizeram nessa tarde? Telefonei, e vocês haviam saído.

— Sua irmã anda com vontade de trabalhar. Arranjei um jeito de dar-lhe serviço.

— Como assim?

— Ela gosta de costurar. Fará alguns vestidos para nós duas.

— Isso ela sabe fazer bem. Garanto que não se arrependerá — respondeu Sérgio.

— Pelo jeito dela lidando com a máquina de costura, tirando minhas medidas, escolhendo o material e os tecidos, acho que entende mesmo.

Sérgio sorriu contente.

— Agora, sim, ela não vai mesmo querer voltar para o interior. Ela adora tudo o que se refere à costura.

— Eu também, só que não tenho jeito para fazer nada — lamentou-se Arlete.

— Ela escolhe os modelos com facilidade. Escolheu um modelo lindo! Já eu, nunca sei o que fazer.

Flávio observava calado. A alegria das moças fazia-o desviar o pensamento das preocupações dos últimos dias.

Quando Walter chegou, comentou discretamente com Flávio:

— O que vocês fizeram com a irmã do Sérgio? Parece que desabrochou! Nunca vi ninguém mudar tanto em tão pouco tempo.

— Atenção e carinho. Arlete gosta muito dela.

— Ela está linda! Desse jeito, logo aparecerá alguém na vida dela. É tão cheia de vida!

— Espero que não. Seria um crime apagar essa alegria!

— Lá vem você com suas ideias. Por que é tão contra o casamento?

— Não sou contra o casamento. É que as mulheres quando se casam logo perdem o viço e apagam a alegria em si. Já reparou nisso?

Walter sorriu.

— É verdade. Mas com toda essa vivacidade no rosto e esse brilho nos olhos, Diva não passará despercebida. Você verá.

O empregado avisou que Marcos estava chegando, e logo depois ele entrou na sala. Todos o cercaram curiosos.

— Alguma novidade? — indagou Flávio.

— Sim. Falei com o doutor Amadeu, e combinamos tudo. Se Flora confirmar que tem o dinheiro, será depois de amanhã. Marcarei um encontro com ela em um quarto de hotel. O local será preparado pela polícia com microfones escondidos, e toda a nossa conversa será gravada. O próprio delegado ficará no quarto ao lado com mais dois policiais e um fotógrafo. Quando ela fizer o pagamento, no momento certo, darei a senha combinada, e eles entrarão para o flagrante. Dessa forma, ela será presa e não haverá como negar. Então, tudo estará resolvido.

Sérgio suspirou um pouco angustiado.

— Não vejo a hora de que esse caso acabe, mas, ao mesmo tempo, incomoda-me ter que participar de tudo isso.

— Posso entender — concordou Marcos. — Mas, do jeito que as coisas estão, esse será o único meio de provar sua inocência.

Arlete apertou a mão de Sérgio com força e disse:

— Estou sentindo a mesma coisa, mas há de convir que Flora não pode continuar prejudicando as pessoas como tem feito. Ela precisa ser detida.

— Ainda bem que dentro de dois dias tudo estará resolvido — disse Flávio. — Eu também não vejo a hora de acabar com esse caso desagradável.

Marcos foi embora, e eles despediram-se de Sérgio para irem à reunião do centro.

— Você poderia ficar comigo! — reclamou ele, dirigindo-se a Arlete.

— Tenha paciência. Logo, você poderá ir conosco. Teremos todo o tempo do mundo. Não nos separaremos nunca mais.

Quando eles saíram, Sérgio sentou-se no sofá, pensativo. Por que fora envolvido naquele caso tão desagradável? Para destruí-lo, Flora recorrera à macumba, mas seu Ramiro dissera que nem sempre a macumba "pega". Por que com ele "pegara"? Flávio costumava dizer que são as atitudes da pessoa que determinam os fatos de sua vida. Que atitudes ele tivera para atrair toda aquela confusão?

Reconheceu que desde que terminara seu namoro com Flora não tivera para ela pensamentos bons. Mas como negar que ela era interesseira e maldosa? Como pensar bem de uma pessoa tão falsa e perigosa?

Seu Ramiro lhe sugerira que pensasse em tudo quanto lhe acontecera para descobrir onde estava a causa verdadeira. Isto é, que tipo de crença baixava seu padrão mental a ponto de torná-lo alvo da maldade dos outros. Afirmara que, enquanto ele não modificasse a atitude que o estava deixando vulnerável, outras coisas ruins poderiam voltar a acontecer.

Por mais que tentasse, Sérgio não conseguia descobrir qual era essa causa e isso o fazia sentir-se inseguro quanto ao desenrolar dos fatos. Nesses momentos, sentia-se deprimido. Ele era um moço pobre, ambicioso, que sonhara enriquecer, mas que não tinha capacidade para isso. Amava Arlete sinceramente. Seria justo casar-se com ela mesmo não tendo nada a oferecer-lhe? Não estaria sendo egoísta pensando só em sua felicidade, esquecendo a distância social que os separava? Não seria esse o motivo pelo qual a vida o castigara? Se ele continuasse com ela, não poderiam acontecer coisas piores?

Angustiado, Sérgio andava de um lado a outro. Não queria que Arlete sofresse. Ela merecia ser feliz. Quando tudo se esclarecesse, talvez fosse melhor ele ir embora. Ela merecia alguém melhor.

Deixou-se cair no sofá novamente e, enfiando a cabeça entre as mãos, não conseguiu conter o pranto. Não viu que duas sombras o abraçavam sussurrando palavras em seus ouvidos. Se pudesse ver, saberia que aqueles pensamentos estavam sendo sugeridos e não os teria agasalhado. Pensando que eram seus, ele deu força a que eles se instalassem dentro de si.

❧

No centro, sentada na sala onde faziam orações, Arlete e Diva, em meio a outras pessoas, ouviam com atenção as palavras do mentor espiritual. Em certo momento, o médium aproximou-se de Arlete dizendo:

— O rapaz em casa está sendo envolvido por entidades perturbadoras e não percebe, porque elas estão explorando as fraquezas que ele tem.

— Ele quer vir aqui — explicou Arlete. — Mas ainda não pode sair de casa. Assim que for possível, ele virá.

— Vamos tentar ajudá-lo. Diga-lhe que são os pensamentos negativos que ele cultiva que atraem as coisas ruins na vida dele. Se ele quiser ser feliz, precisa dar importância ao bem e esquecer o mal. Acreditar no mal é tornar-se vulnerável aos ataques das trevas.

— Ele é um moço bom, não pensa no mal — disse Arlete admirada.

— Dê-lhe meu recado e, se puder, use as mesmas palavras. Ele entenderá.

— Está bem.

Quando saíram, Arlete comentou com Walter e Flávio as palavras do mentor espiritual.

— Ele disse que Sérgio está sendo assediado por espíritos perturbadores — esclareceu Diva, preocupada.

— Prometeram ajudar — continuou Arlete.

— Com certeza já foram atendê-lo — disse Walter.

— Não entendi o recado. Sérgio é bom, e nunca o vi falando mal de ninguém.

— O mal não se limita a atingir os outros. Vai além. Todas as vezes que você nega o bem, quando se deprime, se julga incapaz, sente medo, dramatiza tragédias está dando forças ao mal.

— Nesse caso, poucas pessoas estão vivendo no bem — considerou Arlete, pensativa.

— É por isso que há tanto sofrimento no mundo — comentou Flávio.

— Suas palavras me deram a chave que procurava há tanto tempo. Claro.

Cultivando pensamentos ruins, você alimenta o mal. Um estado negativo, depressivo. Ainda que não atinja os outros, que fique apenas dentro de você, é o bastante para atrair o mal à sua vida. Nossa sociedade e nossos costumes são extremamente negativos. A pretexto de prevenir, em nome da modéstia e da humildade, as pessoas disseminam e alimentam a falta de confiança em si mesmas, o que acaba atraindo a incapacidade. Está tudo errado!

— Infelizmente, os valores verdadeiros foram invertidos no mundo. A autovalorização é proibida e tida como exibicionismo, enquanto alardear incompetência é modéstia — concordou Walter.

— Não é de admirar que haja tantas pessoas que se anulam sem coragem de tentar progredir na vida. É que elas acreditam que não merecem o sucesso, não têm capacidade, quando nem sequer tentaram.

Vendo que Arlete estava pensativa, Flávio continuou:

— Sérgio tem se mostrado deprimido. Claro que sua situação ainda é desagradável, mas ele sabe que está por pouco. Que logo poderá reassumir sua vida normal. Entretanto, às vezes, ele me parece excessivamente preocupado com sua situação financeira.

— Até certo ponto dá para entender — disse Walter. — Ele está desempregado há tempos e sem recursos próprios. Isso é desagradável para um homem acostumado a ser independente e a ganhar seu dinheiro.

— Eu sei. Mas ele, por vezes, deixa transparecer que a diferença de posição social entre nós o incomoda — disse Arlete.

— Por perceber isso, concordei com essa espera para se casarem — esclareceu Flávio. — Ele se sentirá melhor se puder pagar as despesas e contribuir para os arranjos da casa.

— Bem pensado — interveio Diva, que ouvira tudo atentamente. — Sérgio gosta de contribuir com as despesas, sente prazer em cooperar. Sempre foi assim com nossa família. Vocês precisavam ver sua alegria, o brilho em seus olhos quando podia nos presentear. Com os outros pagando tudo, ele deve estar se sentindo muito mal.

— Talvez ele esteja sendo testado na humildade — disse Walter sorrindo. — O que ele não pode é fazer disso um drama e se infelicitar. Ele sabe que é temporário.

— Vou até lá dar-lhe o recado — disse Arlete.

Em casa, Flávio convidou os amigos para um lanche na copa, enquanto Arlete, informada de que Sérgio estava na sala, foi à sua procura.

Vendo-a entrar, ele levantou-se do sofá alegremente surpreendido:

— Você voltou! — disse abraçando-a.

Ela notou que Sérgio estava abatido, olhos vermelhos. Fazendo-o sentar-se no sofá, a moça juntou-se a ele e segurou as mãos do rapaz.

— Voltei porque tenho um recado do guia espiritual.

Ele surpreendeu-se.

— Qual é?

— Que são seus pensamentos negativos que atraem as coisas ruins em sua vida. Que, se você quiser ser feliz, precisa dar importância ao bem e esquecer todo o mal. Acreditar no mal é tornar-se vulnerável ao ataque das trevas.

Sérgio não encontrou palavras para responder. Abraçou-a, comovido.

— Ele disse que você iria entender o que ele queria dizer.

— Entendi, sim, Arlete. Ele respondeu às minhas indagações. Depois que vocês saíram, fiquei atormentado pensando em tudo quanto me aconteceu.

— Pelo jeito, pensando em coisas tristes.

— Sim. Não nego que fiquei descontrolado. Eu queria dar tudo a você. mas não posso fazer nada. Fiquei questionando se você merecia alguém melhor do que eu.

Arlete olhou-o nos olhos e disse com voz firme:

— Não sei por que se desvaloriza tanto. Estou começando a pensar que sua vaidade é maior do que seu amor por mim.

Ele olhou-a admirado. Não esperava essa resposta. Ela continuou:

— Amo você e acredito que tenhamos todas as possibilidades de vivermos bem e de construirmos juntos uma vida feliz. Admiro o Sérgio correto, trabalhador, alegre, amável, carinhoso e capaz e me recuso a pensar que você seja um homem com medo de assumir a felicidade e o lugar que a vida lhe está oferecendo na sociedade.

— Por que diz isso?

— Porque tudo está indo bem em nossas vidas, porque logo estaremos livres para realizar nossos sonhos, e você, em vez de dar graças pela felicidade que está ao nosso alcance, prefere ser infeliz e colocar obstáculos e dificuldades que só existem em sua cabeça. Não acha que está sendo por demais ingrato, jogando fora as oportunidades que a vida lhe oferece? Por que se nega a perceber que, por suas qualidades, você tem tudo para me fazer feliz? Está colocando seu orgulho acima da nossa felicidade? Será que seu amor não é bastante forte?

Sérgio baixou os olhos, embaraçado.

— Você ficou magoada! — disse depois de alguns segundos.

— Não, Sérgio. Mas sei que, se não deixar de lado o negativismo, se continuar ignorando sua capacidade, não terá o que quer. Você deseja dar o melhor a mim e aos seus, almeja ser rico, progredir, mas, pensando assim, nunca o conseguirá. O sucesso só alcança quem acredita na própria força, quem não tem medo do dinheiro dos outros, quem acha que o merece. Só vence na vida e é feliz quem acredita na vitória. Você quer melhorar, reabilitar seu nome, porém continua alimentando a derrota. Nós sabemos que você é capaz e estamos todos esforçando-nos para desfazer a injustiça da qual foi vítima. Por que não faz o mesmo?

Sérgio abraçou-a envergonhado.

— Desculpe, Arlete. Sei que tem razão. Vocês acreditam em mim. Isso é o mais importante. Tive um momento de fraqueza, mas passou. Nunca mais duvide do meu amor. Você é tudo que eu mais quero na vida.

— Então prove reagindo e fazendo o melhor que pode!

Sérgio beijou-a com carinho repetidas vezes.

— Não sei o que seria de mim sem você — disse comovido.

Quando ela se despediu, meia hora depois, ele sentia-se mais calmo e feliz. A tempestade havia passado. Ao se recolher, pensando nos últimos acontecimentos, Sérgio sentiu vontade de rezar e agradecer a Deus pelo amor de Arlete e pela confiança dos amigos.

CAPÍTULO 23

Na noite seguinte, Marcos ligou para Flora.

— Então, já tem o dinheiro?

Ela informou a quantia e completou:

— É tudo quanto possuo!

— É pouco.

— É muito dinheiro! É mais do que suficiente para você ir para o exterior e viver muito bem!

— Não posso aceitar isso! Preciso de mais!

— Não posso. Não tenho! Seja compreensivo!

O outro hesitou por alguns instantes, e Flora tentou convencê-lo de todas as maneiras. Depois de muito discutir, finalmente, ele concordou.

— Está bem. Esteja pronta amanhã no início da tarde. Vou ligar para dizer o local. Você deve ir sozinha. Lembre-se de que vigio todos os seus passos. Estarei atento. Deve obedecer às minhas ordens.

— Está bem — concordou ela. Também não queria que ninguém soubesse daquela transação.

❧

No dia seguinte, Flora alegou que estava indisposta e saiu mais cedo do escritório. Passou pelo banco, tirou o dinheiro que tinha no cofre e o guardou num envelope dentro da bolsa. Suspirou aborrecida. Agora lhe restava uma pequena quantia.

Todo o dinheiro que conseguia ela guardava. Precisava estar preparada para qualquer eventualidade. No cofre, havia um passaporte, caso viesse a precisar. Não queria ser apanhada de surpresa.

Foi para casa e ficou esperando. Comprara uma arma e a guardara carregada dentro da bolsa. Não sabia que tipo de homem iria encontrar. Boa coisa não deveria ser. José a avisara de que corria perigo e precisava proteger-se.

Antes de dar-lhe o dinheiro, trataria de saber como ele descobrira tudo. Precisava também ter certeza de que ele não continuaria a chantageá-la. De repente, se o lugar fosse ermo e não houvesse ninguém, talvez ela pudesse fazê-lo arrepender-se de ter se envolvido na aventura.

Flora não tinha medo de nada. Sabia como manejar uma arma. Se o acaso a favorecesse, talvez aquele dinheiro pudesse voltar para seu cofre no banco. Ao pensar nisso, ela sorriu antegozando o prazer de acabar com aquele patife que a atormentara tanto durante aqueles dias.

O tempo custava a passar, e Flora impacientava-se. Olhou o relógio. Estava quase na hora. O telefone tocou.

— Está pronta? Tem o dinheiro?

— Tenho.

Ele deu as instruções. Flora teria de ir a um hotel onde encontraria uma reserva de quarto em seu nome. Pegaria a chave, iria para o quarto e esperaria por ele.

Flora não gostou da ideia.

— Um hotel é um lugar muito movimentado. Não quero ser vista. Por que não nos encontramos em alguma estrada deserta? Seria melhor.

— Faça o que estou dizendo. Quem dá as ordens sou eu!

Ela suspirou resignada.

— Está bem. Irei. Mas não se demore. Não tenho muito tempo.

Ele desligou. Flora apanhou a bolsa e saiu. Dirigiu-se ao hotel localizado perto da Estação da Luz. Era um lugar modesto. Ela entrou, deu seu nome, e o empregado que a atendeu entregou-lhe uma chave dizendo:

— Pode subir. É no primeiro andar do lado esquerdo.

Flora obedeceu, olhando contrariada para as paredes velhas cheirando à umidade e ouvindo seus passos que faziam ranger os degraus da escada de madeira. Encontrou o quarto e entrou.

"Espero que ele não demore", pensou. A moça estava ansiosa para ver-se livre daquela incumbência desagradável e sair daquele lugar.

Olhou os móveis simples, a cama, uma poltrona, um armário e uma pequena mesa. Na janela, uma cortina de cor indefinível. Não se sentou. Ficou andando impaciente de um lado a outro. Dez minutos depois, bateram na porta. Com o coração descompassado, ela disse:

— Entre.

Marcos entrou, e ela não se conteve:

— Finalmente! Você demorou!

— Quis me certificar de que tudo estava em ordem.

— Este lugar é horrível! Podia ter escolhido algo melhor!

— Imaginei que você não iria querer ser vista comigo. Aqui ninguém a conhece, é mais seguro.

Flora suspirou resignada.

— Vamos ao nosso negócio.

— Trouxe o dinheiro?

— Sim, mas antes quero ver as provas. Você disse que as tinha.

— Estão aqui — Marcos respondeu mostrando um grande envelope pardo a Flora. — Você foi muito esperta. Em pouco tempo, conseguiu tirar a Doroteia e o doutor Martinez do seu caminho, alterar os contratos da empresa e arrancar dinheiro dos clientes. Seu único descuido foi ter ido em pessoa ao banco depositar o dinheiro na conta do Sérgio.

— Você me intriga! — exclamou ela com raiva. — Não me lembro de tê-lo visto na empresa. Como descobriu tudo isso?

— Vi quando depositou aquela soma na conta do Sérgio. Por acaso, eu estava do seu lado. Conhecia o Sérgio dos tempos do interior e sabia que ele não tinha tanto dinheiro. Por outro lado, sua beleza chamou minha atenção.

— Eu conhecia os amigos de Sérgio e nunca o vi.

— Eu nunca fui amigo dele.

Flora resolveu conversar o mais possível para ver se encontrava uma maneira de não entregar o dinheiro. Por isso continuou:

— Quer dizer que também não gosta dele?

— Ele ia casar-se com uma grã-fina, gostava de aparecer. Só frequentava a alta sociedade. Esqueceu o povo do interior — mentiu Marcos.

— Ele é assim mesmo. Vai ver que desprezou você.

— É. Precisei de emprego, e ele nem me recebeu. Logo eu, que jogava bola com Sérgio quando era menino.

Flora sentiu-se à vontade.

— Quer dizer que gostou do que aconteceu com ele.

— Pra dizer a verdade, gostei mesmo. Por isso, preferi procurá-la em vez daquela antipática da Arlete.

— Mas você ameaçou ir falar com ela!

— Sabe como é. Estou precisando de dinheiro. Se você não me desse, eu iria mesmo. Afinal, dinheiro é dinheiro.

— Em vez de pedir tanto dinheiro, você poderia trabalhar para mim. Garanto que juntos iríamos longe. Farei de você um homem rico!

— A proposta é tentadora! Você tem trabalhado sozinha. Para que precisaria de mim?

— Você mesmo disse que eu facilitei as coisas indo pessoalmente depositar aquele dinheiro na conta do Sérgio. Se fôssemos sócios, você teria ido em meu lugar. Teria recebido uma parte e ninguém descobriria.

— Você quer que eu me arrisque, mas o caso do Sérgio acabou. Quais são seus planos para o futuro?

— Terá que confiar em mim.

— Isso é que não. Você vai me enganar, assim que eu virar as costas. Precisa dizer-me o que pretende fazer.

— Não quero me encontrar com os clientes da empresa. Você iria em meu lugar.

— Quer dizer que pretende continuar desviando dinheiro da empresa como até agora.

Flora irritou-se.

— Vamos acabar logo com isso. Quero ver o que há no envelope.

— Um relatório de atividades. Registrei cada passo seu, cada encontro seu com os seus "clientes". Há informações até do seu macumbeiro.

Ele entregou-lhe o envelope, ela abriu e deu uma rápida olhada. Sabia que de nada adiantaria destruir aquilo, que só poderia ser utilizado contra ela se ele resolvesse delatá-la.

— Passe o dinheiro — pediu ele.

Flora estendeu-lhe o pacote com o dinheiro. Nesse instante, a porta do quarto se abriu e dois homens entraram, dizendo:

— Polícia! Sabemos de tudo! Você está presa!

Flora arregalou os olhos e gritou:

— Traidor! Você me paga!

Os dois aproximaram-se dela, que deu um salto para trás, enlouquecida. Rápida, abriu a bolsa, apanhou o revólver e, apontando-o para os três, estupefatos, disse colérica:

— Saiam da frente, senão eu atiro. Presa eu não vou!

Eles não haviam sacado a arma e não esperavam aquela reação. Ficaram parados. Ela rapidamente apanhou a chave, saiu e trancou a porta por fora. Descendo as escadas correndo, deixou o prédio.

Uma vez na rua, tendo guardado o revólver na bolsa, apanhou um táxi que passava e disse ao motorista:

— Preciso ir para o aeroporto. É caso de vida ou morte. Vamos depressa! Minha mãe está mal.

O motorista obedeceu. Dentro do carro, Flora respirou aliviada. Caíra em uma cilada, mas ela não se deixaria prender. Estava com o dinheiro e poderia ir para longe antes que eles a procurassem. Precisava do passaporte. Deu o endereço do banco ao motorista. Uma vez lá, disse:

— Espere aqui. Não me demoro.

Foi ao cofre, apanhou o passaporte e o resto do dinheiro. Dez minutos depois, estava a caminho do aeroporto.

No quarto do hotel, os três arrombaram a porta, enquanto o delegado dizia a seus homens:

— Terminem tudo. Eu e o doutor Marcos iremos atrás dela.

Eles desceram em seguida, perguntaram a diversas pessoas se haviam visto uma moça com a descrição de Flora, mas ninguém informou nada.

— O que faremos agora? — indagou Marcos.

— Vamos recolher as provas e ir para a delegacia. Essa mulher é perigosa!

— Não imaginei que ela fosse reagir e que estivesse armada!

— Eu também não. A ficha dela é limpa. Nunca teve nenhuma passagem pela delegacia. Geralmente, a surpresa deixa a pessoa sem ação.

— Pois com ela foi diferente. Parecia uma fera.

— Pelo menos você conseguiu o que queria. Se a fita não for suficiente em juízo para reabilitar seu cliente, podemos depor. Eu e o Lopes ouvimos tudo.

— Não irá atrás dela?

— Claro. Vou abrir inquérito e começar a busca. Vamos voltar ao hotel e recolher nosso material.

Enquanto isso, Flora comprara uma passagem e embarcava para Porto Alegre. Uma vez lá, pretendia ir ao Paraguai e de lá seguir para outro país. Não queria deixar pistas para a polícia.

Dentro do avião, recostada na poltrona, ela recapitulava os últimos acontecimentos. Bem que José a avisara de que ela corria perigo. Pena que agora não poderia ir consultá-lo. Ele era dos bons.

Pretendia morar em outro país até ver como as coisas ficariam. Não iria comunicar-se com os pais, pois seria perigoso. Se um dia quisesse voltar para o Brasil, mudaria de nome, arranjaria outra identidade, tingiria os cabelos. Sabia como fazer isso. As coisas haviam saído erradas, mas ela não se deixaria abater. O mundo era grande, e ela muito inteligente. Ninguém haveria de derrotá-la.

Já havia escurecido quando Marcos foi à casa de Flávio, onde toda a família estava reunida esperando com ansiedade. Vendo-o, Flávio levantou-se dizendo:

— Puxa! Você demorou!

Todos se aproximaram de Marcos, que respondeu:

— Sei que estavam ansiosos, mas houve um imprevisto!

— Ela não confessou? — indagou Arlete.

— Confessou, sim. Foi uma beleza! Deu o serviço todo. Trouxe uma cópia da fita para vocês ouvirem.

— Nesse caso, tudo está resolvido? — indagou Anselmo.

— Quanto ao caso de Sérgio, sim. Temos todas as provas para que ele possa se reabilitar perante a Justiça!

Sérgio ficou comovido e não conseguiu dizer nada. Arlete abraçou-o com carinho.

— Finalmente! Tudo está resolvido! Graças a Deus!

Sérgio apertou Arlete nos braços, emocionado.

— Flora está presa? — indagou Flávio.

— Infelizmente, não. Quando se viu desmascarada, sacou um revólver e nos ameaçou. Depois, aproveitando-se da nossa surpresa, saiu e nos trancou dentro do quarto. Quando arrombamos a porta e fomos à rua, ela havia desaparecido.

— Foi imprudência da polícia! — tornou Anselmo. — Não deveriam tê-la deixado escapar.

— O delegado não esperava aquela reação.

— Nunca pensei que ela fosse tão perigosa! — comentou Nora assustada. — E dizer que essa mulher andou em nossa casa, convivendo com Arlete e Flávio!

— Essas coisas acontecem, dona Nora — respondeu Marcos. — Mas agora a polícia abriu inquérito, e vamos apurar todas as falcatruas que ela cometeu dentro de sua empresa. Ela será procurada e presa.

— Já é um alívio ela não estar mais lá! — considerou Flávio. — Eu pressentia que era preciso afastá-la o quanto antes.

Anselmo aproximou-se de Sérgio, que, abraçado a Arlete, ouvia em silêncio. Estendendo-lhe a mão, disse:

— Parabéns. Estou contente por ver este pesadelo acabar. Gostaria que você nos perdoasse e aceitasse trabalhar novamente conosco, como assessor de Flávio. Você receberá todos os salários atrasados e uma indenização por tudo quanto sofreu. Estou pensando em viajar com Nora e deixar a empresa nas mãos de vocês dois.

Sérgio apertou a mão de Anselmo comovido.

— Nada tenho a perdoar, doutor Anselmo. O que vocês têm feito por mim nunca poderei pagar. Se Arlete e Flávio não tivessem ido à minha procura, eu continuaria lá, desesperado e infeliz. Se alguém deve alguma coisa sou eu.

— Faça minha filha feliz! É tudo o que eu quero! — disse Anselmo, com os olhos brilhantes de emoção.

Na manhã do dia seguinte, dois policiais foram à casa de José. Vendo-os, sua mulher desconfiou:

— Querem falar com o José? Ele viajou — disse ela assim que perguntaram por ele.

Um deles exibiu a carteira dizendo:

— Somos da polícia. Prenda esses cachorros.

Ela obedeceu imediatamente. Eles entraram, e ela tentou justificar-se:

— É que ele está doente hoje e não queria receber ninguém.

Eles encontraram José na sala onde costumava atender às pessoas. Olhos fechados, ele fingia rezar.

— Levante-se, José. Você está encrencado. Terá que nos acompanhar à delegacia.

Ele abriu os olhos imediatamente.

— Eu? O que têm contra mim? Sou um homem que se dedica a ajudar os outros levando o conforto da religião.

— Vamos embora. Vai explicar tudo para o delegado!

Uma vez na delegacia, o delegado colocou-o em uma sala e, junto com Lopes, começou o interrogatório:

— Você conhece uma mulher chamada Flora Alvarenga?

Ele remexeu-se na cadeira pensativo. O delegado continuou:

— Vá falando. Sabemos que você era cúmplice dela.

— Eu não, doutor! É mentira!

— Sabemos de tudo. Ela foi desmascarada e disse que você a ajudou no desvio do dinheiro.

— É mentira dela! Eu juro!

— Ela ia sempre à sua casa, dava-lhe dinheiro.

— Eu não sabia que ela desviava dinheiro. Juro por Deus! Sou um homem de bem. Um religioso dedicado a aliviar o sofrimento das pessoas. Jamais faria isso. Ela me procurou para resolver um caso de amor, e eu tentei ajudá-la. Foi só. Não tive nada com o que ela andou fazendo.

— Ela diz o contrário. Você está em maus lençóis. Meus homens a seguiram várias vezes até sua casa. Vocês planejaram o roubo juntos.

José remexia-se na cadeira nervoso. Ele não queria nada com a polícia. Se fossem investigar seu passado, poderiam descobrir coisas que ele fazia tudo para esquecer.

— Ela mente. Sou um homem honesto.

— Seja como for, até poder provar isso, ficará detido para averiguações. Depois de alguns dias aqui, talvez resolva contar a verdade. Lopes, pode levá-lo.

Ignorando o desespero de José, o delegado saiu e foi para a sala onde Marcos o esperava.

— E então? — indagou assim que ele entrou.

— Dei um aperto nele e tenho certeza de que logo vai "cantar" para salvar a própria pele. Acho que ele não sabe onde ela está. Depois do que houve, ela não se arriscaria a procurá-lo.

— É provável que ela já tenha saído da cidade. Estava com dinheiro!

— Pode ser. Tenho uma autorização de busca. Vamos checar o apartamento dela. Depois visitaremos a família. Temos o endereço.

— É uma boa ideia.

Enquanto a polícia investigava Flora, Sérgio acompanhou Flávio de volta à empresa. Seu coração batia forte ao entrar nos escritórios e ver os amigos. Apesar do sigilo que Flávio tivera o cuidado de manter, todos sabiam por que Sérgio deixara a firma. Flora encarregara-se de falar com alguns funcionários a respeito, pedindo-lhes que fossem discretos. Isso era o mesmo que lhes pedir para espalhar as notícias.

Flávio notou a admiração e os cochichos discretos dos funcionários ao verem Sérgio e mandou reunir todos no salão onde faziam treinamento de pessoal.

— Venha, Sérgio — disse ele. — Vamos esclarecer definitivamente este assunto.

Quando viu todos reunidos no salão, Flávio começou:

— Hoje, para nossa alegria, temos novamente Sérgio conosco. Ele foi vítima de uma tremenda injustiça, uma trama bem urdida por uma das nossas funcionárias, mulher ambiciosa e sem escrúpulos. Pela reação de vocês, acredito que já saibam do desfalque que houve na empresa. Tentamos guardar sigilo, mas parece que a pessoa que desviou o dinheiro tinha interesse em destruir a reputação de Sérgio e cuidou de espalhar a notícia. Como não contamos a ninguém, ela, que era a autora do desfalque, é que deve ter dado com a língua nos dentes. Para que ninguém tire conclusões erradas, vou contar-lhes como tudo se passou e depois vamos pôr uma pedra sobre esse desagradável assunto.

Em poucas palavras, Flávio contou tudo quanto havia acontecido, inclusive a "doença" de dona Doroteia e do doutor Martinez, a ajuda espiritual, a atuação de Marcos, da polícia e a fuga de Flora. E finalizou:

— Sérgio sempre foi um funcionário exemplar e honesto. Meu tio, presidente da empresa, pretende afastar-se dos negócios. Eu serei o novo presidente, e Sérgio voltou para ocupar o cargo de vice-presidente. Juntos, vamos levantar esta empresa, crescer ainda mais, e contamos com a ajuda de todos vocês. Era o que eu tinha a dizer. Obrigado.

Sentindo-se valorizados pela atitude de Flávio ao contar-lhes a verdade, os funcionários aplaudiram com entusiasmo.

Quando pararam, Sérgio levantou-se e, muito emocionado, tomou a palavra:

— Este momento compensa todo o sofrimento por que passei. A alegria de estar novamente com vocês, de saber que todos acreditam em minha inocência, o prazer de voltar ao trabalho, o amor de Arlete, nosso casamento que em breve será realizado, tudo isso só me permite agradecer a Deus. Reconheço que, sem ajuda espiritual, eu talvez ainda estivesse atirado sobre uma cama, remoendo minha dor sem poder fazer nada. Quero que vocês saibam que me tornei um homem de fé. Em minha vida, daqui por diante, nada farei sem evocar a ajuda e a presença de Deus. Acredito que Ele possa tudo e, mesmo quando perdemos a esperança, trabalhe pela nossa felicidade. É muito bom estar aqui de novo com vocês.

Eles aplaudiram e muitos se levantaram para abraçar Sérgio com carinho. Sua história e seu posicionamento sincero comoveram a todos.

De volta à sala de Flávio, Sérgio perguntou:

— E então? O que vou fazer? Sinto-me ansioso para começar a trabalhar.

— Bem, eu estive conversando com tio Anselmo. Ele pensa mesmo em deixar os negócios. Nesta mesma tarde, ele virá aqui tomar as providências para que nós dois passemos à direção da empresa. Nesse caso, eu irei para a sala da Presidência, e você ficará com minha sala.

Os olhos de Sérgio brilharam de alegria.

— Então, é verdade mesmo! Puxa, o doutor Anselmo está sendo muito generoso comigo.

— De que se admira? Se ele lhe deu sua maior fortuna, que é Arlete, isto aqui é natural.

— Sinto-me grato por essa prova de confiança. Vocês não se arrependerão. Trabalharei muito e tenho certeza de que dará tudo certo.

Flávio sorriu alegre e disse:

— Pela sua cara, eu acredito! Finalmente, perdeu aquele ar de tristeza e voltou a ser aquele amigo cujo entusiasmo pelo trabalho sempre admirei.

— Tudo o que eu fizer será pouco para retribuir a felicidade e o bem que me estão fazendo.

— Enquanto tio Anselmo não chegar, você ficará aqui comigo. Precisamos cuidar do departamento jurídico. Precisaremos de uma auditoria. Telefonarei para um amigo meu que tem uma empresa e o contratarei. O que você acha de telefonarmos para o doutor Martinez para saber se quer retomar o antigo cargo? Ele pode acompanhar os auditores e depois reassumir.

— Acho a ideia excelente. Dona Doroteia também poderia ser readmitida.

— Isso mesmo. Essa será sua primeira função. Pode falar com a secretária e pedir-lhe para providenciar tudo.

Enquanto Sérgio saía, Flávio começou a arrumar os objetos de uso pessoal que deveria levar para a nova sala. Sentia-se feliz e confiante. Finalmente, tudo estava voltando para o devido lugar.

CAPÍTULO 24

Os dias que se seguiram foram de muita atividade e alegria para Sérgio e Arlete. Ele marcou a data do casamento para dois meses depois, porque desejava preparar tudo com carinho — pagar as despesas da família, que compareceria ao casamento, oferecer a Arlete, além das alianças, uma joia que ele escolheu com amor e comprar algumas roupas.

Além disso, dedicou-se com todo o empenho ao trabalho, querendo recuperar o tempo perdido. Combinou com Arlete que a lua de mel seria curta, deixando para mais tarde a viagem que haviam programado no passado. Ele não queria ausentar-se logo após sua indicação para o novo cargo. Sentia-se motivado e cheio de boas ideias.

Arlete concordou, uma vez que todas as noites eles se encontravam para planejar o futuro e vivenciar a alegria de estarem juntos. Durante o dia, ela ocupava-se em ajudar Diva. Ela tinha feito algumas peças de roupa, e Arlete as mostrara a alguns conhecidos do ramo que, muito interessados, fizeram várias encomendas que Diva se esforçava para produzir, trabalhando até altas horas da noite.

Arlete percebeu que Diva realmente era muito boa no que fazia. Os compradores estavam muito interessados, e as peças eram realmente bem-feitas.

Ela mudara-se para a edícula, alegando que logo o casamento se realizaria e Arlete precisava de todo o espaço.

Uma noite, depois que Sérgio saiu, ela viu as luzes da casa de Diva ainda acesas e foi procurá-la.

— Já passa da meia-noite. Ainda trabalhando?

Diva sorriu.

— Preciso entregar uma encomenda amanhã cedo.

— Tenho observado que anda trabalhando demais.

— Gosto do que faço. Depois, esse é o caminho de quem quer progredir.

— Tem razão. Pensando nisso, vim fazer-lhe uma proposta.

Diva levantou os olhos da máquina de costura, atenta.

— O que é?

— Desejo propor-lhe sociedade. Eu e você. Que tal?

— Não estou entendendo. Sociedade como?

— Eu também gostaria de trabalhar um pouco. Venho pensando muito nisso ultimamente.

— Você não precisa! Por que trabalharia?

— Para me sentir útil, fazer alguma coisa que movimente os recursos que a vida me deu.

— Você tem sido muito boa e ajudado muitas pessoas. Foi o que observei. Eu mesma lhe devo muito.

— Não estou falando disso. Passo os dias sozinha, sem muita coisa para fazer. Tenho observado o entusiasmo de vocês com o trabalho e fico pensando se não estou me privando de fazer alguma coisa útil. Eu nunca saberia fazer o que você faz com um simples pedaço de pano. Você cria, sente-se feliz fazendo isso. Gostaria de aprender alguma coisa.

— Não está pensando em aprender a costurar! — retrucou Diva sorrindo.

— Nem pense nisso. Não teria jeito. Mas há coisas que sei fazer muito bem. Por isso, acho que nós duas formaríamos uma boa sociedade.

— De que modo?

— Você entra com a parte técnica; eu, com a empresarial.

— Como assim?

— Vou alugar uma boa casa, um salão talvez, comprar algumas máquinas de costura e fazer um ateliê de moda. Contrataremos algumas costureiras. Você tira as medidas, corta, e elas costuram. Eu cuido da parte financeira, visito as lojas, vendo nossas confecções, recebo o dinheiro, faço os pagamentos, e dividimos os lucros.

Os olhos de Diva brilhavam quando respondeu:

— Puxa! Seria maravilhoso! Mas eu não tenho dinheiro. Para fazer uma sociedade, eu teria que entrar com a metade da despesa.

— Engano seu. Eu tenho dinheiro, mas não tenho talento para fazer o que você faz. É justo que eu entre com o dinheiro, e você com o conhecimento. É uma boa sociedade. Juntas, poderemos fazer muita coisa. Depois, também vou trabalhar. É isso que eu quero. Diga que aceita e amanhã mesmo começarei a procurar um local.

— Melhor depois do casamento. Você está muito ocupada agora.

— Que nada. Ainda falta um mês, e dá muito bem para montarmos tudo. Depois do casamento, ficaremos apenas uma semana fora. Assim que eu voltar, enquanto Sérgio estiver na empresa, ficarei com o tempo livre para trabalhar. Será ótimo.

— Tem certeza de que é isso mesmo o que quer? Não está fazendo isso só para me ajudar?

Arlete olhou-a com firmeza quando respondeu:

— Não se desvalorize. Tenho certeza de que, além de me ocupar, ganharei muito dinheiro. Você tem muito talento. Eu é que estou me beneficiando com essa sociedade. Nós criaremos empregos, contribuiremos para que outras pessoas possam trabalhar e sustentar suas famílias. Tudo isso, fazendo o que gostamos de fazer. Você com a moda, e eu com as pessoas, tornando-me uma mulher de negócios. Será maravilhoso!

Diva sorria, contagiada pelo entusiasmo de Arlete. Naquele mesmo instante, Arlete apanhou um papel e começou a fazer o planejamento de tudo.

Apesar das providências para o casamento, Arlete conseguiu montar o ateliê, começando por alugar uma casa a algumas quadras da sua. Era antiga, mas possuía um salão de festas onde ela montou a oficina depois de pintar a casa.

Como a data do casamento se aproximava, resolveram deixar o restante para quando ela voltasse da viagem de núpcias.

O dia do casamento chegou lindo e cheio de sol. Arlete não escondia sua felicidade. A família de Sérgio chegara um dia antes. Sérgio hospedara-os em um hotel de luxo, feliz por ter condições de proporcionar-lhes aquele conforto. Ele quis comprar-lhes roupas, mas Rubens não permitira.

— Não, senhor. Eu é que quero fazer isso! Pode ficar sossegado que a Antônia entende dessas coisas da cidade, e nós não vamos envergonhá-lo.

E, de fato, eles apresentaram-se com discrição e simplicidade, mas elegantes. Até Vicente, metido em um terno bem cortado, parecia outra pessoa.

Diva e Arlete não permitiram que Dirce ficasse no hotel e levaram-na para casa. À noite, antes de dormir, as três conversavam animadamente, e Diva declarou:

— Gostaria que você viesse morar aqui comigo, se Arlete permitir. Poderia ajudar-nos na sociedade.

Dirce sorriu e respondeu:

— Sei que vocês me querem bem, e eu gosto muito de estar aqui, mas sabe como é... sou do interior, gosto do sossego de lá, não saberia viver na cidade. Não seria feliz aqui. Sinto que lá é meu lugar.

Arlete fez um ar misterioso quando disse:

— Não esqueci a promessa que lhe fiz. Ainda está interessada no José das Conchas?

Ela corou ao dizer:

— Descobriu alguma coisa sobre ele?

— Descobri. Ia escrever-lhe contando, mas achei melhor falar pessoalmente. Essas coisas precisam ser conversadas.

— O que foi que soube?

— O nome dele é José Antônio das Neves?

— É esse mesmo — concordou Dirce.

— Então, é ele. José é advogado, teve um grande desgosto e por causa disso resolveu abandonar a cidade.

— Advogado? — estranhou Diva. — Bem me pareceu homem fino, educado.

— Encontrei o endereço do doutor Bastos. Meu amigo Walter o conhecia, e eu lhe pedi que investigasse o caso.

— O que descobriu?

— José se casou e foi muito infeliz. Soube que ele queria filhos, mas ela nunca concordou. Era fútil e gostava de beber. José descobriu que era traído e separou-se. Mas a ex-esposa bebia muito e fazia escândalo onde o encontrasse. Um dia, foi encontrada morta no quarto, assassinada. A polícia o prendeu, culpando-o pelo crime, porém, depois descobriu o verdadeiro assassino, e José foi solto. Abatido, envergonhado, ele não quis continuar vivendo no Rio de Janeiro. Então, o doutor Bastos, que era amigo da família, ofereceu-lhe o emprego de capataz na fazenda. Ele gostava muito do rapaz e achou que, trabalhando lá durante algum tempo, ele esqueceria o drama e voltaria para a cidade, refeito. José, no entanto, gostou do trabalho e disse que não desejava mais voltar. É o que eu sei.

Dirce suspirou dizendo:

— Então ele me contou a verdade! Ele me disse isso mesmo.

As duas não contiveram o entusiasmo.

— Ele contou?

— Ele conversou com você?

— Na festa do seu Marcondes, ele me pediu em namoro. Pai, mãe e até o Rubens concordaram, me chamaram e disseram que José parecia um bom moço, mas que ele tinha alguma coisa diferente e que eu precisava descobrir o que era. Ontem, eu fui encontrá-lo no lugar de sempre e disse que vinha para o casamento na cidade. Então, ele me disse que gostava muito de mim, que me achava doce e sincera, muito diferente das mulheres da cidade, e não queria me perder. Queria se casar comigo.

— Ele a pediu em casamento? — disse Diva entusiasmada.

— Pediu. Então, segurou minha mão e me contou tudo. Falou de sua vida, do amor que sentiu pela mulher, de como se desiludiu e sofreu com os escândalos e a traição. Contou-me que tinha jurado nunca mais gostar de mulher alguma, mas que eu era diferente de todas e que agora, com meu amor, ele tinha esperança de refazer a vida e ser feliz. Eu chorei vendo o sofrimento dele, porém, não tive coragem de contar tudo para a mãe. Estava em dúvida se ele havia falado a verdade mesmo. Sempre ouvi dizer que os homens mentem e fiquei com medo de me iludir. O povo da roça fala muitas coisas dele, só porque José não se mistura e vive sempre sozinho.

Arlete, olhos brilhantes de emoção, segurou o braço de Dirce dizendo:

— Você gosta mesmo dele?

— Gosto. Se não me casar com ele, não quero mais ninguém. Ele me beijou, e eu pensei que fosse morrer. Não dá para explicar o que senti.

— Nesse caso, aceite o casamento. Ele é um homem de bem e foi muito sincero contando-lhe tudo. Não quis que se casasse ignorando a verdade. Se você quiser, eu mesma falarei com seus pais e contarei o que sei a respeito dele.

Os olhos de Dirce encheram-se de lágrimas, e ela abraçou Arlete com força.

— Obrigada, Arlete. Eu sabia que você iria me ajudar. Não via a hora de lhe contar tudo.

Ficaram conversando durante muito tempo, fazendo projetos para o futuro.

❧

O casamento de Arlete e Sérgio realizou-se na casa dos pais da moça ao anoitecer. Se Arlete conseguiu convencer os pais de que não desejavam casar-se na igreja, não houve como fazê-los desistir da suntuosa recepção. No elegante salão de festas, depois do casamento civil assistido por todos os presentes e dos cumprimentos, teve início o jantar de gala, servido à francesa. Ao fundo, uma orquestra executava músicas suaves. Depois do licor, teve início o baile.

Arlete, olhos brilhando de felicidade, estava linda em seu vestido muito elegante de renda francesa e cetim, tendo nos cabelos um arranjo de flores delicado, do qual saía um véu curto e gracioso. Sérgio olhava-a embevecido, o que provocou comentários jocosos dos seus familiares, emocionados com a alegria de ambos. Rita e Vicente sentiam-se felizes.

A festa decorreu animada até o amanhecer, mesmo depois de os noivos se retirarem.

A notícia do casamento foi divulgada na coluna social dos jornais mais importantes e uma revista famosa fez uma reportagem com fotos dos noivos e da festa. Dias depois, em Portugal, Flora, irritada, leu a reportagem.

Ela refugiara-se em Assunção, no Paraguai, e, depois de tingir os cabelos de loiro e arranjar um passaporte falso com o nome de Isabel Martins, viajara para Paris. De lá, seguira de trem para a Espanha, e depois para Lisboa. Flora pretendia ficar lá por algum tempo e dedicar-se a algum negócio rentável. Tinha um capital e desejava empregá-lo bem.

Folheando a revista brasileira, trincou os dentes com raiva ao ver o rosto radiante de Arlete e a alegria de Sérgio. Eles haviam vencido! Ela saíra perdendo nessa história toda. Ele era agora o vice-presidente da empresa!

Flora não pretendia regressar logo ao Brasil. Sentia que precisava dar um tempo para que tudo fosse esquecido. Mesmo usando disfarce, temia ser identificada e presa.

Planejava ganhar muito dinheiro e só depois, quando desfrutasse de uma posição de destaque, voltaria para o Brasil. Acreditava que o dinheiro lhe abriria todas as portas. Depois, o tempo faria-os esquecer seu rosto e, sob um bom disfarce, não seria descoberta.

Vivia sonhando em voltar para vingar-se dos que a haviam derrotado. Ela imaginava-os vencidos, no chão, e antegozava o prazer de dizer-lhes o quanto era mais inteligente e melhor do que eles. Flávio, Sérgio e também aquele que a atormentara com a chantagem e armara a terrível cilada, todos haveriam de se arrepender do que lhe fizeram. Ela não era pessoa de esquecer ofensas. Eles haveriam de pagar. Ela perdera apenas a primeira primeira batalha, mas isso não aconteceria de novo.

Fechando a revista com raiva, Flora deixou-se cair em uma cadeira, pensativa. Não tinha tempo a perder. Se quisesse ganhar dinheiro, precisava começar a agir.

Seria muito bom se conseguisse um casamento com alguém importante, talvez um nobre, um milionário. Esse era o caminho mais fácil. Ela não gostava de trabalhar. Um bom casamento seria ideal. Depois, voltar para o Brasil legalmente casada e usando um nome respeitável afastaria qualquer suspeita.

Para isso, precisava produzir-se. Deixara um belo guarda-roupa em seu apartamento no Brasil, mas não podia nem pensar em reavê-lo. Tinha de comprar tudo outra vez, da melhor qualidade, para apresentar-se muito elegante.

Só com isso gastaria boa soma, mas não via outra saída. No dia seguinte, pôs em prática seu plano. Comprou uma revista especializada sobre gente da mais alta sociedade e tomou conhecimento de alguns nomes que estavam em evidência.

Conversou com pessoas, foi a museus, a lugares da moda, sempre procurando informar-se sobre os possíveis candidatos. Havia um clube elegante na cidade, mas era difícil frequentá-lo. Com perseverança e habilidade, Flora, portando o nome de Isabel, relacionou-se com uma moça que pertencia a uma das mais finas famílias da sociedade. Aos poucos, foi se insinuando até conseguir comparecer a algumas festas do clube na qualidade de convidada.

Ela conseguia agradar quando queria. Sabia ser fina, delicada e gentil. A todos dizia que deixara o Brasil para esquecer um grande amor. O homem que ela amava mais do que tudo no mundo deixara-a por outra. Ela, para evitar presenciar a felicidade do casal, refugiara-se na Europa. Conhecendo o romantismo e a generosidade dos portugueses, "Isabel" era a jovem apaixonada e infeliz, que colocava o amor acima de todos os interesses.

Nesse papel, ela foi apresentada aos amigos da sua nova amiga, Maria Antônia, rodeada de uma auréola de sofrimento amoroso, o que de imediato despertou nas pessoas — principalmente nos homens, já que estava em cena uma linda mulher — um interesse especial.

Flora tornou-se, desde logo, alvo das atenções dos amigos de Maria Antônia e tratou de aproveitar essa vantagem. Não disse que era advogada. Declarou-se formada em Letras, amante das artes, da poesia e de música erudita. Percebera que, na Europa, as pessoas valorizavam muito as artes e a boa música. Ninguém podia dizer-se culto sem esses conhecimentos.

Apesar de não apreciar muito nem uma coisa nem outra, Flora procurou consultar revistas especializadas sobre o assunto, conhecer museus e aprender tudo o que podia. Ouvindo-a abordar esses temas, ninguém suspeitaria que ela não tivesse realmente profundos conhecimentos sobre eles.

Logo, alguns rapazes começaram a cortejá-la com assiduidade, e Flora buscava informações com a amiga sobre eles. Viriato Correia Fernandes, trinta anos, herdeiro de grande fortuna, foi quem mais a interessou. Homem fino, discreto, bonito, pareceu-lhe ingênuo e fácil de levar. Era o marido ideal para ela. O pai falecera havia pouco mais de um ano, deixando uma indústria de vinhos de marca famosa, que rendia muito dinheiro. A mãe do rapaz, que sempre auxiliara o marido na direção dos negócios, assumira todo o trabalho. O filho ajudava-a, mas era ela quem decidia e tomava conta de tudo.

Para Flora, isso era bom, porque, se ela se casasse com Viriato, pretendia viajar muito e não se deixar prender em um negócio sem graça, por mais lucrativo que fosse. Um homem que deixava a mãe decidir sobre seus negócios não seria difícil de dominar. Quando se casasse, ele haveria de fazer tudo como ela queria.

Do cortejo ao namoro foi um passo. Em pouco tempo, Flora estava frequentando todos os lugares da moda em companhia de Viriato, que, vaidoso por sentir-se preferido, tudo fazia para agradá-la.

Flora sentia-se valorizada e feliz. Agora ela haveria de conseguir o marido que sempre desejara. Seria rica, frequentaria os melhores lugares, teria tudo o que quisesse.

Apesar disso, não se esquecia dos que haviam ficado no Brasil. Quando fosse oportuno, voltaria para vingar-se. Então, eles iriam arrepender-se de tentar destruí-la.

CAPÍTULO 25

Três meses depois, Viriato pediu Flora em casamento. Estava perdidamente apaixonado por ela. Quando ele disse o que pretendia, sua mãe não escondeu a preocupação. Era uma mulher de muita classe, esperta e habituada a conduzir seus negócios com mãos de ferro. Vira Flora algumas vezes e não tivera boa impressão. Era contra o casamento. Entretanto, percebendo que o filho estava muito apaixonado, não quis opor-se. Pediu-lhe que a convidasse para um jantar em sua casa, mostrando-se interessada em conhecê-la melhor.

Flora exultou. Informara-se e sabia que dona Isaura era muito astuta e difícil de lidar. Considerou o convite muito positivo. Pelo menos, não se mostrara contra. Ele era filho único, e Flora temia que a mãe fosse muito apegada a ele. Era sua grande oportunidade, e tudo faria para conquistar a estima da futura sogra.

Esmerou-se no traje, de muita classe e elegante, porém discreto. Quando Viriato foi buscá-la, não poupou elogios. Ela estava divina.

Sentindo-se dona da situação, Flora entrou na casa de Viriato com postura de rainha. Sabia que não podia cometer nenhuma gafe. A sociedade lisboeta era muito refinada.

Para o jantar, apenas alguns poucos amigos, os mais chegados. Flora mostrou-se muito educada e delicada, principalmente com Viriato. Sentia que Isaura a observava dissimuladamente. Queria que ela pensasse que o amava e que seria a esposa ideal.

Isaura recebeu-a com finura e delicadeza. Foi gentil, atenciosa. Depois do licor, enquanto conversavam na sala de estar, Isaura sentou-se no sofá ao lado de Flora e disse ao filho:

— Vá conversar um pouco com o doutor Marques.

Ele levantou-se imediatamente, e sorrindo Isaura disse a Flora:

— É a primeira vez que vem à minha casa, e eu desejo conhecê-la melhor. Viriato não me deu chance.

Flora sorriu, respondendo com delicadeza:

— Viriato é muito atencioso.

Ela olhou Flora nos olhos e foi direto ao assunto:

— Ele está muito interessado em você.

— Ele é encantador.

— Disse-me que a pediu em casamento. E você? O que respondeu?

Flora fingiu-se um pouco tímida, baixou a cabeça e disse:

— Fiquei muito feliz. Eu também estou apaixonada por ele.

— Verdade? Que beleza! Um caso de amor!

— É. Pensei que isso nunca mais me aconteceria. Mas o que fazer? Ninguém manda nos sentimentos. As coisas acontecem e pronto.

— É. Aconteceu. Parece que você veio a Lisboa para esquecer um amor que não deu certo.

— Isso mesmo. Sofri muito. Acreditei que era amada, mas, pouco tempo antes do nosso casamento, ele deixou-me por outra. Foi horrível!

Flora baixou os olhos e ficou calada durante alguns segundos. Depois continuou:

— Felizmente, passou. Já esqueci. Graças a Viriato. Foi ele quem me devolveu a alegria de viver! Devo tudo a ele!

Isaura olhou-a pensativa. A jovem parecia estar dizendo a verdade, contudo, algo lhe dizia que se tratava de uma vigarista. Habituada a lidar com muitas pessoas, aprendera a confiar em sua intuição, e esta lhe dizia que aquela mulher não era nada daquilo que queria fazer crer. Isaura nunca se enganara com as pessoas. Sabia reconhecer uma vigarista, por mais que ela dissimulasse.

Seu filho, além de um homem culto e bonito, era o herdeiro de todo o seu patrimônio. Não estava disposta a entregá-lo nas mãos da primeira aventureira que surgisse. Ele era um homem bom, confiante e fácil de ser enganado.

Com habilidade, Isaura não deixou transparecer o que estava pensando e considerou com naturalidade:

— Pelo jeito, vocês pensam mesmo em chegar ao casamento.

— Se a senhora aprovar, ficarei muito feliz em me casar com Viriato.

Isaura sorriu e respondeu:

— Para mim, a felicidade do meu filho está acima de tudo. Creia que não pouparei esforços para que ele seja feliz.

— Sempre achei a senhora uma grande mãe.

— Amo meu filho. Ele é minha maior fortuna.

A um pequeno gesto seu, Viriato, que as observava discretamente, aproximou-se sorridente.

— Sente-se aqui, meu filho. Precisamos marcar uma tarde, só eu, você e Isabel, para conversarmos sobre o futuro.

— Obrigado, mãe.

— Quando pensam em casar-se?

Foi Viriato quem respondeu:

— O mais breve possível.

— A impaciência dos apaixonados. Isso não pode ser assim. Há as exigências legais e sociais. Certamente, a família de Isabel desejará comparecer. Tem muitos parentes no Brasil?

— Não. Apenas meus pais. Sou filha única. Eu adoraria que eles viessem, contudo, meu pai é muito doente. Sofre do coração e não pode fazer esforço. Não creio que possa viajar.

— Nesse caso, sua mãe, seus parentes e amigos deveriam vir. Um casamento é sempre motivo de comemoração.

Flora suspirou triste.

— Eu adoraria que eles viessem, porém, minha mãe nunca deixa meu pai sozinho. Desde que ele teve o primeiro infarto, ela nunca se ausenta. É muito dedicada. Eles se amam muito. Minha mãe tem medo de que algo possa acontecer-lhe durante sua ausência. Ainda mais tão longe! Certamente, ela não virá.

— Nesse caso, poderemos visitá-los no Brasil depois do casamento! — sugeriu Viriato.

— Eu adoraria! — respondeu Flora.

— Acha que seus amigos também não viriam?— tornou Isaura.

Flora ficou pensativa por alguns instantes e depois disse:

— Eu vim para esquecer o que aconteceu. No momento mais feliz de minha vida, não quero recordar coisas tristes. Todos os meus amigos também são amigos do homem que me fez sofrer tanto. Prefiro que não venham.

Viriato pegou a mão de Flora e apertou-a com carinho:

— Isso mesmo, minha querida. Eu também desejo que esqueça tudo o que aconteceu. Começaremos uma vida nova, cheia de felicidade e de amor! Podemos nos casar imediatamente.

— Calma, meu filho. Faremos tudo como se deve. Temos compromissos sociais que não devem ser ignorados. Parentes, amigos, clientes. Não podemos passar por cima das regras.

Flora desejava casar-se o quanto antes. Ela gastara quase todo o dinheiro, contudo, achou melhor não discordar de Isaura.

— Sua mãe está certa. Faremos tudo direito. Precisamos respeitar as regras.

— Ainda bem que você tem senso. Fica combinado. Tenho a tarde de sexta-feira livre. Espero-os no escritório para combinarmos tudo.

Flora exultou. Seus sonhos estavam prestes a se tornar realidade. Em breve, ela seria rica, famosa e feliz. Ninguém se atreveria a levantar nenhuma suspeita contra ela.

No dia seguinte pela manhã, Isaura telefonou para Antônio Fontes, um detetive particular. Era seu homem de confiança. Quando tinha qualquer dúvida sobre uma pessoa ou um negócio, encarregava-o de investigar. Ele era absolutamente fiel. Isaura ajudara-o em um momento difícil de sua vida e ganhara-lhe a estima para sempre. Ele faria qualquer coisa que ela lhe pedisse sem lhe cobrar nada, mas, apesar disso, Isaura o recompensava regiamente.

— Dona Isaura, não precisa me pagar — protestava ele. — Depois do bem que me fez, mesmo que eu trabalhasse para a senhora o resto da vida, ainda não lhe poderia pagar.

Ela sorria, colocava o dinheiro em suas mãos e dizia:

— É justo que eu lhe pague pelos seus serviços. Você tem família para sustentar, e seu trabalho é valioso. Saber que posso confiar em você já me satisfaz.

— Quanto a isso eu garanto. Seu desejo é lei. Faço qualquer coisa pela senhora.

Meia hora depois, Isaura tinha Antônio sentado à sua frente no escritório. Ela começou:

— Preciso que faça uma investigação sobre a namorada de Viriato. Ele pensa em se casar com ela. É brasileira, está aqui há algum tempo, mas algo me diz que ela não é confiável. Vou lhe dar o nome, o endereço e um retrato dela. É só o que sei. Está tudo dentro deste envelope.

Antônio apanhou o envelope, abriu-o, olhou a foto, as anotações, e respondeu:

— Vou ver o que consigo descobrir.

— Cuidado. Viriato não pode desconfiar de nada. Ele está muito apaixonado por ela. Se eu estiver enganada, e ele descobrir o que estamos fazendo, nunca me perdoará.

— Pode ficar tranquila, dona Isaura. Sei como fazer.

— Ele o conhece. Por isso, não posso ajudar em nada nem convidá-lo para minha casa.

— Compreendo. Eu me arranjo.

— Ela se tornou muito amiga da Maria Antônia Matos Correia. Sabe quem é?

— Sei. Uma moça muito bonita e fina.

— Talvez possa aproximar-se dela. Acho que não o conhece.

— Está bem. Começarei agora mesmo. Acredito que a senhora tenha urgência.

— Viriato quer se casar dentro de um mês!

— Todos os dias, apresentarei o relatório, como sempre. Como faremos para conversar?

— Você não pode ser visto aqui, pois corre o risco de encontrar-se com Viriato. Sei o seu número, e todas as noites, às onze horas, telefonarei.

— Se não me encontrar, pode tornar a ligar mais tarde.

— Como das outras vezes. Combinado.

Quando ele saiu, Isaura sentiu-se mais aliviada. Se estivesse enganada, o casamento se realizaria, ninguém ficaria sabendo e ela poderia ficar feliz com a felicidade do filho. Entretanto, se sua desconfiança se justificasse, não teria outro recurso senão contar tudo a Viriato. Apesar do sofrimento que poderia causar-lhe, ela sabia que ele era inteligente o bastante para não se envolver em um casamento errado, embora estivesse muito apaixonado.

Flora, entretanto, vivia seu momento de glória, imaginando como seria sua vida quando se casasse com uma das maiores fortunas da Europa e estivesse usando um nome respeitado. Seus documentos eram muito bem-feitos e ninguém se atreveria a investigar sua vida. Depois do casamento, tiraria outros com o sobrenome do marido. Se quisesse voltar para o Brasil, poderia fazê-lo sem que ninguém desconfiasse.

A quantia que possuía era pouca, mas ela sabia como conseguir crédito para pagar depois do casamento. Quando anunciassem a data e começassem os preparativos, todas as portas se abririam. Além disso, tinha um plano para conseguir dinheiro de Viriato.

Naquela noite, quando ele foi buscá-la para jantar, ela não estava pronta. Vendo-a, Viriato se admirou:

— Você não está pronta. Aconteceu alguma coisa? Está abatida.

Ela balançou a cabeça, esforçando-se para sorrir.

— Não é nada. Não se preocupe.

— Como não me preocupar? Você está triste! Alguma coisa deve ter acontecido. O que é?

Ela abanou a cabeça negativamente:

— Nada. A vida é assim mesmo. As coisas acontecem. Mudemos de assunto.

Ele tomou as mãos dela, beijando-as delicadamente. Em seguida, puxou a noiva para o sofá.

— Sente-se aqui ao meu lado. Eu a amo. Não gosto de vê-la triste. Se aconteceu algo, quero saber. Vamos nos casar. Não pode haver segredos entre nós.

— Pensando bem, Viriato, talvez seja melhor desistirmos desse casamento.

Ele remexeu-se no sofá inquieto.

— Por que diz isso? Por acaso não me ama? É isso? Não deseja se casar comigo?

Flora levantou para ele os olhos tristes onde havia o brilho de uma lágrima.

— Eu o amo. Este casamento é o que mais desejo no mundo. Entretanto, não seria justo para você depois do que aconteceu...

— O que foi que aconteceu? Agora tem que me contar.

— Uma desgraça. Tenho vergonha.

— Fale, Isabel. Está me deixando aflito. O que houve?

— Telefonei para minha mãe e fiquei sabendo a verdade. — Flora fez uma pausa, e ele apertou suas mãos para dar-lhe coragem. Ela prosseguiu:

— Pensando em comprar tudo o que vou precisar para o casamento, liguei para ela a fim de pedir-lhe que me mandasse mais dinheiro. Entretanto, ela começou a chorar e me contou que estamos arruinados. Meu pai, por causa da doença, foi forçado a se afastar dos negócios, e nossas empresas faliram. Minha mãe está arrasada. O estado de saúde de papai se agravou e ela teme o pior. Eu pensei em ir embora. Deixar você e voltar para o Brasil.

Viriato abraçou-a com força, beijando-lhe os cabelos com ardor.

— Não permitirei. De forma alguma. Dinheiro não é problema. Sou rico e não preciso do seu dinheiro. O que tenho basta para nós dois. Não renunciarei ao amor por causa disso.

— Mas quando sua mãe souber de tudo, não consentirá nosso casamento. Prefiro afastar-me a suportar tal humilhação. Todos os nossos amigos saberão que eu sou uma moça pobre, sem dinheiro, sem nome, já que meu pai faliu. Não posso me casar com você!

— Se isso a aborrece, ninguém precisa saber o que aconteceu. Será um segredo nosso. Se um dia minha mãe souber, já estaremos casados. Ela terá que aceitar.

Flora baixou os olhos para que ele não visse sua alegria.

— Não sei... — balbuciou. — Não seria justo com ela.

— Minha mãe deseja minha felicidade acima de tudo. Mais tarde, vendo-me feliz a seu lado, se descobrir, compreenderá. Agora, enxugue esses olhos, arrume-se, e vamos jantar em um lindo lugar. Amanhã mesmo, abrirei uma conta no banco para você e poderá comprar tudo o que quiser.

Flora sorriu e beijou-o com ardor. Depois disse:

— Você é o homem certo para me fazer feliz. Eu estava arrasada, e você me animou. Sabe como tratar uma mulher.

Ele sorriu satisfeito. No dia seguinte, tomaria todas as providências para o casamento. Tentaria convencer a mãe a apressar a data. Eles não eram mais adolescentes para terem de esperar. Sentia-se impaciente para tê-la definitivamente em seus braços.

Isaura, contudo, mostrou-se irredutível. Antes de dois meses, seria impossível. Eles precisavam anunciar oficialmente o noivado e marcar a data do casamento. Não era de bom-tom fazer tudo correndo.

— O que você quer fazer deixará a reputação de Isabel abalada. Todos pensarão que ela "precisa" casar logo.

— A opinião dos outros não me interessa.

— Somos pessoas de destaque em nossa sociedade. Precisamos manter limpo o nome da nossa família. Não vejo a necessidade de apressar as coisas. Dei meu consentimento. Você não pode me negar o direito de fazer do casamento do meu único filho um acontecimento social.

Viriato suspirou. Sabia que sua mãe tinha razão. Não queria que ela se indispusesse com Isabel por causa da impaciência dele. Resolveu contemporizar.

— Está bem, mãe. Vamos fazer tudo do seu jeito.

Isaura sorriu, satisfeita.

— Não se arrependerá, meu filho. Tudo acontecerá da melhor forma. Você verá.

Flora sentia-se realizada. Finalmente tinha o mundo a seus pés. Boa soma no banco, podendo gastar à vontade, um marido bonito e rico que faria morrer de inveja todas as mulheres de Portugal.

Gostaria que Sérgio, Arlete e Flávio pudessem vê-la agora! Pensando em acabar com ela, deram-lhe a maior oportunidade de sua vida. Ela vencera. Estava por cima. Um dia eles ainda haveriam de saber disso!

Quando Isaura ligou para Antônio naquela noite, ficou sabendo que o filho abrira uma conta no banco em nome de Isabel e depositara uma grande soma. Isso a deixou ainda mais desconfiada. Haviam lhe dito que ela era de uma família rica e que gastava sem economia. Observara que suas roupas eram de boa qualidade e estava sempre muito bem-vestida. Por que Viriato teria aberto essa conta?

Esperou que lhe contasse alguma coisa, mas ele nada disse. Era evidente que não desejava que ela soubesse. Entretanto, Antônio dissera-lhe que a vida de Isabel em Lisboa era impecável. Nada havia que pudesse despertar suspeitas. Quando não ia às compras ou aos salões de beleza, ela só saía com Viriato. Até com Maria Antônia espaçara as visitas.

Certa tarde, uma semana depois, Antônio telefonou-lhe:

— Dona Isaura, não pude esperar seu telefonema à noite. Precisamos nos ver com urgência. Tenho novidades.

— Está certo. Vou procurá-lo. Estarei no lugar de costume às cinco.

Ela saiu do escritório imediatamente. Pediu ao motorista para levá-la a uma loja de departamentos no centro da cidade. Uma vez lá, saiu pelos fundos e entrou em um prédio vizinho, dirigindo-se a uma sala no primeiro andar. Era o escritório de Antônio. Poucas pessoas conheciam o lugar. Era onde ele guardava os detalhes dos casos que estava investigando e se preparava para suas atividades.

Vendo-a, ele sorriu e a fez sentar-se à sua frente.

— E então? — indagou ela, inquieta.

— Suas suspeitas se confirmaram. Trata-se de uma aventureira muito perigosa.

Isaura empalideceu. Preferia que isso não se confirmasse. Viriato estava tão apaixonado!

— Conte-me tudo!

— Como sabe, nada descobri aqui em Lisboa. Conversando com meu amigo Carlos, que é agente internacional, pedi-lhe para investigar essa mulher no Brasil. Dei-lhe o nome e o retrato dela. Hoje de manhã, ele me procurou e trouxe esta foto aqui. Gostaria que observasse.

Isaura apanhou o papel que ele lhe estendeu e olhou:

— É ela! Está um pouco diferente, mas é ela.

— Foi o que pensei. Essa mulher cometeu um desfalque em São Paulo, no Brasil. E, no momento de ser presa, enfrentou a polícia à bala e fugiu. Até agora, eles não a encontraram. Ao fugir, ela estava com uma boa quantia em dinheiro.

Isaura abriu a boca e fechou-a de novo. Estava assustada. Ao lado dela, Viriato estaria correndo perigo? De uma pessoa que enfrentara até a polícia à mão armada tudo se poderia esperar.

— Não sei o que dizer — tornou ela.

— Sei que está preocupada com Viriato. Posso compreender. Eu e Carlos combinamos: vamos tomar todas as providências, e a senhora ficará fora disso. Ele tem condições de acionar a Interpol e prendê-la. Vamos apanhá-la de surpresa.

— Pobre Viriato! Eu preferiria que ela fosse inocente.

— Seria mais fácil para a senhora e para ele, contudo, foi melhor haver descoberto a verdade. Ele sofrerá, ficará desiludido, mas com o tempo tudo passará. É melhor do que se casar com essa aventureira.

— Bem me pareceu que ela tinha algo diferente.

Antônio sorriu ao responder:

— Quando a senhora fala, eu sempre escuto. Até hoje nunca a vi enganar-se com uma pessoa.

— Há momentos em que gostaria de não ser assim.

— E deixar que seu filho consumasse esse casamento?

— Deus me livre! Tem razão. O que farei ao sair daqui é ir à igreja rezar. Agradecer a Deus este dom que livrou a mim e a meu filho de muito ofrimento.

— Faça isso, senhora dona Isaura, e deixe o resto por nossa conta.

— Eles marcaram o casamento para daqui a três semanas.

— Não precisaremos de tanto tempo. Muito antes disso, ela estará em nossas mãos.

Isaura saiu do escritório de Antônio, tornou a entrar na loja de departamentos, comprou algumas coisas e foi para o carro.

— Antes de ir para casa, vou passar na igreja.

A igreja estava vazia. Isaura dirigiu-se ao altar, ajoelhou-se e rezou com fervor. Agradeceu a proteção de Deus e rogou proteção para Viriato. Com os olhos molhados de emoção, pediu para que ele suportasse a verdade com coragem.

A oração fez-lhe bem, e ela saiu aliviada. Colocara tudo nas mãos de Deus e tinha certeza de que Ele saberia fazer o melhor.

Alguns dias depois, ao chegar ao seu apartamento no fim da tarde carregando pacotes de compras, Flora sentia-se cansada, porém, feliz. Estava fazendo um enxoval digno de uma rainha. Jogos de cama e mesa do mais fino linho, bordados à mão, lingerie italiana, vestidos, adereços, calçados e bolsas, tudo do mais fino que podia encontrar. Mostrava algumas peças a Viriato, que, feliz com a alegria dela, não se importava com o dinheiro que ela consumia. Ela comprava joias, e ele nem se dava conta. Só pensava no casamento.

Flora atirou os pacotes sobre uma poltrona, tirou os sapatos e foi à cozinha. Estava calor e sentia sede. Tomou um refresco, e, quando pretendia tomar um banho, a campainha tocou.

Quando abriu a porta, deparou-se com dois desconhecidos que logo foram entrando e fechando a porta atrás de si.

— O que é isto? — disse ela assustada.

Um deles, exibindo uma carteira, disse sério:

— Agentes da Interpol. Flora Alvarenga, você está presa.

Ela sentiu como se um raio houvesse caído sobre sua cabeça, mas ainda teve presença de espírito para dizer com voz que procurou tornar firme:

— Vocês estão enganados. Meu nome é Isabel Martins!

— Não adianta querer nos enganar. Sabemos de tudo. Trago uma ordem de prisão, e vamos levá-la de volta para o Brasil, onde responderá pelos crimes que praticou.

Antes que ela pudesse esboçar uma reação, um deles sacou a arma, enquanto o outro imediatamente a algemou.

Flora sentiu-se apavorada. Isso não podia ser verdade! Agora que estava prestes a conseguir o que pretendia! Diante da própria impotência, uma raiva surda tomou conta do seu ser. Lágrimas rolavam-lhe pelas faces.

— Vocês estão cometendo uma injustiça! — dizia, tentando conter o medo e o rancor. — Sou noiva do doutor Viriato Correia Fernandes. Pertenço à mais fina sociedade. Dentro de duas semanas estarei casada com ele!

Vendo que eles pareciam não ouvi-la, Flora gritou desesperada:

— Deixem-me ao menos telefonar para Viriato! Tenho certeza de que, quando ele chegar, vocês se arrependerão dessa arbitrariedade!

— Cale-se! — disse um deles. — Onde guarda seus documentos?

— Não os tenho comigo agora. Estão com meu noivo para os papéis do casamento — mentiu ela.

Tinha receio de que eles revistassem a casa e encontrassem os vários documentos falsificados que possuía.

— Seria melhor confessar tudo. Temos provas mais do que suficientes para prendê-la. Onde estão seus documentos?

Como ela não respondeu, enquanto um lhe apontava a arma, o outro começou a busca. Flora, apavorada, tentava desesperadamente encontrar uma saída. Finalmente, o policial achou o que procurava e voltou à sala com o envelope pardo nas mãos, no qual havia mais provas contra ela.

Eles abriram e rapidamente olharam as fotos, os carimbos, os documentos. Vendo-se perdida, Flora não se conteve:

— Escutem, vocês não precisam levar esse caso adiante. Tenho muito dinheiro e posso recompensá-los regiamente. ´

Um deles olhou para Flora com ar irônico e perguntou:

— O que teríamos de fazer?

— Dizer aos seus superiores que a pista era falsa. Que sou inocente.

— Quanto nos daria? — perguntou o outro.

— Dez mil dólares.

— Sua liberdade vale só isso?

— Por ora. Assim que eu me casar, poderei lhes dar muito mais. Viriato é muito rico e está muito apaixonado por mim!

— Ao desfalque, à resistência à prisão, mão armada, fuga, falsificação de documentos, tudo ludibriando a boa-fé das pessoas, vamos juntar tentativa de suborno. Pegará pelo menos vinte anos de prisão. Isso se seu noivo não exigir de volta o dinheiro que arrancou dele.

— Agora chega de conversa fiada. Vamos embora.

De nada adiantou Flora chorar, pedir, praguejar e resistir. Eles obrigaram-na a acompanhá-los. Levaram-na diretamente à sede da Interpol, onde ela ficou detida, enquanto eles procediam ao exame de identificação, comparando as digitais e os dados que possuíam.

Flora sabia que estava perdida. Apesar disso, guardava a esperança de que Viriato a ajudasse. Ele estava muito apaixonado, por isso insistia em telefonar para ele, em pedir um advogado. Contudo, estava incomunicável. Não podia ver ninguém.

— Terá advogado quando chegar ao Brasil — garantiu o agente encarregado do seu caso. — Antes disso, não.

— Não é justo. Isso é uma arbitrariedade!

Por mais que pedisse, exigisse, não conseguiu comovê-los. Vencida pelo desespero e pelo cansaço, Flora deixou-se cair em uma cadeira e calou-se. Em seu coração havia rancor e frustração. Quem a teria delatado? Era possível que aquele maldito que a atraiçoara no Brasil tivesse logrado descobrir onde ela estava? Só podia ser ele! Com o dinheiro que possuíam, certamente Flávio, Sérgio e até o doutor Anselmo pretendiam fazê-la pagar pelo desfalque. Mas eles não perdiam por esperar. A vantagem deles seria por pouco tempo. Ela haveria de encontrar uma forma de reverter a situação e, então, saberia vingar-se.

Logo agora que ela iria realizar o maior sonho de sua vida! Por que eles não a deixavam em paz? Haveria de fazê-los se arrepender e pagar caro pelo que lhe estava acontecendo.

Para a polícia foi fácil confirmar a identidade de Flora. O agente brasileiro que chegara a Lisboa especialmente para verificar o caso entrara em contato com a embaixada brasileira, e prepararam tudo para a viagem da detida de volta ao Brasil.

Entretanto, preocupado com o desaparecimento da noiva, Viriato conversou com a mãe, que imediatamente chamou a polícia.

— Ela pode ter sido sequestrada! — disse ao filho. Não queria que ele soubesse que fora ela a desconfiar de Isabel.

Assustado, Viriato concordou e deu a queixa. Na tarde do dia seguinte, enquanto Flora e o agente brasileiro seguiam da embaixada para o aeroporto, Viriato e a mãe foram visitados por um agente especial da Interpol, que os colocou a par de tudo quanto havia acontecido.

Viriato ficou arrasado. Custou-lhe acreditar na situação, porém, as provas eram conclusivas e, por fim, ele teve de render-se às evidências.

O rapaz conseguiu disfarçar o desapontamento diante das autoridades, mas, quando se viu a sós com a mãe, não conteve o pranto.

Sentada em um sofá da sala de estar, enquanto acariciava a cabeça do filho deitada em seu colo, Isaura deixou-o desabafar. Apesar da tristeza que sentia com o sofrimento de Viriato, sabia que um dia ele ainda se sentiria feliz por se haver livrado de um casamento tão desastroso.

Em seu coração, enquanto pedia a Deus que confortasse o filho e o fizesse esquecer, a mãe, ao mesmo tempo, agradecia por terem descoberto a verdade, evitando um mal maior.

Muda, abatida, enraivecida, cabisbaixa e arrasada, Flora deixou-se conduzir pelos policiais para o avião que os levaria de volta a São Paulo. Sentada no assento da aeronave, ela pensava na humilhação de enfrentar seus pais, os conhecidos e principalmente aqueles a quem culpava pela sua prisão. Eles estavam vitoriosos. Orgulhosos da derrota dela!

A esse pensamento, remexia-se no banco, inquieta. Um dia, ainda, haveria de se vingar!

Estava tão trancada em seus pensamentos íntimos que não notou o ar preocupado da tripulação. Só percebeu que alguma coisa estava acontecendo quando foi sacudida pelo trepidar da aeronave. Olhou assustada para o agente a seu lado. Ele estava pálido. Então, Flora percebeu que o avião estava baixando assustadoramente. Sentiu de imediato a presença do perigo. A tripulação estava agitada, e a confusão se estabeleceu. Ela ficou paralisada de medo. Iria morrer? Em um segundo, toda a sua vida passou rapidamente diante de seus olhos e, antes que ela pudesse gritar, sentiu que lhe faltava o ar. Depois, veio um estrondo, e ela perdeu a consciência.

Naquela noite, os jornais noticiaram a queda do avião brasileiro com 45 pessoas a bordo. Não houve nenhum sobrevivente.

CAPÍTULO 26

Sérgio parou o que estava fazendo e foi até a janela, pensativo. Sentia-se cansado e sem vontade de resolver os problemas da empresa que se avolumavam sobre sua mesa.

O que estaria acontecendo com ele? Tudo em sua vida corria bem. Os negócios prosperavam. Rubens ganhara muito dinheiro com a granja, estava rico e tinha três filhos maravilhosos. Seus pais trabalhavam com ele e moravam em uma linda e confortável casa que Rubens mandara construir.

Dirce casara-se com José das Neves, morava na fazenda do doutor Bastos e também tinha uma menina.

Sua vida pessoal decorria normalmente. Após cinco anos de casamento, amava Arlete como no primeiro dia. Ela era maravilhosa! Quem mais progredira nesse tempo todo fora Diva. Junto com Arlete, transformara-se em uma empresária de sucesso. O ateliê, que começara pequeno, agora tinha prédio próprio, com uma grande oficina sempre cheia de pedidos. Arlete desenhava os modelos, e Diva executava-os. Não costurava mais. Formara uma equipe eficiente que supervisionava; a empresária também atendia a fornecedores e clientes. Sua etiqueta já ganhara posição de destaque no mercado, e grandes magazines vendiam seus produtos.

Além disso, Diva estudara e transformara-se em uma mulher elegante e charmosa. Isso lhe permitia estabelecer boas amizades, e a moça era muito assediada pelos rapazes. Quando Sérgio tocava no assunto, ela dizia:

— Não desejo me casar. Pelo menos, por enquanto. Arranjar alguém que vai querer mandar em mim, atrapalhar meu trabalho? Estou bem assim.

Embora tudo estivesse bem, ultimamente ele se sentia indisposto. Logo agora que Arlete finalmente engravidara! Eles haviam desejado tanto esse filho!

Sérgio voltou para a mesa e sentou-se, porém, não recomeçou a trabalhar. Pensamentos tristes tumultuavam sua cabeça. E se ele estivesse doente mesmo? E se fosse grave?

Quando seu mal-estar começara, procurou um médico, que, depois de pedir vários exames, diagnosticou:

— Você não tem doença alguma.

— Mas não me sinto bem. Ando cansado, sem disposição para trabalhar. Sem entusiasmo.

— Seu problema é emocional. Fisicamente, está tudo bem.

— Mas minha vida está ótima. Não tenho problema algum.

— Deve ser estresse. É o mal dos executivos como você. Só pensam em trabalhar, mas chega uma hora em que os nervos reclamam.

Aconselhou fazer uma viagem e receitou-lhe algumas vitaminas, mas tudo continuou igual. Ele reconhecia que trabalhava bastante. Muitas vezes, ficava até tarde no escritório examinando relatórios, procurando meios de melhorar os negócios, novas saídas mais lucrativas.

Arlete dizia que ele se preocupava demais com os negócios. Alertava-o de que se envolvia além do necessário e não se desligava completamente das atividades do dia quando deixava a empresa.

— Ultimamente, você não fala de outra coisa — considerava ela —, vive preocupado com os projetos em andamento, não descansa. Isso vai acabar fazendo-lhe mal.

Será que ela tinha razão? Estaria mesmo estressado e precisando de descanso? Mas ele não podia facilitar. O doutor Anselmo fora mais do que um pai. Dera-lhe a filha em casamento e um cargo de confiança.

Às vezes, pensava que ele lhe dera aquele cargo não por reconhecer sua competência, mas para lhe proporcionar uma renda compatível com o nível financeiro de sua família.

Ele queria que tanto o doutor Anselmo quanto Flávio percebessem que, independentemente do casamento, ele era um profissional capacitado. Essa era sua maior preocupação. Ele não se permitia errar. Tinha que ser o melhor.

A empresa estava crescendo, e a cada dia os resultados eram mais positivos. Mas, em vez de sentir satisfação, Sérgio dedicava-se mais, com medo de não conseguir manter o mesmo nível.

Olhou os papéis sobre a mesa, respirou fundo e serviu-se de uma xícara de café. Depois, sacudiu a cabeça como a afastar o atordoamento que sentia e tentou trabalhar. Ele não podia nem mesmo pensar em se afastar dos negócios com tantas coisas importantes acontecendo e necessitando de sua atenção.

Mas, quando fixou a atenção num relatório, tudo começou a girar, e Sérgio sentiu que a respiração se lhe tornava difícil, enquanto seu corpo se cobria de suor.

"Vou desmaiar...", pensou assustado.

Baixou bem a cabeça, respirando fundo. Aos poucos, foi se sentindo melhor. Quando conseguiu levantar-se, foi ao banheiro, abriu a torneira e passou água no rosto. Olhou-se no espelho e assustou-se com sua palidez. Seu coração batia descompassadamente. Ele voltou à sala e chamou a secretária.

Ela acudiu-o prontamente:

— O que foi, Sérgio? Você está pálido!

— Não estou me sentindo bem.

— Vai ver que comeu alguma coisa que lhe fez mal. Quer que ligue para o doutor Walter?

— Não é preciso. Já está passando.

— Eu ainda acho que deveríamos falar com o doutor Walter.

— Estou melhor. Acho que vou para casa descansar.

— Quer que chame um motorista para levá-lo?

— Não. Já estou melhor. Passou. Não vou voltar mais por hoje.

— Está bem.

Dez minutos depois, Sérgio foi para casa. Lá chegando, afrouxou a roupa e deitou-se. Apesar de ter melhorado, sua cabeça pesava, seu estômago estava embrulhado. A copeira preparou um chá.

— Tome, senhor Sérgio. Vai fazer-lhe bem. É de alecrim.

— Deixe aí para esfriar um pouco. Sabe onde está Arlete?

— Ela saiu logo depois do almoço. Foi à oficina falar com dona Diva. Quer que ligue para ela?

— Não. Não precisa. Vou tentar dormir um pouco.

A empregada saiu, mas resolveu telefonar para Arlete. Se não a avisasse, ela poderia zangar-se.

Sérgio bebeu alguns goles do chá e deitou-se novamente. Fechou os olhos. Um sono pesado tomou-lhe, e ele adormeceu. Viu-se em um lugar nebuloso, cheio de árvores esquisitas, secas. Sentiu medo. Viu uma mulher aproximando-se. Estava maltrapilha e cheia de equimoses no rosto. Os cabelos estavam em desalinho, as vestes, sujas, só os olhos brilhavam cheios de rancor. De repente, Sérgio reconheceu-a:

— Flora! — gritou. — É você?

Ela aproximou-se mais, tentando abraçá-lo.

— Sim, sou eu. Estou viva e voltei para ajustarmos nossas contas! Um a um, vocês vão me pagar tudo quanto me fizeram.

Ele empurrava-a apavorado, enquanto ela tentava abraçá-lo.

— Vá embora — gritava ele. — Você é a única culpada de tudo quanto lhe aconteceu!

— É mentira! Não adianta você negar. Eu estava rica e feliz, e vocês me colocaram naquele avião da morte! Vocês me destruíram. Você agora é meu. Nunca mais o libertarei!

Segurou-o pelo braço e aproximou seu rosto do dele. Sérgio queria fugir, mas não conseguia. Agoniado, quis gritar e começou a gemer.

— Acorde, Sérgio, você está sonhando! Acorde!

Arlete sacudia-o, e finalmente ele abriu os olhos. Vendo-a, abraçou-a apavorado e disse:

— Flora voltou para nos destruir! É ela! Está horrível, mas pude reconhecê-la.

Arlete tentou acalmá-lo.

— Foi apenas um pesadelo. Eu estou aqui. Acalme-se.

Ele apertou-a com força nos braços e beijou-a no rosto com carinho.

— Ainda bem que você me acordou. Ela havia conseguido agarrar-me.

— A empregada me disse que você não passou bem. O que aconteceu?

— Tive um mal-estar no escritório.

— O que sentiu?

— Uma ameaça de desmaio, enjoo.

— Deveria ter ligado para o Walter.

— Passou logo. Não quis tirá-lo do consultório.

— Vou ligar para ele agora.

— Não precisa. Já passou. Perto de você, curo-me de qualquer coisa.

— Vou falar com ele.

— Não adianta. O médico já viu todos os meus exames e disse que não tenho nada.

— Você foi ao médico da fábrica. Não entendo por que não foi ao consultório de Walter. Ele é o melhor médico da cidade.

— Você só confia nele, mas há outros médicos que são bons.

— Eu sei, mas é ele que eu quero. Tenho notado que você anda fugindo dele. Por quê? Aconteceu alguma coisa? Não confia mais nele?

— Não aconteceu nada, porém, eu tenho o direito de escolher o médico com quem quero me tratar.

Arlete olhou-o admirada. Ele pareceu-lhe irritado. Tentou contornar:

— Você tem o direito de fazer o que quiser, mas sua saúde é muito importante para mim. Ainda mais agora, que nosso bebê está a caminho. Gostaria muito que me atendesse. Ficaria mais tranquila se Walter o examinasse.

Ele não respondeu, e Arlete mudou de assunto, tentando distraí-lo. Estava, no entanto, firmemente decidida a falar com Walter.

Só mais tarde, quando Sérgio adormeceu, Arlete pôde ligar para Walter contando o que havia acontecido.

— Sérgio está muito esquisito. Ultimamente, não quer mais ir às nossas reuniões com o doutor Celso, anda triste, nervoso. Sinto que estamos precisando de ajuda espiritual. Ele sempre o apreciou, mas agora anda arredio. Não deseja que eu o chame para examiná-lo. Não é estranho? Além disso, houve esse pesadelo com a Flora!

— Tem razão. Vamos pedir ajuda espiritual.

Arlete desligou, mas em seguida o telefone tocou. Era Flávio.

— O que aconteceu com Sérgio? A secretária me disse que ele se sentiu mal e foi para casa.

— É verdade. Ele não está nada bem.

Ela contou tudo quanto acontecera. Ao final, Flávio observou:

— Não diga que eu liguei. Logo mais, à noite, eu e Walter daremos um pulo aí. Veremos o que podemos fazer.

Quando desligou o telefone, Arlete sentiu-se mais aliviada. Desde que Sérgio voltara à empresa, Flávio entregara-se a pesquisas dos fenômenos espirituais, tornando-se ativo colaborador do doutor Celso. Filiados a outros centros de pesquisas internacionais, trocavam experiências e, quando o doutor Celso viajava a outros países a fim de tomar parte em seminários — dos quais voltava sempre mais entusiasmado com o trabalho —, encarregava Flávio de dirigir a organização e fazer as palestras públicas.

Ele tornara-se um orador brilhante, respeitado até por aqueles que não aceitavam a comunicação dos espíritos. Se antes ele já se interessava em conhecer a verdade da vida, como ela funciona, agora, observando os fatos sob a ótica da espiritualidade, ia mais fundo nos problemas humanos. Sua lucidez aumentara e sua palavra era mais clara e convincente. Por vezes, no meio de uma palestra, sua voz modificava-se dizendo coisas verdadeiras e profundas que tocavam a alma dos ouvintes.

Arlete identificava-se muito com tudo quanto ele dizia e fazia. Sempre que possível, ia às reuniões para ouvi-lo e desfrutar da agradável energia que emanava do local. Sérgio, a princípio interessado e participando ativamente das reuniões, nos últimos meses espaçara suas idas ao centro a pretexto de ficar trabalhando até mais tarde no escritório.

Em companhia de Arlete, Diva assistia à palestra de Flávio todas as semanas. Ela gostava do assunto e aprendera rapidamente. Tendo lido muitos livros, discorria tranquilamente com Walter e Flávio sobre os temas da noite, a ponto de Flávio dizer:

— Qualquer noite destas, vou escalá-la para fazer a palestra. Tem pontos de vista interessantes e os apresenta com clareza.

Walter concordou:

— Isso mesmo. Suas ideias precisam ser compartilhadas com outras pessoas.

Ela ria e respondia:

— Não sei. Pode ser. Quando estou ouvindo os oradores, ocorrem-me muitas ideias sobre o tema. Sinto vontade de falar. Tenho até que me conter.

— O dia em que os espíritos acharem que é hora, você não conseguirá evitar. Falará de qualquer jeito! — comentou Walter.

Diva acostumara-se a sair com os dois, mesmo quando Arlete e Sérgio não estavam. Eles apreciavam a companhia dela, sempre bonita, alegre, elegante, discutindo com propriedade os assuntos de que gostavam. Era com prazer que se encontravam. Diva deixava qualquer coisa pela alegria de estar com eles.

Foi com impaciência que Arlete esperou a chegada dos dois. Sérgio sentia-se melhor, levantara-se, mas a cabeça pesava-lhe. Mal tocou no jantar, estava sem apetite e um pouco enjoado. Ele recusou sobremesa e café, e, em seguida, o casal dirigiu-se à sala de estar para conversar.

Quando Flávio e Walter chegaram, ele olhou desconfiado para Arlete. Flávio, contudo, foi logo dizendo:

— Vim saber o que aconteceu. Sua secretária me disse que não se sentiu bem.

— Não foi nada. Já passou. Apenas um pouco de cansaço.

— Pode ser. Você tem trabalhado demais ultimamente. Não tem tido tempo para se divertir. Há quanto tempo não vão dançar? — perguntou Walter.

— Há meses — informou Arlete.

— O estresse pode causar muito mal-estar — continuou Walter.

O rosto de Sérgio distendeu-se.

— É. Vai ver que estou mesmo estressado. O doutor Jamil disse isso mesmo.

— O que sentiu? — perguntou Walter, com interesse.

Sérgio relatou tudo quanto sentira, mas omitiu o sonho que tivera com Flora.

— Você teve um pesadelo! — disse Arlete.

— Sem importância — disse Sérgio.

— Ele sonhou com Flora. Disse que ela gritava por vingança. Tentava agarrá-lo. Ele gemia enquanto dormia, e eu o acordei. Estava apavorado.

— É que o sonho parecia verdadeiro — explicou ele.

— Pode ter sido mesmo — replicou Flávio.

— Depois de tanto tempo? Ela morreu há cinco anos! Por que só agora teria decidido vingar-se? — questionou Sérgio.

— Por que só agora descobriu como — esclareceu Flávio.

— Ela não tem nenhum motivo para querer vingar-se. Afinal, ela era a culpada e nos causou muitos problemas. Roubou dinheiro da empresa. Não tivemos culpa de nada. Não sabíamos onde ela estava e que havia sido presa e muito menos que seu avião iria cair. Portanto, essa de dizer que ela deseja vingar-se é fantasia. Não acredito.

— Ela pode não ter a sua lógica e ver as coisas a seu modo. As pessoas costumam ter uma ótica própria — continuou Flávio. — Ela pode mesmo estar com raiva de nós.

— Mesmo que isso seja verdade, somos inocentes. Nesse caso, não temos nenhuma proteção? Estamos à mercê do arbítrio de espíritos maldosos de forma tão injusta? Não me sinto culpado de nada que aconteceu com ela, por isso, não creio que Flora possa me fazer mal.

— Nesse caso, não deveria ter tido medo dela — interveio Walter.

Sérgio olhou-o surpreendido e depois disse:

— Foi um pesadelo. Sabe como são essas coisas. Um lugar sombrio, ela, horrível, quem não se assustaria? Mas já passou. Agora, pensando bem, acho que foi porque eu estava mesmo indisposto.

Walter olhou-o nos olhos e disse com voz firme:

— Sérgio, do que está com medo? Por que nega essa possibilidade?

— Porque não tem nenhuma lógica. É injusto. Não pode ser verdade!

— Saiba que não existe nenhuma injustiça em tudo que nos acontece. Você está sofrendo a ação das energias dela. Essa é a verdadeira causa do seu mal-estar. Flora está realmente querendo vingar-se não só de você, mas de todos nós. Culpa-nos por tudo quanto lhe aconteceu.

— Mas isso não é justo. Eu sou inocente! Tudo que fiz foi apenas me defender, e isso é um direito meu.

— As leis do universo não funcionam pela lógica humana. Elas têm sua própria lógica. E uma dessas leis é não haver paternalismo. Quando você já tem capacidade de fazer alguma coisa, ela nunca a faz por você. Quer que você faça e use os potenciais que já tem. Você tem muito conhecimento sobre a vida espiritual. Se o estivesse usando, as energias perturbadas de Flora nunca o teriam atingido. Talvez tenha sido por isso que só agora, depois de tanto tempo, ela teve condições de afligi-lo. Se Flora conseguiu isso, você, com toda certeza, não está usando os poderes que tem e de alguma forma, reduziu o nível de suas energias espirituais, dando-lhe abertura para que o atingisse. O bem sempre é mais forte do que o mal. Isso também é lei.

Sérgio baixou a cabeça, pensativo.

— Você sabe que eu gosto de ir ao centro e que nunca deixei de acreditar no bem. É que ultimamente não tenho tido tempo. Os negócios cresceram e as responsabilidades também.

— Não precisa justificar-se. Ninguém o está criticando nem lhe impondo nada. Estamos apenas conversando. Estou dizendo que não há injustiça no universo. Se você está passando mal é porque absorveu as energias perturbadas de Flora e de alguma forma permitiu essa abertura. Se estivesse bem, ela nunca teria tido essa possibilidade. Atente-se para a realidade do nosso mundo no dia a dia. Aqui, neste momento, como em qualquer lugar, há todos os tipos de energias, das mais desagradáveis e pesadas às mais sutis e superiores. Estão todas no ar, circulando à nossa volta. O problema é apenas de sintonia. Nunca viu alguém sentir-se mal sob efeito de energias pesadas em meio a outras pessoas que estão se sentindo muito bem? Como acontece isso? Sintonia, meu caro. Apenas sintonia.

— Mas eu sempre penso no bem. Não me sintonizo com o mal. Não sinto ódio nem desejo de me vingar. Nem mesmo quando soube o que Flora me havia feito eu quis. Por isso não acho justo.

— Mas, para baixar seu padrão energético, você não precisa ser igual a ela nem pensar o que ela pensa. Basta sair da alegria, do entusiasmo, entrar no negativo, na dúvida ou na descrença. Há muitas formas de deprimir-se, de cultivar insatisfação, e isso baixa o nível energético sempre. Por isso, cultivar o pensamento positivo — mesmo que para alguns pareça ilusório — realmente imuniza as pessoas contra o mal e mantém a ligação com as fontes superiores da vida. O que é Deus senão o bem maior? Só quem cultiva esse bem em todos os momentos da vida pode estar com Ele e usufruir de todas as bênçãos que Ele nos dá.

— Não adianta rezar nem ajudar os outros se em seu coração você estiver temeroso, cheio de dúvidas, impressionado com o mal. Tenho observado isso — interveio Arlete. — Tenho visto pessoas que se dedicam a vida inteira a ajudar os outros sem ajudarem a si mesmas. Conservam a tristeza, têm medo da vida, não confiam no futuro. Dizem ter fé, mas a negam dentro de si. No fim, percebendo que apenas fazer pelos outros não lhes deu a felicidade que desejavam, revoltam-se e passou a reclamar de tudo e todos.

— É verdade — concordou Flávio. — Está na hora de cada um perceber que só encontrará a felicidade assumindo a responsabilidade por si mesmo, melhorando suas crenças, desenvolvendo a lucidez, abrindo a consciência, sendo verdadeiro. Tenho notado que é mais fácil pretender ajudar os outros, tentar mudá-los, do que olhar para dentro de si mesmo e enfrentar as próprias dúvidas e os próprios medos e pontos fracos. No entanto, só quem já disciplinou sua mente e harmonizou seu mundo interior tem condições de fazer alguma coisa pelos outros. O resto é só ilusão.

Sérgio ficou alguns instantes pensativo e depois perguntou:

— Vocês acham mesmo que meu mal-estar dos últimos tempos tem a ver com Flora?

— É bem possível — respondeu Flávio.

— É. Eu também penso que sim. O melhor é irmos a uma sessão no centro. Lá, poderemos tirar todas as dúvidas — disse Walter.

— Está certo. Amanhã é dia. Iremos — concordou Sérgio.

Arlete sorriu aliviada. Finalmente, ele havia entendido. Estavam tomando café com biscoitos, quando Diva chegou.

— Entrei para saber de Sérgio. Pelo que vejo, ele está bem — apesar de dizer isso, lançou um olhar preocupado a Walter.

Ele entendeu e esclareceu:

— Fomos jantar juntos e resolvemos passar por aqui. Flávio queria saber de Sérgio. Está tudo bem.

Ela sorriu.

— Hoje, não foi possível sair mais cedo. Um cliente ficou até mais tarde e não houve jeito de resolver logo. Há gente que custa a decidir-se.

Ficaram conversando e, apesar do ambiente descontraído e alegre, Sérgio não se sentia à vontade. Seu coração estava oprimido, angustiado, a cabeça continuava pesada, e ele esforçava-se para sorrir e acompanhar a conversa. Não queria que os outros percebessem o que sentia e se preocupassem com ele.

Sentiu-se aliviado quando eles saíram. Ao deitar-se, entretanto, não conseguia dormir. E se tivesse outro pesadelo? Era ridículo pensar nisso. Ele não podia ter medo, mas a sensação desagradável voltava, e Sérgio não conseguia pegar no sono. Ficou lá, no escuro, segurando a mão de Arlete, olhando o teto do quarto enquanto ela dormia, tentando pensar em outra coisa, esquecer o que estava acontecendo, voltar a sentir-se bem. Mas, só adormeceu quando estava clareando, vencido pelo cansaço.

Na tarde do dia seguinte, Walter procurou Diva na hora do almoço. Vendo-o, ela assustou-se:

— Aconteceu alguma coisa com Sérgio?

— Não. Está tudo bem. Sérgio não está doente.

— Arlete me contou tudo. Eu sabia que alguma coisa iria acontecer. Ultimamente, ele não estava como sempre foi.

— Você sentiu.

— Senti.

— Vim buscá-la para almoçar. Preciso falar com você.

— Está certo. Vou apanhar minha bolsa.

Walter levou-a a um restaurante muito agradável e fizeram o pedido. Enquanto comiam, conversaram sobre o caso de Sérgio. Quando estavam na sobremesa, Walter disse:

— O assunto sobre o qual desejo conversar com você é muito importante para mim. Há tempos queria falar, mas não tive coragem. Agora, cheguei a um ponto que não dá mais para esperar. Tenho que saber a verdade.

Diva olhou-o admirada.

— Verdade? Sobre o quê?

— Sobre você. Sempre se manifestou contra o casamento, mas uma mulher tão cheia de vida como você certamente não viverá a vida inteira sem amor.

— Eu nunca disse que era contra o amor ou o casamento. Apenas disse que não pensava nisso ainda.

— É, eu sei. A gente diz coisas, mas depois muda. Eu mesmo nunca pensei em me casar. Sempre tive lindas mulheres e nunca senti falta de carinho. Pensei mesmo que nunca sentiria vontade de me casar, entretanto, eu mudei.

Diva olhou-o surpreendida. Walter segurou a mão dela, apertou-a com força e continuou:

— Estou apaixonado por você, Diva. A princípio, pensei que fosse apenas admiração pela sua beleza, pelo brilho da sua inteligência e pela sua maneira de ser, mas depois compreendi que era amor. Amo-a e desejo saber se sente alguma coisa por mim.

Diva olhou-o com os olhos brilhantes de emoção e respondeu:

— Eu gosto muito de você. Sinto-me comovida e orgulhosa por estar me dizendo isso. Aprecio suas qualidades de espírito, seu coração bondoso, seu caráter sincero e franco. Gostaria de amá-lo, mas não posso enganá-lo. Há muito que amo outra pessoa. Se não fosse por isso, talvez até viesse a amá-lo um dia.

Pelos olhos de Walter passou um brilho emotivo. Ele largou a mão da moça que segurava e ficou silencioso por alguns instantes. Depois disse:

— Você ama Flávio.

Ela baixou os olhos e não respondeu. Ele prosseguiu:

— Eu sabia que você já estava amando. Seus olhos brilhavam quando saíamos os três, e seu rosto se iluminava quando sorria. Só o amor coloca tanto brilho, tanta luz em uma mulher. Como você não fazia diferença entre nós, cheguei a pensar que poderia ser eu. A dúvida estava me consumindo. Eu precisava saber.

— Espero que não fique triste comigo. Adoro você e não quero perder sua amizade por nada deste mundo.

Walter segurou a mão dela novamente e apertou-a com carinho.

— O amor brota no coração independentemente da nossa vontade. Não a culpo por isso. Também não quero perder sua amizade. Apesar de tudo, sinto-me aliviado por saber a verdade. Flávio é um excelente amigo e merece seu amor.

— Ele nunca demonstrou maior interesse por mim. É um bom amigo. Você descobriu a verdade. Peço-lhe que guarde segredo, por favor. Ninguém deverá saber o que vai em meu coração. Não quero que ele saiba. Pode ficar constrangido. Seria muito desagradável para mim.

— Pode ficar tranquila. Nada direi. Entretanto, quero que saiba que desejo sua felicidade acima de tudo. Se não me ama, desejo de todo o coração que seja feliz com Flávio. Penso que formariam um casal perfeito.

Ela sorriu emocionada.

— Obrigada. Você é muito nobre. Eu também desejo que encontre uma mulher melhor do que eu, que o ame de verdade e possa fazê-lo feliz como merece.

Os dois saíram de braços dados do restaurante, rostos emocionados, e não viram o carro de Flávio passando pelo local. Vendo-os, ele parou a observá-los. Depois, ligou o motor e foi embora.

Sentiu-se um pouco irritado e surpreendido. Não sabia que Diva estava saindo sozinha com Walter. Eles estavam tão emocionados que nem sequer o viram. Estariam namorando? Como não lhe disseram nada?

Ficou com raiva. Sempre julgara Walter seu melhor amigo. Por que o atraiçoava pelas costas? Por que nunca lhe contara que se encontrava às escondidas com Diva?

De repente, foi como se o mundo desabasse em sua cabeça. Com certeza eles se amavam! Há quanto tempo isso estaria acontecendo? Por que o enganaram daquela forma? Por que estariam escondendo-se?

Sentiu-se inquieto e revoltado. Chegou ao escritório, tentou trabalhar, mas a cena de momentos antes não lhe saía da mente.

— Está muito ocupado?

O rosto de Arlete apareceu pela porta entreaberta.

— Não. Entre — disse ele.

Ela entrou dizendo:

— Resolvi passar por aqui para ver Sérgio. Ele não estava muito bem quando saiu. Você também não me parece bem. Está com uma cara! Aconteceu alguma coisa?

— Aconteceu. Sempre pensei que Walter fosse meu amigo. Não esperava isso dele.

— Walter? Claro que ele é seu amigo. O que está havendo?

— Ele me traiu. Nunca me falou nada. Anda se encontrando secretamente com Diva e nunca me contou. Nem ele nem ela.

Arlete olhou-o admirada:

— Os dois estão se encontrando secretamente? Tem certeza? Ela nunca me disse nada!

— Para ver como eles são. Enganaram-na também.

— Como sabe disso? Por que está tão zangado?

— Eu voltava do almoço quando os vi saindo de um restaurante, de braços dados e rostos emocionados. Estão namorando e nem contaram nada.

— Bem, se estão namorando, só pode ser coisa nova. Diva é transparente e sincera. Não me esconde nada. Tenho certeza de que me contará tudo logo mais. Aliás, sempre desconfiei de que Walter estivesse apaixonado por ela. Mas você não me respondeu por que está tão zangado. Afinal, eles são livres, têm o direito de namorar e até de se casar.

Flávio mordeu os lábios e não respondeu. Arlete aproximou-se e colocou a mão sobre seu braço.

— A não ser que você também esteja apaixonado por ela! É verdade? Você também a ama?

Flávio não respondeu logo. Permaneceu pensativo durante alguns minutos e depois disse com voz triste:

— Acabei de descobrir essa triste verdade. Aos poucos, Diva foi se chegando com sua alegria, sua alma nobre, sua sinceridade, e foi enchendo minha vida de prazer, de vontade de viver, de felicidade. Eu sabia que estava gostando dela, mas não queria admitir. Às vezes, quando dançávamos, sentia vontade de beijá-la, contudo, me continha. Ela nunca demonstrou interesse por mim, e eu não podia estragar tudo tomando uma atitude mais íntima.

— Talvez você esteja enganado. Diva nunca me disse que gostava de Walter.

— Eu os vi juntos, sozinhos. Claro que ela gosta dele.

Arlete olhou-o séria e depois sorriu, dizendo com ar de malícia:

— Eu, se fosse você, não desistiria dela. A mim sempre pareceu que ela era apaixonada por você.

— Se isso fosse verdade, ela não estaria saindo com ele.

— As aparências enganam. Por que não espera para saber a verdade? Apesar de tudo, ainda penso que ela o ama. Ao falarmos de você, os olhos dela brilham, e eu noto uma emoção que Diva se esforça para disfarçar. Vai ver que ela se cansou de esperar que você se declarasse e resolveu aceitar Walter. Pelo menos ele deve ter tido a coragem de falar sobre o assunto.

— Ele nunca me disse nada. Afinal, somos amigos.

— Você também nunca disse nada a ele.

— É. Eu mesmo não tinha certeza. A atração podia ser passageira.

— Como sabe que não é?

— A ideia de perdê-la está me machucando. Gosto de sua postura independente, de como se posiciona a respeito das coisas, da maneira como olha a vida, de sua lucidez e simplicidade. Nunca encontrei tantas qualidades juntas em uma mulher. Além disso, ela me atrai muito. Diante do seu sorriso e dos seus olhos luminosos, eu me renovo e esqueço todos os problemas.

Arlete sorriu deliciada:

— Finalmente você está amando! Eu sabia que este dia chegaria.

— Por que demorei tanto a descobrir o quanto ela é importante para mim? Se eu tivesse me declarado, talvez Walter não conseguisse ficar com ela.

— Por enquanto, é só uma suposição. O fato de terem se encontrado a sós pode não ter o sentido que você imagina. Eles poderiam estar tratando de outros assuntos, afinal, são muito amigos.

— Não. Senti que havia algo no ar pela maneira como se comportavam.

— Diva sempre me conta tudo. Vai falar desse encontro, estou certa disso. Depois, se estivesse interessada em Walter, ela teria me contado. Não havia por que esconder. Por que não se abre com ela? A amizade entre vocês permite uma conversa franca, na qual todas as dúvidas sejam esclarecidas.

— Não sei se será correto com Walter.

— Esclarecer um assunto desses não é traição. É um direito seu saber a verdade. Se ela lhe disser que gosta dele, paciência.

Flávio ficou pensativo por alguns instantes e depois disse:

— Tem razão. Qualquer coisa é preferível a esta dúvida que está me corroendo. Falarei com ela.

— Faça isso.

Despediram-se, combinando que se encontrariam no centro do doutor Celso. Depois que Arlete se foi, Flávio não conseguiu concentrar sua atenção no trabalho. A cena de momentos antes não lhe saía do pensamento. Ao mesmo tempo, fazendo um retrospecto dos momentos felizes que haviam desfrutado saindo juntos, ele sentia com clareza o quanto se deixara fascinar pela personalidade forte e esclarecida de Diva. E quanto mais pensava nisso, mais crescia o desejo de conquistá-la. Não queria perdê-la de forma alguma.

Olhou no relógio. Faltavam alguns minutos para as quatro. Apanhou o telefone e ligou. Quando Diva atendeu, ele disse:

— Preciso falar com você.

— Hoje à noite, nos encontraremos no centro de estudos.

— Não posso esperar até lá. Está muito ocupada?

— Agora? Por quê? Aconteceu alguma coisa com Sérgio?

— Não. Ele está bem. Mas não dá para esperar. Vou passar aí agora.

Ela hesitou um pouco e depois respondeu:

— Está bem. Estarei esperando-o.

Ele saiu apressadamente, e quando parou o carro em frente ao ateliê de Diva, esta imediatamente saiu. Estava preocupada.

Ele desceu do carro e, depois dos cumprimentos, pediu:

— Vamos dar uma volta e conversar.

Diva entrou no carro, e Flávio deu partida. Ele dirigia em silêncio, e ela, entre preocupada e curiosa, olhava-o de vez em quando. Poucos quarteirões adiante, Flávio estacionou em uma rua tranquila. Olhou para Diva como se quisesse penetrar fundo em seus pensamentos mais íntimos.

— Você está me assustando! Tem a ver com Sérgio?

— Não. Hoje, quando eu voltava do almoço, passei por você e Walter quando saíam do restaurante.

— Ele apareceu de surpresa no ateliê. Queria conversar.

— Vocês nem me viram. Algum assunto importante?

Ela olhou-o ligeiramente embaraçada.

— Um assunto particular.

— Desculpe. Não quero ser indiscreto. Vocês estão namorando?

— Não. Por que pergunta isso?

— Porque me pareceu que estavam muito íntimos e emocionados.

Ela não respondeu, ele continuou:

— Que ele está apaixonado por você eu sei, mas o que quero perguntar é se você está apaixonada por ele.

Ela olhou-o séria e respondeu com suavidade:

— Não. Walter, para mim, é um grande amigo. Adoro-o, mas é só amizade.

O rosto de Flávio descontraiu-se, e ele segurou a mão dela, gelada e trêmula.

— Sinto-me aliviado. Vendo-os juntos, pensei que a tivesse perdido.

Diva sentiu o coração batendo forte e não conseguiu responder. Ele abraçou-a com carinho, beijando-lhe o rosto delicado, e depois procurou seus lábios com sofreguidão, apertando-a de encontro ao peito. Beijaram-se longamente. Por fim, ele disse com voz que a emoção enrouquecia:

— Diva, eu a amo! Sinto agora que sempre a amei, desde o dia em que nos vimos pela primeira vez. Diga que também me quer.

Ela levantou os olhos, e o amor que Flávio viu neles o emocionou mesmo antes que ela respondesse baixinho:

— Há muito descobri que o amo.

Beijaram-se muitas vezes com ardor. Assustado com a onda de emoções que sentia, Flávio procurou controlar-se e afastou-se um pouco, respirando forte.

Diva, no entanto, achegou-se a ele e disse com carinho:

— Vamos para algum lugar onde possamos amar-nos de verdade.

Flávio concordou. Foram para a casa dele. Uma vez lá, atiraram-se nos braços um do outro, dando vazão ao amor que sentiam.

Depois, mais calmo, vendo-a estendida a seu lado na cama, ele declarou:

— Vamos nos casar o quanto antes. Depois de hoje, não mais suportarei viver separado de você.

Ela olhou-o com doçura e respondeu:

— Ainda bem. Porque eu também não.

Conversaram animadamente, fazendo planos para o futuro. Por fim, ela lembrou-se do compromisso que tinham à noite. Flávio levou-a para casa. Vendo-os chegarem juntos, Arlete logo percebeu pelo brilho dos olhos deles que haviam se entendido.

Enquanto esperava Diva preparar-se, Flávio ficou conversando com Arlete. Falou de seus planos para o futuro, dividindo com ela sua alegria. Sérgio, entretanto, demorava-se no quarto. Depois que Diva chegou, Arlete foi à procura do marido e encontrou-o na cama.

— Sérgio, está na hora. Não está pronto?

— Senti-me atordoado de repente. Tive de me deitar!

— Essa energia não é sua! Não se deixe manipular por ela. Levante-se e vamos. Se você facilitar, ela dominará.

— Tem razão. Hoje eu irei de qualquer jeito. Estou determinado a acabar com isso de uma vez por todas.

— Isso mesmo. É assim que se fala. Você precisa usar sua própria força e reagir. Essa é a melhor forma de se libertar das influências ruins dos outros.

Embora estivesse atordoado e com o estômago enjoado, Sérgio levantou-se, lavou o rosto, penteou-se e disse a Arlete:

— Vamos embora. Deus vai me ajudar!

EPÍLOGO

Na penumbra da sala, sentado no meio de um grupo de pessoas que orava em silêncio, Sérgio sentia-se angustiado. O mal-estar acentuara-se e ele sentia raiva, desespero. Temia não poder controlar-se. Suas mãos frias e cobertas de suor incomodavam-no, e um tremor incontrolável percorria-o de quando em quando como se estivesse com febre.

Desesperado, ele começou a rezar de coração. Não queria mais sentir essas emoções desagradáveis. Ouvira várias vezes o doutor Celso dizer que cada pessoa é responsável por tudo quanto lhe acontece na vida. Que, quando alguém sofre, é porque com suas atitudes se tornara vulnerável, atraindo o assédio de espíritos desequilibrados e perversos. Quando a pessoa faz o melhor que pode, ela protege-se e nada a atinge.

Nesse caso, o que ele estaria fazendo para passar por tudo aquilo? Se o espírito de Flora desejava vingar-se, que atitude de Sérgio estava anulando sua proteção e permitindo que a vingança dela o atingisse?

Não encontrava resposta para essas indagações, por isso, silenciosamente, pediu a Deus que o orientasse. Ele queria aprender e melhorar.

Naquele momento, uma das pessoas presentes começou a gritar em desespero:

— Não quero morrer! Não é justo! Logo agora que tudo estava dando certo! Não quero!

— Calma — pediu o dirigente da sessão. — Já passou. Não adianta revoltar-se. Agora é aceitar a realidade.

— Não quero! Aqueles miseráveis vão me pagar! Vou me vingar! Nenhum deles escapará!

— Não faça isso. Está se prejudicando. Você precisa tratar-se, recuperar-se do acidente!

— Não adianta. O que eu quero é me vingar! Eles vão pagar.

— Você é a única responsável por tudo quanto lhe aconteceu. Se não tivesse feito o que fez, tudo teria sido diferente! Você foi vítima de si mesma. O mal atrai o mal. Está na hora de entender isso e procurar melhorar.

— Para mim tudo acabou. Nada há que eu possa fazer. Minha vida foi destruída na flor da idade. Por que tenho de me conformar?

— Porque a revolta não mudará sua realidade. Pare de se machucar e de culpar os outros por suas ilusões. Não tenha medo de ver a verdade. Você pode aprender a fazer melhor e recomeçar.

— Eu ia me casar com um homem rico, o mundo estava a meus pés. Eles me tiraram tudo.

— Se não tivesse feito o que fez, não teria sido presa nem seu casamento desfeito.

— Estou mal e ninguém me acode. Eu preciso de um médico. Estou sangrando, veja. Pensei que estivesse melhor, mas estou me esvaindo em sangue. Terei que suportar essa agonia de novo?

— Não. Veja, o médico está chegando. Vai tratá-la. Entretanto, se deseja sarar, ficar bem, tem que esquecer o passado. Mostrar desejo sincero de reformular sua vida e aprender coisas novas. O mundo não é da maneira que você acredita. Há uma programação divina trabalhando e determinando tudo a nosso favor. Você não pode querer manipular as pessoas conforme seus interesses. Isso agora acabou.

— Estou enfraquecida... Acho que vou morrer de novo!

— Não. Seu espírito é eterno. Você dormirá, descansará. Irá para um hospital de tratamento onde receberá ajuda e orientação. Sua atitude ao acordar determinará o tempo da sua recuperação. Lembre-se: Deus está no leme de tudo. Entregue-se ao Amor Divino que tudo prevê e conduz para melhor.

Fundo suspiro escapou do peito do médium, e o espírito não disse mais nada. O dirigente pediu que todos fizessem uma prece em favor daquele espírito sofredor.

Sérgio orava comovido. Apesar de tudo, não sentia rancor de Flora. Julgava que ela já era bastante infeliz por pensar daquela forma. Tentara prejudicá-los, mas conseguira apenas machucar a si mesma, tendo jogado fora uma vida que poderia ter sido produtiva e feliz e se transformado naquele fantasma sofrido e triste.

Depois disso, sentiu-se aliviado e sereno. Havia uma brisa suave ao seu redor causando-lhe agradável sensação.

Então, um dos presentes começou a falar com voz suave:

— Há tempos, esperava por esta oportunidade de vir conversar com meus queridos sobrinhos. Acompanho com interesse os problemas que vocês têm enfrentado e estou feliz por poder dizer que no momento tudo está bem. A ajuda chegou, e Flora foi recolhida a um lugar de recuperação de onde não poderá sair por algum tempo. Pelo menos até que reflita e perceba as coisas com mais clareza. Você, Sérgio, ficará bem. Você pediu orientação, afirmando que não desejava mais deixar-se envolver por energias perturbadoras. Para isso, é preciso que aprenda como vem se tornando vulnerável a essas energias.

"Gostaria que notasse que, atrás de um envolvimento ruim, dos assédios maldosos de espíritos desencarnados ou de pessoas encarnadas sempre está um sentimento de autodesvalorização. Uma ideia de que você não é bom o suficiente para desempenhar com êxito as tarefas que a vida lhe confiou.

"Você duvida da própria capacidade, faz tudo para provar aos outros o quanto é bom, porém, quanto mais se empenha, mais afirma o quanto teme seu desempenho. Não confia no poder que tem.

"Você se esquece de que, se a vida o colocou em determinada situação, é porque é capaz de desempenhá-la bem. A vida não joga para perder. Só propõe um desafio quando a pessoa já possui condições de enfrentá-lo e vencer. Durante muito tempo, você pediu sucesso e prosperidade. Aceitou as regras do jogo, dedicou-se ao trabalho com honestidade e coragem, esforçou-se. Desenvolveu seus talentos. Como tinha credenciais, a vida lhe deu isso e muito mais. Você começou, contudo, a duvidar da própria capacidade. A vaidade interveio, e você quis impressionar os outros. Quis mostrar-se mais capaz do que qualquer outra pessoa. Colocou esse objetivo acima de qualquer coisa. Afundou no trabalho sem método, deixando de lado o lazer, as atividades que alimentam o espírito, e rompeu a ligação com o espiritual.

"Então, tornou-se vulnerável ao assédio das energias de Flora. Desde que desencarnou, ela estava tentando atingi-los, mas levou tempo.

Devo dizer que ela procurou induzi-lo a duvidar da própria capacidade no trabalho, mas foi você quem, com sua atitude, lhe deu forças.

"Você perguntou, eu respondi. Espero que medite sobre tudo isso para que se liberte de futuras recaídas.

"Arlete, estou muito feliz com o nascimento de sua menina. Trata-se de um espírito muito amigo que levará muita alegria a vocês. Quanto à sua pergunta, posso esclarecer que descobri o que aconteceu com Mário. Confesso que, ao chegar aqui, o que eu mais queria era conhecer a verdade. Você foi testemunha da minha dor com o desaparecimento dele. Perdi o prazer de viver e, infelizmente, minha querida, fazendo isso, assinei minha sentença de morte. É a alegria que sustenta nossa motivação na Terra, renovando as células e mantendo a vida. Quem perde a alegria entra em depressão e abre as portas à doença e à morte. Sinto-me responsável por ter morrido tão cedo, quando ainda poderia ter reagido e prolongado minha permanência na Terra.

"A reencarnação é uma dádiva maravilhosa, uma oportunidade de progresso e de experiências enriquecedoras. Eu a trunquei, porque a vida me tirou Mário. Você se lembra, minha querida, do quanto lamentei a ausência dele, do quanto sofri imaginando que ele tivesse uma doença incurável ou um segredo terrível que não queria compartilhar. Eu o endeusava e o considerei uma vítima, vitimando-me também.

"Hoje, lamento essa atitude. Cada pessoa tem sua própria vida. É bom conviver com os que amamos, mas, quando isso não é mais possível, o melhor sempre será tentar ser feliz de outra forma.

"Ninguém está com alguém para sempre e o tempo todo. Cada um tem as próprias experiências dentro do seu processo de evolução. Assim, as pessoas se encontram por algum tempo, fazem-se companhia, mas sempre chega o momento da separação até o dia em que a vida as reúna de novo. O espírito é eterno e o tempo não conta. O que vale é desenvolver a consciência, crescer, aprender a se fazer feliz.

"Hoje, eu sei o que fiz e me arrependo. Cheguei aqui ansiosa, aflita para descobrir a verdade. Durante algum tempo, não pude saber de nada. Ciente de que encurtara minha estada na Terra, desejei recuperar o tempo perdido participando de um grupo de socorro. Pretendia, assim, diminuir um pouco minha culpa por haver desvalorizado a vida e jogado fora aquela oportunidade.

"Certo dia, em que voltava ao Rio de Janeiro acompanhando um grupo de socorro para aprender a arte de ajudar, senti-me atraída para uma casa da periferia. Meu coração batia descompassado, mas eu não sabia por que estava sentindo tanta emoção.

"Quando entrei na casa, uma mulher na cozinha praguejava irritada. Uma força interior conduziu-me à sala, onde havia um homem estendido no sofá. Ao lado, uma garrafa de bebida quase vazia. O homem parecia alheio ao que o rodeava.

"Coração batendo forte, reconheci Mário. Estava envelhecido, magro, mas era ele! Continuava vivo na Terra!

"A mulher saiu da cozinha e, aproximando-se dele, gritou colérica:

"— Vai ficar aí estendido o tempo todo? Deixe de ser vagabundo! Veja se arranja algum dinheiro.

"Ele reagiu irritado:

"— Não me amole. Me deixe em paz.

"— Se soubesse que era tão incapaz, tinha deixado você ficar com sua mulher. Quando estava com ela, sempre tinha dinheiro para me dar!

"Ele remexeu-se no sofá e resmungou:

"— Não sei onde estava com a cabeça quando abandonei tudo por você.

"— Por que não volta pra ela? Veja lá se ela iria querer esse lixo que você é.

"— Ela gostava de mim.

"— Porque não sabia o que você era. Nunca percebeu que era um viciado, um vagabundo.

"— Cale a boca, senão eu acabo com você.

"Minha cabeça dava voltas, e eu estava enojada. A surpresa, a dor, a desilusão foram imensas. Por causa dele, eu havia jogado fora os melhores anos de minha vida. Por causa dele, acabara com minha vida na Terra. Desesperada, fui recolhida pelos amigos, que me levaram de volta ao nosso lar no astral.

"Quando me senti melhor, envergonhada de minhas atitudes, procurei nosso assistente espiritual, que me explicou tudo.

"Mário era um jovem ambicioso. Misturou-se a pessoas de boa situação financeira, quis ter posição. Viu no casamento uma maneira de enriquecer. O que eu não sabia era que meu pai, que a princípio tentara nos ajudar, descobrira que Mário tinha ligações com traficantes de drogas.

Que era na qualidade de traficante que ele ganhava dinheiro para manter-se frequentando a sociedade. Soube também que ele tinha uma amante com a qual continuava mantendo relações mesmo depois do nosso casamento. Meu pai chamou-o e ameaçou-o de entregá-lo à polícia caso ele me prejudicasse. Dava-lhe dinheiro na tentativa de impedir que ele continuasse traficando, inclusive pondo em risco nossas vidas. Não sei como nunca percebi nada. Estava cega. Às vezes, Mário desaparecia por vários dias, mas me dizia que estava viajando a negócios, e eu acreditava. Quando ele começou a receber ameaças de outros traficantes, meu pai ficou com medo que eu fosse atingida. Por isso, deu-lhe muito dinheiro e pediu-lhe que se afastasse de mim. Ele se foi, deixando aquela carta que você conhece. Durante os anos que vivi depois de sua partida, meu pai continuou a dar-lhe dinheiro. Mas, depois de minha morte, ele suspendeu tudo. Por isso, Mário estava na miséria.

"Estou contando tudo isso porque quero me penitenciar devido às minhas atitudes. Pensei que estivesse sendo fiel ao meu amor, acreditei que Mário houvesse se sacrificado pelo nosso bem, entretanto, eu me mostrava apenas revoltada. A vida, para me proteger, me livrara da convivência com um homem cruel, mentiroso, que tripudiava sobre meus sentimentos. Ela me concedeu uma chance de mudar e de ser verdadeiramente feliz, mas eu não aceitei. Queria que tudo fosse do meu jeito. Se não me dessem Mário, não queria mais viver! Pode haver prepotência maior?

"Estou me penitenciando. Errei. Hoje eu sei. Quando a vida realiza alguma mudança, mesmo que não possamos entender por que, sempre é para melhor. Ainda que nos traga dor, sempre haverá outras compensações, outros caminhos de renovação, com maiores chances de felicidade."

Lágrimas rolavam pelos olhos de Arlete, penalizada com o drama de Amélia. Esta, porém, continuou:

— Não me lamente, minha querida. Tudo foi para o bem. Hoje, eu sei e agradeço as bênçãos que a vida me deu. Não soube avaliar naquele momento, contudo, agora, estou me renovando. Sei que Mário um dia também acordará para uma vida melhor. Tudo está certo do jeito que está. Quanto a mim, aprendi minha lição. Nunca mais me pendurarei nos outros. Devo dizer que me sinto feliz. Tenho aprendido muito, principalmente a valorizar a vida. Por isso, minha querida, aproveite o mais que puder. Viva suas experiências com coragem e mantenha-se acordada para as lições do dia a dia. Elas são a nossa riqueza, porque nos ensinam a viver melhor.

"Vocês agora poderão desfrutar de certo tempo de paz e harmonia. Aproveitem e valorizem a felicidade que lhes veio às mãos. Agradeço a boa vontade e o tempo que me concederam para esta conversa. Que Deus os abençoe!"

As luzes acenderam-se, e Sérgio levantou-se, procurando Arlete e abraçando-a com amor. A comoção do momento não os deixou falar. Saíram abraçados, sentindo o coração leve e alegre. Uma vez fora, no jardim, Sérgio beijou-lhe o rosto enternecido.

— Eu amo você — disse comovido.

— Eu também o amo!

Depois de alguns instantes, Sérgio comentou:

— Você terá uma menina! Não foi o que ela disse?

Arlete sorriu.

— É verdade. Você ficou decepcionado?

— De forma alguma. Sempre quis uma menina!

Foi então que ele viu Diva sair abraçada com Flávio. Olhou atônito para ambos, e Arlete desatou a rir. Sérgio não se conteve:

— Eles estão namorando? Você sabia? Sou sempre o último a saber! Por que ninguém me disse nada?

— Porque eu me declarei hoje. Vamos nos casar dentro de duas semanas — esclareceu Flávio.

— No mínimo, um mês. E os papéis? — lembrou Sérgio.

— Não quero esperar. Vamos nos casar o quanto antes — respondeu Flávio.

— Nada disso — tornou Arlete, bem-humorada. — Quando eu tive pressa, vocês me fizeram esperar um tempão. Havia mil coisas a resolver. Agora vocês também terão que fazer tudo como manda o figurino, com a vinda da família do interior, a festa e tudo mais.

Diva aproximou-se de Flávio e disse:

— Arlete tem razão. Temos que planejar tudo, mas, enquanto estivermos esperando, ficarei do seu lado o mais que puder!

Ele sorriu alegre e abraçou-a feliz. Walter, que se aproximava, vendo-os, hesitou um pouco, depois foi dizendo:

— Afinal, resolveram assumir. Ainda bem. Eu não aguentava mais me perguntar com qual dos dois ela desejava ficar. Venha de lá um abraço, meu amigo. Desejo a vocês muitas felicidades. Não fique me olhando com essa cara de dúvida. Eu gosto de Diva, mas ela preferiu você, e eu vou superar isso.

Flávio sorriu e abraçou o amigo com carinho.

— Estou com fome — reclamou Arlete. — Vamos comer em algum lugar?

— Vamos — concordou Sérgio, contente. — Hoje, temos muitas coisas para comemorar. É uma noite de alegria. Estamos juntos, e tudo está em paz.

Enquanto eles se dirigiam ao carro, sentiram a brisa leve que passava, delicada, envolvendo-os em agradável sensação de bem-estar, como a confirmar que naquele instante tudo era harmonia, tudo estava mesmo em paz.

FIM

GRANDES SUCESSOS DE
ZIBIA GASPARETTO

Com 20 milhões de títulos vendidos, a autora
tem contribuído para o fortalecimento da literatura
espiritualista no mercado editorial e para a popularização
da espiritualidade. Conheça os sucessos da escritora.

Romances
pelo espírito Lucius

A força da vida

A verdade de cada um

A vida sabe o que faz

Ela confiou na vida

Entre o amor e a guerra

Esmeralda

Espinhos do tempo

Laços eternos

Nada é por acaso

Ninguém é de ninguém

O advogado de Deus

O amanhã a Deus pertence

O amor venceu

O encontro inesperado

O fio do destino

O poder da escolha

O matuto

O morro das ilusões

Onde está Teresa?

Pelas portas do coração

Quando a vida escolhe

Quando chega a hora

Quando é preciso voltar

Se abrindo pra vida

Sem medo de viver

Só o amor consegue

Somos todos inocentes

Tudo tem seu preço

Tudo valeu a pena

Um amor de verdade

Vencendo o passado

Crônicas

A hora é agora!

Bate-papo com o Além

Contos do dia a dia

Conversando Contigo!

Pare de sofrer

Pedaços do cotidiano

O mundo em que eu vivo

Voltas que a vida dá

Você sempre ganha!

Coletânea

Eu comigo!

Recados de Zibia Gasparetto

Reflexões diárias

Desenvolvimento pessoal

Em busca de respostas

Grandes frases

O poder da vida

Vá em frente!

Fatos e estudos

Eles continuam entre nós vol. 1

Eles continuam entre nós vol. 2

ROMANCE INÉDITO
A força da vida
ZIBIA GASPARETTO
Romance ditado pelo espírito Lucius
ZIBIA GASPARETTO
A força da vida

A força da vida

As sábias leis da vida sempre nos colocam diante da verdade, forçando-nos a enxergar nossas fraquezas para que, assim, aprendamos a trabalhar em favor do nosso progresso.

Assim aconteceu com Marlene, uma linda jovem da alta sociedade carioca, que, acostumada a ter todos os seus caprichos atendidos, se deixou levar pela vaidade, atraindo para si situações mal resolvidas do passado e causando dor e arrependimento em todos que a cercavam.

Sempre utilizando o livre-arbítrio, a moça enfrentou os desafios que se interpuseram em seu caminho e aprendeu que cada escolha envolve uma consequência.

Auxiliada pela espiritualidade, Marlene terá de buscar as verdadeiras aspirações do seu espírito para encontrar em si a força da vida.

Este e outros sucessos, você encontra nas livrarias e em nossa loja:

www.vidaeconsciencia.com.br/lojavirtual

ZIBIA GASPARETTO

Eu comigo!

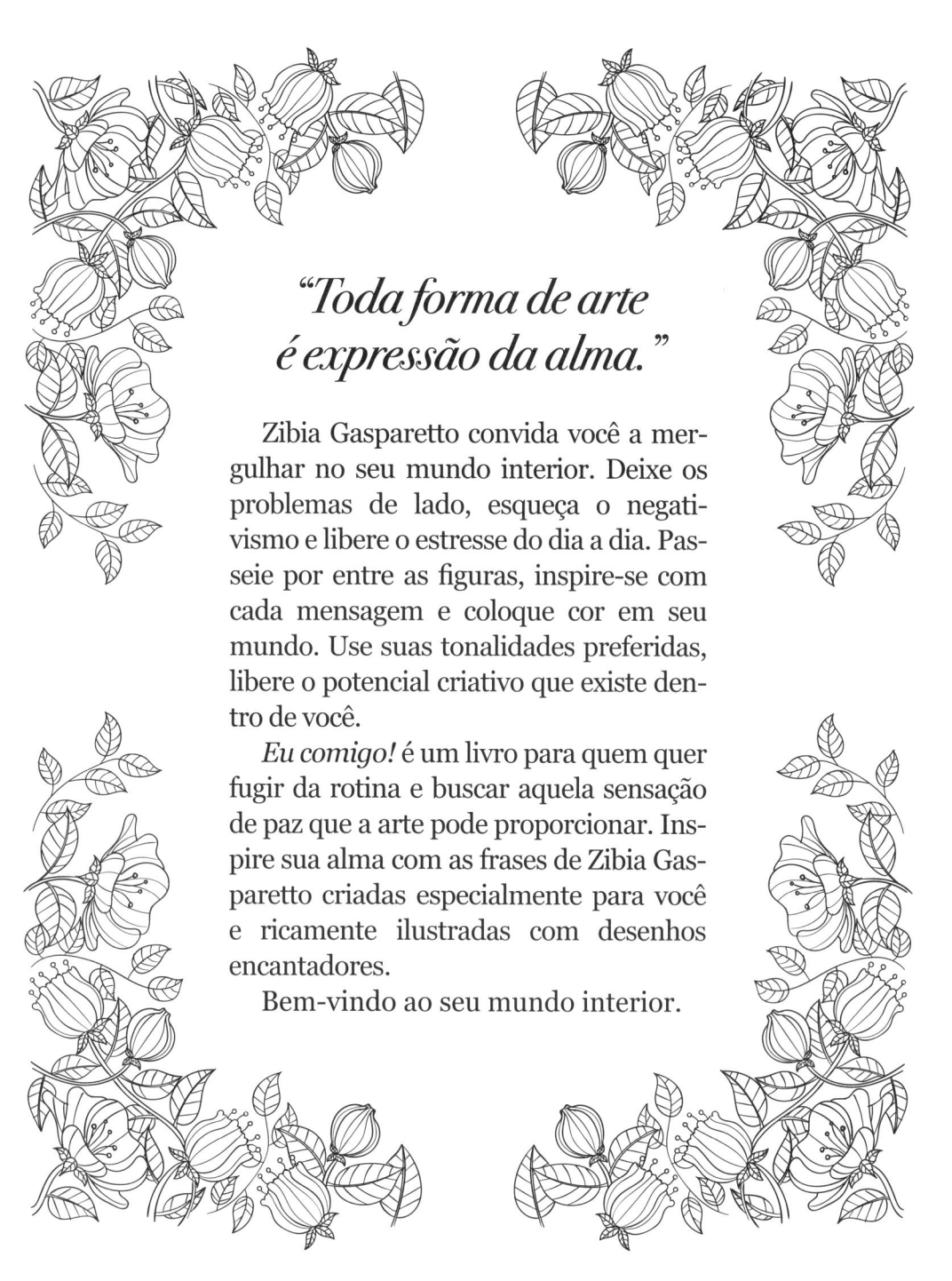

"Toda forma de arte é expressão da alma."

Zibia Gasparetto convida você a mergulhar no seu mundo interior. Deixe os problemas de lado, esqueça o negativismo e libere o estresse do dia a dia. Passeie por entre as figuras, inspire-se com cada mensagem e coloque cor em seu mundo. Use suas tonalidades preferidas, libere o potencial criativo que existe dentro de você.

Eu comigo! é um livro para quem quer fugir da rotina e buscar aquela sensação de paz que a arte pode proporcionar. Inspire sua alma com as frases de Zibia Gasparetto criadas especialmente para você e ricamente ilustradas com desenhos encantadores.

Bem-vindo ao seu mundo interior.

www.vidaeconsciencia.com.br

VIDA & CONSCIÊNCIA
E D I T O R A

Rua das Oiticicas, 75 – SP
55 11 2613-4777

contato@vidaeconsciencia.com.br
www.vidaeconsciencia.com.br